La liberté et l'amour

Un livre écrit par Henri Zombil

et édité par Roxane Christ

(Copyright page)

Dédicace

A

A toute la jeunesse et à
toutes les familles congolaises,

je dédie ce livre.

Table des Matières

Avant-propos

Après un long parcours, non sans faute nous voilà à la fin de cet ouvrage; une œuvre basée sur nos propres initiatives et sur notre l'expérience personnelle ainsi que sur celle de bien d'autres. Henri Zombil, né à Lubumbashi, dans la province du Katanga en République Démocratique du Congo, vingt-cinq ans d'âge, est un homme encouragé à aider les autres qui ont des difficultés dans leurs vies estudiantines, leurs vies sociales, et leurs vies spirituelles. Par ses expériences, ses échecs, ses défaites, ses succès, ses réussites, il a pu réunir presque tout son savoir pour parler de « La liberté et l'amour » qui est quasiment la vie humaine dans tous les sens. Il est un chercheur indépendant. Ses idées qui traduisent une vie concrète, pourront toucher tout ceux qui parcourront cet ouvrage et pourront en tirer une leçon.

Certes! Cet ouvrage aidera d'une façon ou d'une autre à transformer une vie déjà commencée ou un projet en court. L'imagination n'a servi qu'à représenter la vérité, sans irréalité. Un peu à la façon de la statuaire qui grandit les proportions sans les altérer. Il nous a paru que cette œuvre universelle, résume et baume des plaies de l'humanité, devrait appartenir d'abord à la jeunesse. La jeunesse qui est l'avenir et qu'une adaptation fidèle mènerait les enfants, tout au long d'un chemin facile, jusqu'aux profondeurs de la pensée de Henri Zombil. Le moment est venu, pour que la jeunesse comprenne que tous, nous allons vers une pente qui attire qui que ce soit. Alors pour ne pas aller à l'encontre de déboires insolites, il vaut mieux s'élancer à la construction de soi, pour améliorer et engendrer une vie plus heureuse et un avenir florissant. Aussi, il ne faut pas passer sous silence l'apport énorme de nos amis, nos frères et sœurs ; etc. qui nous ont aidés dans les toutes circonstances soit bonnes ou difficiles. Ils nous encouragent quand nous sommes faibles. Ils nous soutiennent dans les difficultés. Ils nous consolent quand nous sommes inquiets...

Nos remerciements s'adressent également à toutes autorités politiques ou religieuses qui ont accepté de lire cet ouvrage malgré nos balbutiements.

Que le tout puissant, en qui est toutes choses vous bénisse tous.

Delphine M. Luboya
Licenciée en Droit Economique et Social

Introduction

« La liberté et l'amour », ensemble forment un sujet très vaste et très éducatif. Mais dans ce livre, nous évoquons une histoire vraie et un peu touchante qui devrait nous aider à découvrir ce que nous comprenons de la liberté et de l'amour. Beaucoup de familles se déchirent, les enfants au milieu des adultes, souffrent d'assauts de la part de parents incompréhensibles, arrogants, et égoïstes.

Si notre monde n'est pas éduqué, nous avons, à vrai dire, un problème. Il faut se rendre compte et admettre, que de notre temps, les études sont vraiment très importantes. Nous avons tous besoin d'éducation pour que nous soyons l'ajout approprié au développement de notre société. Nous devons savoir que tous les jours comptent dans la vie, alors nous ne pouvons rien négliger ; parce que si nous ne négligions qu'une journée dans notre vie, cela nous coûterait très cher dans l'avenir.

Nous ne sommes pas obligés de réveiller l'amour avant qu'il ne le veuille. Si nous trouvons que ce n'est pas le moment d'aimer, et bien, il faut arrêter! Supposez que vous êtes très jolie, belle ou beau, cela n'est qu'une grâce, et elle n'est que trompeuse; la beauté est vaine mais la personne qui respecte et craint Dieu, c'est elle qui sera louée. Une femme ou un homme intelligent est un don de Dieu. Elle ou il ne doit pas être rancunière ou rancunier, querelleux ou querelleuse comme une gouttière sans fin... Parce que les desseins dans le cœur de l'homme ou de la femme sont des eaux profondes, mais l'homme ou la femme intelligente sait y puiser, dit-on.

Si quelqu'un aime totalement, il est libre en lui-même; mais ce n'est pas une folie, c'est une réalité. Une réalité sans contrainte. Une réalité sans obstacle qui ne peut se conquérir. L'amour est très fort ; plus que la mort, ce n'est pas un jeu des gosses... comme l'amour vaut mieux que le vin, combien les parfums en sont plus suaves que tous les aromes!

Les parents doivent être sérieux dans leurs actions, et ils doivent créer une discipline dans leurs façons de vivre. Ils doivent savoir dire la vérité aux enfants, et leur apprendre comment ils doivent exercer leur liberté et comment ils doivent l'exercer dans la vie sexuelle, la vie studieuse, la vie fraternelle, et la vie quotidienne. « Si vous ne savez pas où vous aller, vous irez et vous arriverez probablement ailleurs ».

Vous savez, il est difficile d'oublier d'avoir aimé ou d'avoir été déçu. Il ne faut jamais aimer pour son père, ni pour sa famille. Il ne faut pas non plus aimer parce qu'une personne vous a poussée a aimer. Mais il faut préserver le choix de développer cette liberté selon soi-même, d'aimer qui l'on veut, sans discriminer... soyez libre d'aimer ! Il ne faut pas aimer par intérêt, ni par déviations sexuelles; c'est une culpabilité qu'on se crée, Dieu condamne cela.

Je crois que nous devons accomplir fidèlement ce que Dieu nous ordonne de faire ; de ne pas suivre des pratiques abominables. Au monde, il y a une chose sainte et sublime, c'est l'union de deux êtres imparfaits et affreux.

On est souvent trompé en amour, souvent blessé et souvent malheureux, mais on aime. Quand on est sur le bord de sa tombe on s'inquiète de regarder le passé, et on se dit : *« J'ai souffert souvent et je me suis trompé quelque fois, mais j'ai quand même aimé ».* Il faut aimer sans cesse parce que la liberté l'exige. Vous êtes libre, oui, mais que votre liberté ne soit pas une pierre d'achoppement pour les autres, et qu'elle ne devienne pas un libertinage...

Il y a longtemps, dans la province du Katanga, en République Démocratique du Congo, dans la ville de Kolwezi, Pamela, une jeune fille de dix-huit ans, au teint clair, et très attrayante raconta son histoire. Elle relate simplement ses mésaventures en amour, ses succès, et ses défaites. Mais, elle n'était pas du tout libre d'elle-même, il semble qu'elle aimait *pour plaire à* quelqu'un d'autre, parce qu'elle ne savait pas ce qu'elle voulait. Dans son histoire, Pamela met en garde les jeunes gens, surtout les jeunes filles ; elle les avise d'être prudentes dans leur façon de vivre pour ne pas perdre la personne la plus importante dans leurs vies ou la chose la plus précieuse qu'elles aient au monde. La liberté, oui, mais l'amour c'est toute la vie, et elle n'est qu'une pratique.

Henri Zombil

Rachel

Ils m'appellent Pamela. Je vis dans une bonne famille. Mon père, Vano, gère ses propres affaires après avoir démissionné de l'O.C.C. (Office du Contrôle Congolais). Ma mère, Susanne, travaillait dans un nouvel institut de la ville et mon petit frère, Michel, était toujours à l'école lorsque mon histoire commença.

Tout allait très bien chez nous jusqu'au jour où Michel décida de ne pas aller à l'école. Un mot en passant ; je n'aimais pas aller à l'école non plus.

Ce jour la, à six heures du matin, lorsque tout le monde dormait encore, je me suis levée pour faire un peu de ménage. Apres un bout de temps, j'ai entendu ma mère se lever. Elle était très fière de moi – pour m'être levée de si bonne heure.

- Courage, me dit-elle.
- Merci, Maman, lui répondis-je en souriant.
- Je suis très contente de toi, elle ajouta.

Sur cet entre fait, Michel se leva lui aussi. Et pour vous dire comme il était têtu, encore une fois, il ne voulait pas aller à l'école. Je ne sais pas ce qui lui passa par la tête, mais pour moi tout cela n'était que nonsense.

- Pamela, est-ce que tu peux m'aider ? il me demanda.
- Quoi ? Qu'est ce que tu veux encore, Michel ?
- Je voudrais que tu ailles dans ma classe et voir si le prof de math y est aujourd'hui, parce que moi j'ai pas envie d'y aller.
- Qu'est-ce que tu dis ?
- Tu m'as entendu ! Vas-y et je te paierai !

- Ne joue pas avec moi, Michel. Saches que je ne suis pas ton amie. Je suis ta grande sœur – tu comprends ça ? Et tu me dois du respect.
- Oh, ne t'en fais pas pour ça, Pamela. Je suis vraiment surchargé de travail – c'est comme si j'avais un âne sur mon dos. Je veux vraiment pas y aller, à cette foutue école, tu sais.
- Mais, Michel, qu'est-ce qui se passe ? Qu'est-ce que tu racontes ? Tu ne veux pas aller à l'école ?
- C'est pourtant clair – ou veux-tu que je te le répète encore ? *Je ne veux pas aller à l'école !*
- Tu es vraiment grossier, Michel. Saches qu'il nous faut étudier – pour un jour devenir comme maman et papa...
- Tais-toi, Pamela ! Tu parles de trop. De toutes manières qu'est-ce que tu sais toi, de tout ça ? Et tu veux me faire la leçon, maintenant ? Papa et maman on déjà fait leur vie. Toi, t'es seulement bizarre. Tu sais quoi ? T'as qu'à rester telle que tu es et me laisser tranquille. Moi, je veux faire ma vie comme je l'entends. Je veux être autonome, affranchi...

A ces mots, mon frère voulait déguerpir, mais Maman l'arrêta avant qu'il ne prenne la fuite.

- Momat ! Qu'est-ce que je t'ai déjà répété cent fois ? C'est bien d'être décontracté mais il faut t'apprendre à aimer l'école – c'est ce qui fera ta vie. Tu as compris ?
- Oui, Maman, j'ai pigé, répliqua Michel un peu dégonflé.
- Alors ne m'énerve pas. Vas t'apprêter – en vitesse. Quand tu auras pris ta douche, tu descendras prendre ton thé et ton petit-déjeuner.

Sans plus, Michel, monta dans sa chambre pour se préparer.

- Tu sais, Pamela, je t'aime beaucoup, ma mère ajouta lorsque mon frère était en haut. Tu es très intelligente, et en plus, tu es sage. Comme je te le disais, je suis fière de toi. Mais il y a plusieurs choses que j'ai remarquées en toi et dont je voudrais te parler – peut-être quand tu reviendras de l'école.

- D'accord. Quand je rentre ce soir, je t'écouterai – je suis déjà curieuse de savoir ce que tu auras à me dire...

C'est vrai ; ma mère m'avait lancé un hameçon auquel je ne pouvais pas résister. Je voulais déjà savoir ce qu'elle avait en tête à mon propos.

- Bien ! Alors, montes prendre ta douche, toi aussi, pour ne pas être en retard – j'achèverai le reste du ménage.
- D'accord, Ma'. Mais s'il te plait, quand tu feras la lessive, est-ce que tu pourras prendre mon linge ? Je le laisserai sur le lit.
- Sans problème, Pamela. Mais, dépêches-toi maintenant. Tu n'as que trente minutes...

Lorsque j'étais dans le couloir, je croisai mon père. Il me salua comme d'habitude – un grommellement mêlé de sommeil et de gentillesse paternelle.

- Bonjour Papa, lui dis-je en le passant.
- Hum ! Comment vas-tu ?
- Très bien, Pa'.
- Il n'y pas de cours aujourd'hui ?
- Si. Je vais prendre ma douche...
- T'as vu ta mère quelque part ?
- Elle doit être au salon, ou à la cuisine...

Pendant que j'étais en train de me préparer, mon père trouva maman à la cuisine, où elle faisait le petit-déjeuner.

- Susanne? Où es-tu?
- A la cuisine, Vano. Que veux-tu ?
- T'es déjà debout, toi ? Il faut vraiment que tu te déshabitues de me laisser seul au lit, il lui dit d'un air taquin.

- Vas donc prendre ton bain, Vano... répondit-elle avec un petit sourire moqueur. Le temps n'attend pour personne. Vas-t'en... Je suis en train de faire la cuisine...

Il l'a pris dans ses bras, débordant d'affection comme d'habitude, il l'a serra très fort, lui donna des petits bisous et lui murmura quelque chose a l'oreille.

- ...Je t'aime, Susanne...
- Oh...arrêtes, Vano... Je le sais que tu m'aimes...

Le repoussant, elle ajouta ; tu sais que les enfants sont levés. Et tu ne dois pas recommencer le même coup que tu m'as fait la nuit...

- Mais, Susanne, pourquoi te fâcher ? Ce n'était pas pour le faire que je taquinais – je m'amusais seulement. Et puis d'abord, tu as un problème avec moi ? Tu sais bien que je ne te pousserai jamais à faire ce que tu ne veux pas faire – ou bien ?
- ...faire quoi, Vano ?
- N'obtenant pas de réponse, maman continua ; Mais ce n'est pas important. En plus, je n'ai pas de problème avec toi, c'est juste un petit problème avec les gosses. De toutes manières on n'a pas le temps d'en discuter maintenant. On en parlera ce soir, ou bien j'arrangerai ça moi-même.

Après avoir pris ma douche je suis descendue pour prendre mon petit-déjeuner.

- Où est Michel ? Il est déjà parti ? demanda mon père lorsqu'il me rejoignit à table.
- Non, il n'est pas encore parti. Il doit être en train de se préparer. Je l'ai entendu quand j'étais en haut.

« Quand on parle du loup, on voit sa queue » dit-on souvent. Aussitôt que j'avais dit qu'il était en haut, mon frère se précipita pour venir s'asseoir à mes côtés. Il était un peu froid.

- Tu sembles fatigué, Michel. Tu es allé dormir tard, ou quoi ? mon père demanda calmement.
- Non, Papa. Je vais bien. Y a pas de problème.
- Comment vont tes cours ?
- Bien, je crois...

Sans lever la tête ni faire d'autres commentaires, Michel continua à manger son petit-déjeuner. A peine eut-il avalé la dernière bouchée, qu'il se leva, prit son sac, et s'encouru – comme si on l'avait chasse de la maison.

Lorsque nous avions terminé le repas, je suis sortie à mon tour, pour aller chercher mon amie, Rachel. Elle était ma voisine. Nous étions dans la même promotion – notre dernière année scolaire. Rachel n'était pas ce qu'on appelle une 'fille bien'. En fait, elle avait une mauvaise réputation tant au lycée que dans le voisinage. Néanmoins, nous étions amies et je l'aimais bien – telle qu'elle était. Je m'étais promis de la changer – de changer sa manière de vivre – pour qu'elle devienne une personne responsable et une 'fille bien'. J'avais toute confiance en moi. Je savais que j'allais la convertir. Ce qui voulait dire qu'en fin de compte elle deviendrait comme moi et non l'inverse. Je n'avais aucune intention de suivre le chemin qu'elle suivait en ce temps là. Et surtout pas de prendre exemple sur sa famille. Sa famille était une vraie catastrophe. Ils avaient tous une réputation infâme dans le quartier et même jusqu'à l'avenue, les gens n'avaient rien de bon à dire à leurs égards.

Ce matin là, Rachel n'était pas prête. Apparemment, elle avait passé une mauvaise nuit. De ce fait, je n'ai pas pu l'attendre, pour ne pas être moi-même en retard, et je fis le chemin jusqu'à l'école toute seule.

Papa Philip, le père de Rachel, comme d'habitude, buvait sa bouteille de Simba, en écoutant les nouvelles à la radio. Il disait toujours que c'était une grâce matinale de prendre un verre tôt le matin. Il était assis sur sa chaise longue sur la terrasse devant la maison.

- Je me sens fatigué, dit-il, pensant à haute voix. Ça fait du bien de passer de bonnes nuits en saison sèche.

Au même moment, Rachel, le sorti brutalement de ses rêveries...

Rachel était l'ainée de la famille, comme moi, mais elle avait deux ans de plus que moi. Elle avait une petite sœur, Odile, qui n'aimait pas du tout aller à l'école ; elle avait toujours voulu devenir comme sa grande sœur, Rachel. Ensemble, elles avaient un petit frère, Patrick, qui lui, au moins, semblait avoir un avenir.

Patrick et Odile étaient déjà partis à l'école quand Rachel vint surprendre son père.

- Eh ! Rachel ! Qu'est-ce que tu fais encore ici ? Tu ne crois pas que tu vas être en retard à l'école ?
- Si, je sais. Mais depuis quand tu es intéressé à mes affaires ? Rachel répondit agressivement.
- Eh ! Faut pas monter sur tes grands chevaux. Je t'ai tout simplement demandé ça, parce que tu vas être en retard. Et ce n'est pas la première fois cette semaine... Si ça se répète encore, saches que je n'ai pas d'argent pour payer l'école pour excuser tes retards.

Maman Berthe, la mère de Rachel, qui avait entendu leur échange, se pointa sur le bas de la porte.

- Tu exagères quand même, Rachel. Odile et Patrick sont déjà partis, et toi, grande gauche, t'es encore là ! En plus, Pamela est venue te prendre, et tu n'étais pas prête – t'as pas honte ? Tu as là une très bonne amie, qui se soucie de toi, et toi qu'est-ce que tu fais ? Tu l'ignores ! Et puis maintenant, il faut qu'on te pousse pour aller aux cours ?

Rachel dévisagea sa mère avant de répondre.

- Maman, je t'en crotte. Primo, ce n'est pas à toi que je parlais. Secundo... « Rachel pourquoi! Rachel pourquoi! » Pourquoi quoi, Maman ? Tel père tel fils, telle mère telle fille ! Ne le sais-tu pas ? Vous deux vous n'avez même pas fait beaucoup d'études, est-ce-que je peux savoir ce qui vous râpe, ce qui vous racle à m'obliger ? Ensuite, sachez que j'ai vingt ans, si par hasard vous l'aviez oublié. Je sais ce que je fais. Laissez-moi tranquille. Qu'est-ce que vous avez à me contrôler comme vous voulez à mon âge ? Ne dois-je pas m'émanciper à mon gré? Pour moi, la vie scolaire ne me dit assurément rien, ne le voyez-vous pas ? Je vous demande une faveur ; rester en dehors de ma vie, la prochaine fois.

En claquant la porte de la terrasse, Rachel, s'encouru, laissant ses parents bouche bée. Pour le père de Rachel tout cela était normal. Ce n'était pas la première fois qu'ils avaient une de ces altercations – Rachel était devenue de plus en plus impossible.

- Qu'as-tu fait, bordel ? dit-il à Maman Berthe. Elle a parfaitement raison. Ne vois-tu pas qu'elle a grandi ? Elle doit faire ce qu'elle veut. Tu dois la laisser tranquille. Je ne veux pas t'entendre parler de cette histoire encore. Penses au ménage un point c'est tout.
- Ce n'est pas possible ! Qu'est-ce qui cloche Philip ? Tout de même, c'est notre fille, NOTRE FILLE... tu comprends ça ? C'est notre fille. Ne tiens-tu pas compte de son éducation ? Tu me dégouttes maintenant, mon cher... t'es aveugle ou quoi ? Ne vois-tu pas ce qui se passe ?
- Manges mon cul, Berthe, retoqua-t-il grossièrement. T'es folle ou quoi ? Penses à ce que la petite a dit ; nous, il est vrai, que nous n'avons pas fait beaucoup d'études, mais nous mangeons au moins chaque jour, hein ? Tu n'es pas nue, tes enfants non plus, n'est-ce-pas ? Réfléchis bien, tu me donneras raison après, Ha ! Ha ! Ha ! Il acheva en se flanquant à rire.

- Tu sais, Philip, la vie ce n'est pas seulement avoir à manger et se vêtir ; il ne faut pas oublier ça. La vie c'est la morale, s'aimer soi-même, l'éducation de soi, et de ses enfants. Alors, que comptes-tu faire pour eux, et pour Rachel en particulier ?

Méchamment papa Philip réplique :

- Quoi ? Que veux-tu qu'on fasse ? Faut les laisser faire.

Sur ce, Maman Berthe fondit en larmes. Elle était bien sûr inquiète pour l'avenir de ces enfants, mais elle n'avait plus le courage de se rebiffer.

- Tu me fais mal, Philip, tu comprends ca ? Tu me fais mal...

A ces mots, elle laissa son mari continuer à se souler et rentra dans la maison en sanglot.

J'étais dans la même classe que Rachel et au même lycée avec nos frères et sœurs ; Odile, Patrick et Michel. Le cours était sur le point de commencer quand Rachel était entrée un peu empressée. Heureusement pour elle, le prof de mathématiques n'était pas encore là. Monsieur George était snob. Il se croyait sorti de la cuisse de Jupiter, comme on dit. En plus il y avait quelque chose de louche qui se passait entre eux deux. Rachel ne m'avait pas fait part de ce qui se passait entre eux, mais les étudiants en parlaient. Sachant que ce prof avait une réputation répugnante au lycée et qu'il était qualifié de coureur de jupons, je me demandais bien dans quel panneau Rachel était encore tombée.

Le cours n'était pas encore terminé que la cloche pour la récréation sonna. Nous étions tous en train de nous divertir un peu, quand le prof de mathématiques me fit appeler. Alors, je suis allée le voir dans la salle de classe.

- M. George, vous m'avez fait appeler ?
- Oui, oui petite, comment vas-tu ?
- Je vais bien, merci. Je vous écoute, je répondis sèchement.

- C'est comme ça qu'on t'a appris à répondre chez toi ? Si une grande personne veut te parler, il faut avoir un peu plus de respect.
- Non, Monsieur, je vous demande pardon ?
- Ce n'est pas grave, dit-il en haussant les épaules. Je t'ai toujours observé en classe, ton comportement, ta vie quoi,... C'est-à-dire que.... En fait, tu es intelligente, tu te comportes très bien et je voulais que... bon avant cela, quel âge as-tu ?

Vous savez, quand quelqu'un vous parle, et qu'il n'est pas clair en ce qu'il veut dire, qu'il ne sait pas introduire son sujet, il est suspect. Il a quelque chose derrière la tête. Il faut faire attention avec ce genre de gens, ils sont souvent dangereux.

Il tournoyait à mes côtés et cela me mettait mal à l'aise, tant et si bien que j'avais décidé de le lui faire remarquer.

- J'ai dix-huit ans. Que voulez-vous de moi ? Et, je vous en prie, cessez de tourner comme ça, cela me rend nerveuse.
- Pamela... Il se rapprocha encore un peu plus. A mon tour je reculai.
- Pamela, je sais que tu as dix-huit ans, n'aies pas peur...

Avant qu'il ne finisse sa phrase, il voulait me toucher...

Là, il était allé trop loin.

- Non, monsieur, ne me touchez pas. Dites-moi seulement ce que vous voulez, un point c'est tout. Vous m'aviez demandé quel âge j'avais, je vous l'ai dit ; et vous me disiez que vous le saviez, alors puis-je savoir pourquoi vous me l'aviez demandé ? Et, en plus, qu'est-ce que vous voulez de moi ?
- T'es trop curieuse, petite. Un peu arrogante aussi, continua-t-il. Je voulais que..., je disais que..., Euh !

Il commença à bégayer.

- Es, es, es-tu... tu es fiancée ?
- Monsieur, que voulez-vous que je vous dise ? Pourquoi de telles questions ? Où voulez-vous en finir ? Je vous ai dit que j'ai dix-huit ans, et je n'ai pas besoin de petit-ami. Pour votre information, oui, je suis fiancée. Je veux étudier et je veux avoir une bonne vie – c'est tout. Alors ne gaspillez pas votre temps avec moi. Je ne veux pas perdre ma fleurette ; en plus, je me respecte et je veux rester chaste et sérieuse...
- Qui te demande de perdre ta virginité ?
- Mais, monsieur, à vous entendre... D'ailleurs vous avez une femme et trois enfants, n'est-ce pas ? Cela ne vous suffit pas ?
- Pamela, vraiment, il n'y a pas de quoi se fâcher ; c'est tout à fait normal qu'un homme jouisse de ta beauté. Je ne te veux pas du mal. En vérité, tu me plais beaucoup, *je t'aime !*

A l'entendre prononcer ces mots, je me suis demandée s'il était devenu fou. Mais, il semblait que me voyant désarmée à ses propos ne le fit pas changer d'avis – il continua de plus belle.

- Je voulais que tu sois ma petite amie. Tu verras, quand bien même tu aurais des pépins ou des difficultés dans tel ou tel cours, j'interviendrai, et je ferai tout pour toi. Je serai comme ton père, ton ami, ici au complexe. Est-ce que tu comprends ce que je te propose, Pamela ?
- Non, monsieur je ne comprends pas ! Je n'ai pas besoin de votre aide avec mes cours. Je regrette que vous ayez pensé d'agir aussi irrespectueusement à mon égard. Vous êtes irresponsable. Je suis désolée de vous le dire. Si vous m'aimiez ou bien si je vous plaisais, comme vous le disiez vous-même, vous me protégeriez au lieu de me tenir des propos pareils. Et ensuite vous essaieriez de m'encourager à ne pas me hasarder à faire le mal mais de m'aider à faire le

bien. Je vous ai dit que vous avez une femme... et moi qui serai-je ? Votre petite amie, votre maitresse, hum ? Pourquoi votre petite amie ? Pour le sexe bien sur. Je vous l'ai dit, vous êtes irresponsable et vous n'avez aucun respect pour moi ou même votre famille – c'est honteux. Je vous plains ! Vous êtes amusant, vous savez ça ? Et je connais votre jeu. Vous êtes un coureur de jupons, tout le monde le sait ici, au lycée. Pourquoi voulez-vous vous jouer de moi ? Je vous respectais et je vous admirais même, mais maintenant, pour moi, vous n'êtes qu'un fa-coucher.

Au lieu de prendre son remède et qu'il se taise, il poursuivit son discours.

- Ce n'est rien, Pamela, ce n'est rien... dit-il en secouant la tête, moi je t'aime. Tu es très belle et...

Avant qu'il n'achève sa phrase, c'était la fin de la recréation et les autres étudiants commencèrent à renter dans la salle de classe. Je suis restée immobile. Lui, de son coté, il rangea ses affaires, et sorti sans ajouter mot.

Quand tout le monde était rentré dans la salle, Rachel était venue me trouver. Elle me posa toutes sortes des questions. Elle voulait savoir pourquoi j'avais le visage tout bouffi et les larmes aux bords des yeux.

- Je t'expliquerai après, dis-je sans commentaire.

Nous étions déjà retournées nous asseoir quand le professeur de français, M. Gaston, entra pour donner son cours. Il fit comme d'habitude ; salua la classe, et nous dix deux trois petites blagues pour nous mettre d'humeur. Il était merveilleux et simple. Il était de grande taille et balaise – bâtit comme un ours géant. Il avait les yeux bleus comme un loup. Je me suis toujours demandée s'il avait un blanc parmi ses ancêtres, parce qu'il est vraiment rare de trouver des yeux bleus chez un homme noir. M. Gaston était toujours tiré-à-quatre-épingles – col et cravate, etc. Les élèves disaient qu'il était trop formel, mais moi j'en savais autrement – il avait bon cœur. Il m'aidait souvent avec des conseils de vie sociale et scolaire.

Après nous avoir mis-à-jour, il vint à mes côtés.

- Pamela, je te trouve un peu pâle aujourd'hui, qu'as-tu ? Un problème ? Mais, dis donc, tes yeux sont rouges ; on dirait que tu as pleuré. Es-tu malade ?
- Non, monsieur, j'ai eu un petit problème. Je me sens vraiment mal à l'aise... je me sens mal. J'ai mal à la tête. Je voudrais bien rentrer à la maison. Je ne pense pas que je pourrais suivre la leçon de toutes manières.
- Bien, bien... oui, je pense que tu as besoin de repos. Si tu veux rentrer à la maison, il n'y a pas de problème. Parce qu'on ne fera pas grand chose en classe aujourd'hui....
- Merci, monsieur, mais je souhaiterais que quelqu'un m'accompagne, si vous voulez bien.
- D'accord, mais si tu as un problème je suis là pour t'aider. Qui veux-tu qui t'accompagne chez toi?
- Je voudrais que Rachel m'accompagne...
- Ne crois-tu pas que tu fais erreur ? me demanda-t-il tout bas pour que personne ne l'entende.
- Non, monsieur. Faire erreur de quoi ? Elle est ma meilleure amie et elle habite à côté de chez moi.
- Très bien, très bien... vas donc te reposer..., mais sois prudente, Pamela.
- Je tacherai, monsieur. Merci encore pour votre compréhension.

Sans plus nous attarder, je me suis rendue à la direction, pour prendre ma note d'excuse, et en quelques minutes, Rachel et moi étions hors de l'établissement. Pendant tout ce temps, Rachel n'en démordait pas. Elle me posait toutes sortes de questions à propos de M. George; elle voulait savoir de quoi il s'agissait – elle voulait des détails sur mon entretien avec le professeur. Visiblement, quelque chose la dérangeait. Elle voulait en savoir plus.

- Oh Rachel ! N'en parlons plus, veux-tu ? Cette histoire me donne une indigestion !
- Pamela, dit-elle, tu ne vas pas garder ça pour toi. Je te connais. Même si je ne demandais rien, tu me lancerais ce que tu penses à la figure...
- Bien sûr ! Tu es mon amie, non ? Et tu as pris de mauvaises habitudes.
- Non, Pamela, ce n'est pas ça... à propos, moi je trouve que le prof de math est jovial ; il est amusant et très agréable. Je le trouve gentil et sérieux. Il m'a fait la cour la fois passée pour que je sois sa petite amie, disons sa cocotte quoi. En plus, il m'a promis la réussite à l'école. Tu sais quoi, Pamela ? Il m'a dit une chose que j'ai toujours voulu entendre ; il m'a dit que je suis libre de vivre comme je l'entends. Et tu sais, le monde est fou et ouvert à tous et...

  Sans qu'elle n'achève sa phrase, je l'interrompis.
- Rachel, combien de temps resteras-tu aveugle ? Tu es mon amie, oui, et saches que j'ai confiance en toi ; et en plus, saches que tout le monde te plaint...
- Pamela, m'interrompit-elle à son tour. Tout le monde me plaint ? Qu'ils aillent au diable ! D'abord ils doivent savoir que je vis pour moi-même, pour moi seule. Comment se fait-il qu'ils doivent s'intéresser à ma vie privée ? Hein ! Qui sont-ils d'abord ? Ils n'ont qu'a venir – je leur montrerai qui je suis...
- Ce n'est pas important, Rachel. Je n'ai pas dis cela pour que tu les suives ou bien que nous nous chamaillions pour ça... ou encore que nous nous disions des gros mots. Je te l'ai dit pour que nous

fassions face à la réalité, que nous nous corrigions et que nous ayons une autre vie – une bonne vie... En fait, nous ne devons pas nous confondre en quoi que ce soit. Ensuite, cela ne doit pas arriver entre nous. Saches que ce prof de math m'a fait aussi la cour, ne sait-il pas que nous sommes amies ? Laisses-moi te dire ce qu'il s'est passé. Lorsque nous étions à la recréation, il m'a appelé dans la salle de classe pour me dire quoi – tu sais ? « Oh ! Pamela, je t'aime, tu es belle, tu es intelligente, tu te comportes bien tu sais... Bla ! Bla ! Bla ! » Pour en finir par me dire que « Je veux que tu sois ma petite amie, ma petite cocotte ; qu'en penses-tu ? Tu verras même si tu as des problèmes dans tel ou tel cours je m'entremettrai... Patati ! Patata ! » Alors ? Dis-moi, je rêve ou quoi ! Rachel, ce n'est pas possible ! C'est en ce prof que tu mets ta confiance ? D'ailleurs, ce n'est pas convenable de ta part. Que te donnera-t-il, hein ? Il n'est qu'un menteur, un grand filou. Oui, c'est ton droit de faire ce que tu veux. Mais il faut penser aussi à l'école. Parce qu'étudier est important pour notre vie. Rachel... D'abord tu me perds en tout ça. Vraiment, je ne te comprends pas... qu'est-ce que le prof de math te dit ? Ou bien... voyons, tu me caches quelque chose... dis-moi un peu, depuis quand t'avait-il dit qu'il était tombé amoureux de toi ?

- Bah ! Il y a de cela trois jours... me répond-elle froidement.
- Trois jours? Mais pourquoi ne me l'avais-tu dit ? On se cache des choses maintenant ?
- Non, Pamela, j'avais... disons, honte de te dire parce que selon le prof tu étais moins grande et moins sage pour comprendre les choses émotionnelles et surtout les choses sexuelles, eh ! Après tout, tu avais raison n'en parlons plus.

- Non, Niet ! Tu as voulu qu'on en parle, n'est-ce pas ? Nous devons en finir. Dis-moi tout ce que tu penses, parce que mon souci est que tu ouvres les yeux, que tu fasses face aux réalités de la vie, que tu puisses t'épanouir, devenir une femme exemplaire, une femme que tout le monde respecte. Il faut que tu saches prendre ta vie au sérieux. Il faut que tu saches prendre une décision, et que tu obtiennes ton diplôme par ta propre intelligence ; et enfin que tu aies la conscience tranquille.
- Pamela, est-ce-que tu veux dire que je ne suis qu'une mauvaise fille, que je veuille seulement profiter de ce prof pour les points et pour obtenir mon diplôme, et lui m'utiliser pour mon corps ?
- Je n'ai pas dit ça. Mais le fait n'est pas à négliger. Il faut que tu penses à ton avenir, Rachel, dis-je calmement.
- Pamela, ne m'énerve pas – il faudrait peut-être que toi, tu penses a ce que tu me dis.
- Je suis vraiment désolée. Tu me déçois, Rachel. Écoutes-moi bien, M. George m'a fait la cour ce matin. Ne sais-tu pas qu'il a une famille ? Une femme et trois enfants ? Ne sais-tu pas cela ? Que veut-il me donner encore ? Le mariage ? Me faire un enfant ? A vrai dire, il veut seulement se jouer de moi. Tu sais, Rachel, ce qui m'a mise dans cet état, à part que tu veuilles savoir ce qui me dérangeait, c'est le fait que tu as des relations intimes avec lui sans me le dire. En retour, tu me dis de ne pas m'énerver ? Il y a bien de quoi, je crois ! Tout cela n'a pas de sens, ne vois-tu pas cela ? Saches qu'il te faut apprendre... Eh ben ! Si tu penses que je t'ennuie dis-moi seulement « Pamela, laisses-moi tranquille » je ne te forcerai pas à m'écouter. Tiens ! En fait, j'avais oublié ; chaque fois que tu me dis que tu te fâches avec tes parents, tu me dis que tu ne voudrais pas être

comme eux ? Crois-tu sincèrement t'en sortir avec les habitudes que tu as acquises. Où crois-tu jouir de ta liberté, tes escapades que tu me chantes à chaque fois que tu en a l'occasion ? Ou bien nous nous séparons, et que notre amitié s'arrête-la. Je t'ai beaucoup toléré, tu sais, si ce n'était pas pour moi tu serrais déjà enceinte ou sinon tu aurais peut-être déjà perdu ta virginité ; d'ailleurs je ne sais même pas si tu l'as encore ou pas... Tu devrais être reconnaissante quand même, Rachel ! Ne sois pas ingrate, ne sois pas capricieuse... Nous devons nous faire une bonne vie... Rachel, dis-moi tout ; s'il te plaît, qu'est-ce qui s'est passé ? Qu'est-ce qui s'est passé entre toi et ce prof ?

- D'accord, Pamela ! T'as raison. Je t'aime bien et tu es une bonne amie pour moi. Je t'aime bien parce que tu me dis la vérité, je vois que tu me veux du bien.
- Bon, avec M. George, elle enchaina, je n'ai rien fait de spécial... Euh ! Tu sais, avant hier il m'a raconté toutes ces histoires, disons... toutes sortes de flatteries. Il m'a dit tous les mots d'amour que tu connais, toutes sortes des promesses... etc. Ce jour là même, Il m'avait dit que sa femme devait sortir à quatorze heures pour rentrer à dix-huit heures ; il paraît que c'était une affaire d'église ou quelque chose comme ça. Alors, il m'a invité à passer chez lui. Chose dite, chose faite. Je me suis rapidement fait belle, j'ai dit à ma mère que nous devions avoir cours cette après-midi et je suis allée chez le prof ; pour moi ce n'était rien. J'avais porté une belle mini-jupe noire qui m'arrivait juste aux genoux, avec une chemise rouge. Lorsque je suis arrivée chez lui, oh mon Dieu ! Il fallait voir ça, une maison branlante, mais à l'intérieur c'était bien meublé et propre. En me voyant, il était très content que je sois venue à

l'heure, parce que disait-il « qu'on ne sait jamais – nous devons avoir un peu de temps »

« Entre s'il te plaît ! » me dit-il, « t'es bien habillée ! Hum ! Et tu sens bon... »

« Merci, » dis-je sans commentaire.

« Non, c'est à moi de te remercier, que tu sois venue me voir. »

- Il m'a servi un Coca, et il m'a demandé si j'aimais du Coca Cola.

  « C'est ma boisson préférée, » dis-je calmement.

  « Tu ne bois pas de bière ? »

  « Si, j'ai essayé, mais je n'aime pas trop ça. »

  « Bon, tu vas essayer encore – il y a une manière de servir la bière que, je suis certain, te plaira. »

- Il a mélangé la bière avec mon Coca... je me suis sentie très fatiguée. Je ne sais pas combien de bouteilles nous avions prises.

  Apres un moment de silence, Rachel repris son récit.

- Pamela, c'est très difficile pour une fille de boire de l'alcool et de tenir le coup. On ne se contrôle pas. Maintenant je comprends pourquoi les filles pleurent après avoir bu de la bière ou n'importe quel alcool. Parce qu'elles se rendent compte de ce qu'elles ont fait qu'après avoir couché avec cette personne... Enfin... nous avons bu. Après quelques minutes, je lui ai posé des questions pour savoir pourquoi il m'avait fait venir chez lui.

  « Oh, c'est très simple, » dit-il, « tu sais la façon dont tu es habillée cet après-midi, ça me plaît complètement, tu es vraiment belle... » Soudain, il me fixa ; je croyais que j'avais fait une bêtise. Je me suis contrôlée, et c'est alors que j'ai constaté que, lorsque j'étais assise, ma jupe m'était montée presque aux cuisses ; une partie de mes cuisses étaient visible et même ma petite culotte devait être dans sa ligne de vision.

« Tu as de belles jambes, Rachel, » me dit-il. J'étais vraiment embarrassée et j'ai essayé de tirer ma jupe – en vain.

« Inutile de tirer ta jupe, ça ne fait rien. Nous sommes de bons amis. Qu'est-ce que cela change que ta jupe monte un peu ? »

« Oui Monsieur ! » j'ai répliqué sans réfléchir.

« Appelles-moi Djo. Bien, alors comme on est amis, on se touche, on se caresse, et on cause intimement, n'est-ce pas ? »

- Je n'avais pas répondu. J'avais en moi envie de savoir où il voulait en finir. J'étais sotte et curieuse ; mais du moins, j'avais peur de ce qu'il avait en tète. Il a commencé à me caresser, j'ai suivis ses mouvements sans contrainte – j'étais sous l'effet de la boisson. Néanmoins, j'étais encore assez consciente pour savoir ce qui se passait. Il ma emmené sur le canapé – pas du tout moderne son salon, un peu poussiéreux d'ailleurs. J'avais envie de lui, et je sentais du plaisir en moi. Je me suis laissée aller. Il me touchait partout sans se gêner. I m'a embrassé et je lui ai rendu son baiser. Il m'enveloppait dans ses bras comme un expert, hum ! Oui, Pamela, je te dis, je crois qu'il l'est. Il m'a embrassé partout où c'était possible. Il ouvrit les boutons de ma chemise et l'enleva d'un coup.

« Je t'aime Rachel, vas-y fonce, » me chuchota-t-il calmement... « ...laisses-toi aller..., » me caressant partout. C'est alors que je me suis perdue dans mes émotions. Quand je suis revenue à moi, j'étais dans sa chambre. J'étais consciente de tout mais je ne sais pas comment je me suis retrouvée dans sa chambre. Je crois que c'est l'effet de la boisson. Il fallait être fou pour faire l'amour avec ce prof ! Mais j'étais toute prête à le faire. Ou disons, je l'ai fait. Oh ! Bien, mais comment suis-je parvenue dans sa chambre ? Je ne sais pas.

Cela reste un mystère pour moi. Tu sais, Pamela, je ne sais pas comment il fait l'amour à sa femme sur ce lit pierreux. Ça ne me donna pas envie de faire l'amour sur ce lit...

- Mais, ca n'explique toujours pas comment tu es arrivée dans sa chambre, demandai-je calmement – de plus en plus intéressée à l'aventure de Rachel.
- Je te dis que je ne me souviens pas, Pamela. Tu sais, l'amour est fort, très fort – ce n'est pas un jeu de gosses. S'il n'y a pas de maîtrise de soi, on fait des bêtises...
- Je sais, Rachel. Et après, qu'est-ce qui s'est passé ?
- Alors, lorsque je me suis rendue compte que nous étions dans sa chambre, je l'ai vu torse-nu. Il respirait rapidement – c'était même bizarre et anormal. Il transpirait comme s'il avait couru. Il chuchotait des mots incompréhensibles, je me suis rendue compte à mon tour que j'étais pratiquement nue..., disons presque nue, parce que j'avais encore ma jupe et ma petite culotte. Ma chemise et mon soutien gorge étaient... je ne sais pas où. Lui, il continuait toujours à m'embrasser. On était dans une position bizarre, que je n'avais pas du tout appréciée.

  « Djo, il faut qu'on arrête maintenant... c'est assez..., » dis-je, un peu tremblotante.

  « Non ce n'est pas fini, » chuchota-il. Il faut que je te fasse du bien... tu verras que toutes les choses changeront.... »

  « Non, pas du tout, Djo ! Arrêtes maintenant... tu me fais mal, je suis fatiguée et je n'en peux plus... »

  « Attends, juste cinq minutes, juste cinq minutes... »
- Il enleva son pantalon... J'avais tellement peur que je n'avais plus envie de faire l'amour et, en

plus, avec M. George. Et si jamais sa femme nous surprenait ? me dis-je soudainement. Il commença alors à tirer ma culotte.
« Djo, Non... pas ça, je t'en prie. » Je tremblais comme un lapin.
A ce moment là, j'ai utilisé toutes mes forces pour le repousser et je me suis extirpée de son emprise. Je me suis habillée rapidement, en même temps que lui est venu me serrer encore dans ses bras, et me dit, « ne rate pas cette occasion petite, laisse-moi finir bien mon coup, ne me laisses pas utiliser la force... » Sans lui répondre je l'ai repoussé violemment.
« Non ! Arrêtes et laisses-moi partir, » lui criai-je, « c'est trop fort pour moi peut-être. On le fera prochainement... »
« D'accord, d'accord. Il ne faut pas t'emporter pour ça. Je voulais tout juste t'apprendre comment faire l'amour. »
« Ce n'est pas grave, Djo, » lui répondis-je plus calmement, « j'apprendrai une autre fois. Mais maintenant je dois partir. » J'ai pris presque cinq minutes pour me rhabiller, le temps de refaire ma coiffure et refaire un peu mon maquillage. Pendant ce temps, il marmonnait – des mots incompréhensibles – « Putain, putain, putréfaction, purulence, pestilence... » Comme j'avais compris que je l'avais déçu, pour calmer ses émotions, et pour qu'il n'utilise pas la force pour me violer, quoi... Il a fallu que je recoure aux grands moyens – le mensonge. Malgré que je n'aie pas le choix, je me sentais coupable, car un mensonge reste un mensonge.
« Djo, prochainement, je te promets, » lui dis-je en lui donnant un bisou, « nous le ferons sans problème, comme tu le voudras. J'ai dit non, parce que je suis indisposée aujourd'hui, j'ai mes périodes – tu comprends ? »

- A ces mots, il sursauta. « Mais, il fallait me le dire auparavant. »
  « Je suis désolée. Je ne savais pas que tu m'avais invitée ici, chez toi, pour faire l'amour. »
  « Bien, ce n'est rien. Il faut que tu sois prudente la prochaine fois. »
- J'étais très soulagée, un grand 'Ouf' est apparu sur mon visage. Je te dis, Pamela, j'avais menti pour éviter le pire. Je suis sortie de chez lui. Juste à l'arrêt de bus, sa femme est descendue d'un bus bien avant l'heure qu'elle était supposée rentrer... Est-ce que tu la connais, Pamela ?
- Qui ça ?
- Mais la femme de M. George...
- Je crois l'avoir vu une ou deux fois... répondis-je.
- C'est une femme à plaindre, vraiment.... Elle devait avoir une belle figure, mais maintenant elle un peu négligée. Elle est séchée par les jeûnes et prières, croyant sans doute que c'est avec cela qu'elle sera louée pour être une bonne chrétienne et une bonne épouse. Elle a un teint noir, un peu bouffi. Elle n'était pas mal, mais avec ses gros yeux, comme si elle en avait quatre...
- Rachel, pourquoi tu parles ainsi de la femme d'autrui ?
- Pamela, toi tu veux toujours aider les gens. Ne peux-tu pas aussi aider ces femmes à ne pas se négliger elles-mêmes ? Les aider, au contraire, à se faire belle, ce qui est, et qui fera la gloire de Dieu ? Je crois que c'est pour cela que le prof n'a pas tenu compte de sa femme et qu'il m'a fait la cour, tu ne crois pas ?
- Rachel, si tu as quelque chose d'autre à me raconter, vas-y. Je préfère ça, que de parler de cette femme.
- Imagines-toi si je m'étais retrouvée avec cette femme chez elle et encore dans son lit, elle m'aurait tuée d'un coup, je te dis. A part ça c'est

tout – c'est là mon aventure avec le prof. Que veux-tu encore savoir ?

- Rien, sinon que tu l'appelles Djo maintenant ?
- Oh oui ! Et j'ai oublié de te dire ; hier il m'a appelé dans la salle des profs, il y était seul. Il s'est rapproché de moi, pour caresser mes fesses. Il m'a donné quelques bisous... quand soudain Patrick nous a surpris. Djo et moi on a sursauté. Patrick nous avait vus et en nous voyant comme ça, il est sorti en courant sans rien dire.
  « Tu le connais ? » m'a demandé le prof.
  « Oui, c'est mon petit frère » A ces mots, je suis partie en vitesse. Bien, Pamela, que veux-tu encore que je te dise ?
- Rien, Rachel, je n'ai rien à dire pour l'instant, je suis très fatiguée. Je te ferais part de mon point de vue ce soir, lorsque je viendrai te voir chez toi.

Nous étions arrivées à la maison.

- Assieds-toi, Rachel, je t'en prie. Maman est-ce que tu es là ? criai-je.
- Mais, Pamela, comment se fait-il que tu rentres avant l'heure ?
- Je ne me sens pas très bien, Maman, un peu déconcentrée quoi ! Je ne sais pas comment tenir.
- Et toi, Rachel, est-ce que c'est la même chose ?
- Non, moi je n'ai rien, j'suis juste venue pour accompagner Pamela comme le prof de français me l'avait demandé.
- Je vois... ajouta ma mère d'un air calme.
- Est-ce que j'peux avoir un verre d'eau, Pamela ?
- Juste une minute j'suis à toi...
  Rachel bu son eau et nous laissa.
  Ma mère m'observait.
- Pamela, mets-toi là, à côté de moi, et ensuite dis-moi tout ce qui se passe dans ta petite tête.
- Ce n'est rien, Maman, je n'étais pas concentrée en classe, j'étais mal à l'aise...

- Je te connais toi, tu n'abandonnes pas les cours comme ça... Ne suis-je pas ton amie ? Ne me diras-tu pas tout ? Ou bien voyons... C'est à cause de cette petite complication ce matin avec Michel ?
- Non, Maman loin delà ! Mais ce n'est pas à négliger ça aussi. (Ah ! Ah !) Au fait, ce que Michel disait ce matin à propos d'être libre, la liberté... ainsi de suite... pour moi, je pense que je ne dois pas l'exercer comme je l'entends et comme je veux. Mon souci c'est d'étudier, de faire ce qui ce doit.
- C'est très juste, Pamela, d'ailleurs j'ai beaucoup de choses à te dire sur cette fameuse liberté. Mais avant tout, dis-moi ce qui ne va pas...
- Ma', chaque fois tu me répètes que le premier homme que tu aies connu était papa. Moi, je ne veux pas perdre ma virginité jusqu'à ce que j'aie un mari sérieux, qui a aussi étudié et qui me respecte.
- Oui, c'est vrai – ton père était le premier. Mais jusque là je ne vois pas où tu veux en venir ?
- Bien, j'y arrive... Aujourd'hui, un de mes professeurs m'a fait la cour pour que je sois sa petite amie, avec un air arrogant et flatteur.
- Hum ! Ensuite? Ajouta ma mère avec un sourire un peu taquin...
- Ensuite, il m'a dit que je suis en âge de me diriger seule, que je dois jouir de ma liberté.
- Alors..., poursuivi maman. Que lui as-tu répondu ?
- Mais, Ma' que veux-tu que je lui réponde ? Je lui ai dit 'non' tout simplement en lui rappelant qu'il avait une femme et des enfants – c'est tout.
- Et bien, c'est du joli ! Ce professeur ne semble pas être digne de ce titre. Et crois-moi, je comprends ton désarroi, ce n'est pas une expérience agréable – et je sais que ce doit être dur toi. Mais, tranquillises-toi et concentres-toi sur autre chose,

et tu finiras par oublier cet incident. Je te dirai ce que j'ai à te dire après. Pour l'instant prends un bain frais, dors un peu, et tu viendras manger après.

Je suis allé prendre mon bain et faire ma sieste pour quelques minutes, pensant à l'aventure de Rachel. Sa description était tellement vivide que cela me donnait envie de me caresser... Mais je ne suis pas comme ça – si je faisais une chose pareille, je n'aurais plus la conscience tranquille. En plus, cela aurait pu me donner l'envie d'en faire plus... Je me suis endormie vers quatorze heures, et ma mère m'a réveillé à dix-sept heures pour me mettre quelque chose sous la dent.

- Ça va toi?
- Oui, Ma'. Je me sens en forme maintenant.

J'ai pris mon repas avec beaucoup d'appétit. Michel était assis à table, à mes cotés.

- Pamela ce n'est pas comme ça qu'on mange, me dit-il.
- Michel laishe-moi mansher, ch'est shro bon.
- Finis d'abord ce que tu as dans la bouche avant de parler, Pamela, Ah ! Ah ! Ah !

Nous avons beaucoup rigolé et nous nous sommes bien amuser ce jour là.

Mais chez Rachel, il y avait une autre chose qui se passait. J'aime parler de Rachel et de sa famille parce que c'est avec elle que j'ai partagé une grande partie de ma vie. Sa famille m'a aidé à constituer certaines idées pour que d'autres foyers en prennent exemple.

Lorsque Rachel était partie de chez moi, elle n'avait pas le temps de rentrer chez elle mais elle était allée faire un tour, voir quelques-uns de ses amis et amies. Sa maman était au salon en train de coudre, toujours soucieuse, comme d'habitude.

Quand elle a entendu sonner à la porte, elle est allée l'ouvrir. C'était Odile et Patrick, qui revenaient de l'école.

- Bon retour mes enfants ? dit-elle un peu terne.
- Merci, Maman, répondirent-ils.
- Maman, j'ai trop faim tu as déjà préparé ? Patrick poursuivit.
- Ça ne va pas toi ? Tu as pris plusieurs biscuits à l'école, tu ne vas pas mourir tout de suite, rétorqua Odile, un peu taquine.
- Odile, on ne t'a pas téléphoné... Ne te mêles pas de mes affaires, répliqua Patrick.
- Ça va, ça va... interrompit Maman Berthe. Patrick tout est prêt, mais d'abord tu dois te changer...
- Hum ! d'accord, d'accord, j'y vais.
- Mais où est Rachel ?
- Je l'ai vue avec son prof de mathématiques dans la...

Avant que Patrick n'achève sa phrase Odile intervint.

- Tais-toi, Patrick, t'es fou ou quoi ! Ça ne te concerne pas. C'est pour ça qu'on ne s'entend plus avec toi, tu parles trop.
- Quoi ! s'étonne Maman Berthe. Y a-t-il quelque chose que je dois savoir ? Tu le laisses parler, Odile; et va mettre la table... dépêches-toi.
- Patrick, continues, qu'est-ce qu'elle faisait avec le prof de mathématiques ?
- Non, c'est rien, Ma', sauf qu'elle est devenue une autre fille. Je suis allé la voir dans sa classe, elle n'y était plus. Lorsque je suis passé à coté de la salle des profs – un de mes amis m'a dit qu'il avait vu Rachel là bas. Tu sais Ma', je l'ai trouvée en train...
- Patrick, pourquoi dois-tu expliquer ces histoires là à maman ? Odile interrompit d'un coup. Est-ce que tu ne peux pas tenir ta langue quand bien même tu les as vus ? Est-ce que c'est ton problème ?
- C'est quoi ça, Odile ? Qu'est-ce qu'il y a ? Patrick va te changer, et viens manger.

- Odile, écoutes-moi bien. Pourquoi dois-tu me faire des histoires pareilles ? Ton père fait ce qu'il veut, personne n'a droit à le contrôler. Ce matin il m'a fait une scène, en me disant que je vous laisse libre, que vous fassiez ce que vous voulez parce que vous avez grandi... etc. Rachel s'en est mêlée et m'a répondu comme si j'étais une petite-fille. Elle ne m'écoute pas, elle n'a aucun respect pour moi et... Enfin..., ce n'est pas grave, Maman Berthe ajouta en secouant la tête. Même si nous, nous n'avions pas fait beaucoup d'étude, c'était à notre époque ; mais dans cette nouvelle génération vous devez vous rendre compte qu'aimer l'école et étudier sérieusement c'est très important pour votre avenir. Sans diplôme vous n'arriverai à rien – vous serez comme les mendiants du marche. Je veux vous orienter, que vous réussissiez dans votre vie. Imagines-toi, si on mourait aujourd'hui que deviendrez-vous ? Que feriez-vous ? Ne pas aller à l'école c'est non seulement irresponsable mais c'est être fainéant. Tu dois le savoir...
- Mais, Ma', je voulais juste te dire qu'y a rien qui se passe et...
- Ne m'énerve pas Odile, est-ce que tu as compris ce que je t'ai dit ? Comment se fait-il que je doive vivre dans l'inquiétude jour après jour ? Parce que je veux du bien à mes enfants ! Vous voulez que je vous quitte, que je meure peut-être ou bien quoi ? Dis-moi maintenant, vous qui connaissez plus que moi, que voulez-vous que je fasse pour vous, vous laissez déambuler comme des chiens de nuit ?
- Non, Ma', je crois non...
- Alors ? Saches que tu as une mère qui t'aime bien, Odile. Est-ce que tu m'as compris au moins ?
- Oui, Ma', je t'ai compris.

- Bien, là tu deviens sage, raconte maintenant ce qui s'est passé à l'école.
- C'est vrai ce que Patrick racontait. Mais moi je veux bien étudier, Ma'. Je ne veux pas une vie sexuelle, mais Ya Rachel!
- Qu'a-t-elle encore fait ? Maman Berthe demanda, geignant presque.
- Ma', Rachel me conseille toujours de faire le contraire de ce que tu me dis. En fait, il y a un professeur renommé à la poursuite des jupons au lycée, et il a vraiment une mauvaise réputation. Il suit n'importe qui à l'âge de satisfaire un homme peut-être même les da Mwinzi.[1] Et ce même professeur sort avec Rachel, il y a de cela trois jours. Aujourd'hui, ce prof a fait la cour à Pamela, l'amie de Rachel. Celle-ci a dit 'non'. Vraiment, je suis désolée, Maman, pour ce nous te faisons. Je te promets que moi je vais devenir une bonne fille, qui te fera plaisir en tout cas.
- Bien, j'en ai assez entendu. Vas manger maintenant. Apres un instant d'hésitation, Maman Berthe se ravisa. Mais, toi, de ton côté, est-ce-que tout se passe bien ?
- Oui, Ma' ! répondit Odile sans commentaire.

Ils étaient tous à table lorsque Patrick s'adressa à sa sœur.

- Odile, quand toi tu parles est-ce que tu me vois intervenir ?
- Je m'excuse Patrick, je ne comprenais pas ce que je faisais.

Sur ces entres-faits Rachel rentra, et sans dire mot à personne, elle alla directement dans sa chambre. Quelques minutes plus tard, Papa Philip, à son tour rentra chez lui – bruyant et enivré comme d'habitude.

---

[1] Da Mwinzi: Les prostituées

- Comment vas-tu, Berthe? Il demanda à sa femme. Celle-ci choisit de ne pas lui répondre.
- Berthe ! Je t'ai demandé comment tu vas – tu pourrais quand même me répondre, non ?
- Comment veux-tu que ça aille ? Cette fâcheuse de Rachel s'est encore fourrée dans de mauvais draps.
- C'est pour ça que tu es triste ? Ne t'ai-je pas dit ce matin de ne plus recommencer cette histoire, de ne pas avoir d'accrochage avec Rachel ?
- Tu ne sais même pas de quoi tu parles, Philip ! Il faudrait peut-être laisser ta fille se faire baiser par n'importe qui ? C'est ça que tu veux ?
- Tu comprends difficilement toi ! Tu laisses les enfants tranquilles, t'as compris ? Ils sont libres, non ? Ils doivent savoir faire leurs lits et se coucher là dedans, comme on dit.

Au lieu de répondre, Maman Berthe, encore une fois, choisit de rester muette.

- Tu comprends ça, Berthe ? Ils doivent faire ce qu'ils veulent.
- QUOI ? Faire ce qu'ils veulent ? C'est ce que tu dis toujours. Tu es absurde, je te dis ! Tu es fou ; je te le répète maintes fois. Il y a longtemps que t'as perdu la raison, et t'es malade...

  Haussant les sourcils, Papa Philip reprit de plus belle.
- Berthe ! Tu peux pas quand même veiller à ton langage ? Tu ne dois pas parler comme ça cela devant les enfants.
- Non, Philip ! Ils doivent nous entendre parler. Et à propos de cette liberté que tu leurs enseignes ; tu dois savoir que c'est un danger auquel tu les exposes. Saches que dans ce monde, et surtout dans ce troisième millénaire qui commence, cette fameuse liberté n'est pas un acquit comme tu l'entends. Mais pour ceux qui veulent étudier ou même pour ceux qui veulent se respecter, il y aura

un avenir pour eux. Est-ce que tu comprends ça au moins ?

- Pouf ! Berthe, il y a un adage qui dit : « Tel père tel fils, telle mère telle fille ». Tu te rappelles de ça ?
- Pa', tu veux dire que parce que toi tu n'as pas étudié... Euh ! Disons, euh – pas beaucoup étudié – que nous devons faire de même ? Patrick s'enquière avec étonnement.

Sur ce, Odile ne manqua pas de mettre son grain de sel.

- Papa vraiment, c'est honteux que tu sois comme ça ! Tu nous encourage à vivre dans l'indépendance ? Sans vouloir nous guider ? Au lieu que tu nous éduques bien, que tu nous dises quoi faire, et comment nous devrions nous comporter pour que nous nous en sortions dans l'avenir, tu veux te débarrasser de nous *pour faire tout ce qu'on veut* ! Dis-moi, si maman nous veut du bien, pourquoi, toi, tu nous veux du mal ?
- Pa', je me demande si tu nous aimes vraiment, parce que je ne te vois pas lever un doigt pour nous aider, ajouta Patrick à son tour.

La tirade d'Odile et le commentaire de Patrick avait endormi leur père. Il semblait rêvasser, les yeux hui-clos, mais il sursauta aux appels répétés de sa fille.

- Papa, Papa, PA'... !
- Quoi encore ? dit-il. Ce n'est pas encore fini ces histoires?
- Non, Papa, je voulais tout juste savoir si tu aimais maman, vraiment. Hein !
- Assez ! Assez !
- Se mettant debout, d'un air indigné et réprobateur, il tonna, Où est-ce que vous vous croyez? Vous vous jouer de moi ou quoi ? Berthe, je ne veux pas que le gamin me parle de la sorte, sur ce ton...

- Philip, les enfants te parlent honnêtement. Tu n'as qu'à leurs répondre. Si tu es si fort, tu n'as qu'à répondre à leurs questions. Tu as déjà oublié, « Tel père tel fils, telle mère telle fille » ?

A cet instant, Rachel entra dans la salle à manger, et pointa Patrick du doigt.

- Tu n'es pas sérieux toi, tu me files maintenant ? Finis de manger, et viens me trouver dans ma chambre, sinon...

Avant qu'elle ne ferme la porte, son père intervint.

- Rachel, pourquoi ne manges-tu pas ?
- Chaque fois que j'en ai envie, personne ne me le demande. C'est aujourd'hui que vous vous intéressez à ce que je fais ? répliqua-t-elle.
- Hey, Rachel, ce n'est pas ton copain qui te parle ! Odile explosa. C'est Papa, notre père à tous. Pourquoi dois-tu lui répondre de la sorte?
- Encore un mot, je te gifle, Odile ! rétorqua Rachel, d'un ton hostile. Crois-tu que je l'ignore ?
- Absolument pas ! Je voulais juste te dire qu'un peu de respect ne te ferait pas de mal, quoi...
- Tais-toi, Odile. Qu'est-ce qui m'empêche de parler comme je veux – parce je vis dans cette maison ? C'est toi maintenant qui veux me faire la leçon ? Imbécile... A ces mots, elle ferma la porte derrière elle.
- Philip, avec ça, crois-tu faire un bon foyer ? Avec des telles expressions et des insultes ?
- Berthe, je comprends ton souci et celui des gosses. J'y penserai. D'abord... bon ! C'est très difficile à comprendre... donnez-moi aussi à manger... On dit que la nuit porte conseil. Demain c'est un autre jour, n'est-ce pas ?

Odile servit le repas à son père sans plus de commentaires.

Après avoir suivi la télévision, Papa Philip lu son journal, et s'endormi sans problème.

J'étais dans ma chambre en fin d'après-midi en train de revoir mes cours, quand soudain je me suis plongée dans mes rêves à propos d'Alain ; je ne savais même plus me concentrer. J'admirais ses photos dans mon album ; en fait, j'en avais des douzaines.

Mais, je ne vous ai pas encore parlé de lui. C'est un garçon, cinq ans plus âgé que moi. Je l'aimais tellement que chaque fois que j'allais dans ma chambre je le voyais dans mes pensées ; mais chose drôle, jusqu'à ce jour on n'avait jamais parlé d'une relation intime. Il venait souvent chez nous pour voir ma mère ou mon père, ils étaient de bons amis. Un jour il vint à la maison ; il n'y avait personne d'autre que moi. Étant seule à la maison, je voulais le voir me serrer dans ses bras ; et je voulais entendre de lui de mots d'amour. Mais tout respectueux qu'il était, il attendait le moment opportun calmement.

- Pamela je voudrais bien regarder un film avec toi, veux-tu ? Un film de l'ancien testament, me dit-il.
- Avec moi, dis-tu ? Eh bien ! Je voudrais bien mais j'ai quelque chose à faire dans la cuisine pour ma mère.
- C'est rien. Ne t'en fais pas.

Je lui ai mis le film qu'il voulait et il le regarda seul pendant que j'étais à la cuisine en train de préparer à manger.

Quand ma mère est revenue du boulot, je lui ai dit qu'Alain était au salon.

- Avec qui est-il là ?
- Il est seul, il regarde un film.

Elle se précipita pour aller le saluer et le mettre à son aise comme d'habitude. Un moment donné, je suis passée par le salon pour prendre quelque chose lorsque ma mère m'interpella :

- Pamela, tu n'as même pas donné quelque chose à boire à Alain ! Ce n'est pas sérieux. Où sont passées tes manières ?

J'avais été choquée de sa façon de me parler, mais je n'avais rien dit sur-le-champ. Quelques minutes plus tard elle vint me trouver à la cuisine. J'étais, un peu pâle et elle le remarqua.

- Pardonnes-moi, Pamela, si j'ai mal parlé. Mais c'était pour rigoler ! ... En fait, sans suite !
- Pour rigoler Ma' ? S'il te plaît !
- Oui, juste pour rigoler !
- Ouais ! D'accord.
- Est-ce que veux-tu aller lui tenir compagnie? Je finirai le reste ici.
- Quoi ! Tenir compagnie à qui ? À Alain ?
- Mais oui, qui d'autre encore ?
- Non, Ma', je préfère aller dormir, je me sens un peu abattue.

Après cela, je suis allée m'enfermer dans ma chambre. Je me suis allongée sur mon lit comme une morte. Quelques minutes plus tard, j'ai entendu ma mère m'appeler.

- Pamela, viens ici ! Et ne m'énerve pas.

Quand ma mère s'indigne, elle est hypertendue. J'ai sauté de mon lit et j'ai dévalé les escaliers quatre à quatre.

- Oui, Ma', je t'écoute.
- Et bien, ne reste pas plantée là comme une poule mouillée ! Vas servir le déjeuner, je te prie.

Alain était déjà parti et sans rien dire, j'ai servi à manger. Nous étions tous à table, ce jour là. Mon père m'aimait trop ! Si j'avais été une femme en dehors de son foyer, je crois qu'il m'aurait épousée sur le champ. Il était très jaloux de moi. Malheureusement, je l'ai compris que bien trop tard.

- Alors, Pamela, dit-il, comment as-tu passé ta journée ?

- Euh ! Bien, Pa', répondis-je sans vouloir approfondir le sujet. Et sans même finir le repas, je lui ai demandé : Je m'excuse, Pa', je mangerai plus tard...
- D'accord. Mais, dis-moi, tu vas bien, tu n'es pas malade au moins ?
- Non, Pa', je suis bien – juste un peu fatiguée, c'est tout.

Après qu'ils aient eu fini de manger, je suis descendue pour faire la vaisselle. J'espérais voir Alain le lendemain matin à l'église parce que je savais qu'il ne manquait jamais un service – il était extrêmement spirituel.

Ce soir là ma mère était venue dans ma chambre pour me parler, parce qu'elle avait remarqué que quelque chose n'allait pas avec moi. J'étais toujours morose et pensive – même perdue dans mes rêves.

- Écoutes-moi, Pamela, je suis une femme comme toi quand bien même je suis ta mère. Dis-moi, qu'est-ce qui te trouble. Tu es libre de me le dire moi ou de parler à ton père... du fait que c'est à lui que tu parles plus facilement d'habitude. J'ai remarqué que tu es tombée amoureuse, veux-tu en parler ?
- Non, Ma' je m'en sortirai, répondis-je en secouant la tête.

Sans insister et sans rien dire, elle se leva et se tourna pour quitter ma chambre. Elle avait la main sur la poignée de porte quand elle me dit :

- Bonne nuit, Pamela !
- Non, Ma', ne t'en va pas, je... je suis désolée...
- Quoi ! Que veux-tu encore ?
- Reviens, Ma', je veux t'expliquer et je crois que c'est mieux que je te le dise.
- D'accord ! Vas-y, je t'écoute.
- Ma', j'aime Alain..., je crois. Plus je reste à ses cotés, plus je l'aime. Lorsque je lui pose des questions sur sa vie présente ou bien sur sa vie

future, il me répond sans contrainte et me repose aussi des questions semblables mais pertinentes.

- Eh bien ! Continue...
- Je le trouve sérieux. Il me parle de choses bien qui m'excitent... Euh ! Il me dit qu'il n'a pas le temps de me flatter, de me poursuivre ou de me faire des compliments... Alors, Ma', à ton avis, que dois-je faire ? Que je lui dise que je l'aime ?
- Qu'est-ce qui te dis qu'il t'aime ? T'a-t-il dit cela ?
- Non. En fait, je ne sais pas. C'est juste la façon dont il me le laisse sentir, sentir sa passion pour moi...
- T'a-t-il dit qu'il t'aime Pamela ? ma mère insista.
- Non, Ma', non il ne me l'a pas dit... mais je crois qu'il m'aime aussi. Je le sens...
- Tu sais, Pamela, on est libre de choisir qui l'on aime, mais la prudence n'est pas à exclure. Il est vrai que je connais bien Alain. Il est gentil et sérieux ; s'il t'aime bien, il te le dira lui-même. Pour l'instant, je t'interdis formellement de lui faire voir que tu l'aimes et n'essaies même pas de le séduire, ni même de le fréquenter. Parce que plus on se rapproche et plus on invite l'amour qui n'est pas prête à s'épanouir. Pour l'instant, ce que je veux de toi c'est que tu te concentres sur tes études. C'est tout ce que je peux te dire pour le moment. Après tout, tu sais que ton père veut aussi que tu étudies et que tu réussisses dans ta vie ? Alors il faut te donner d'avantage aux études, voilà tout... Tu dors maintenant.
- Oui, je sais... Merci, Ma'. Bonne nuit!

Quand ma mère me quitta, je me suis endormie, non sans peine. Il faut vous dire qu'Alain avait beaucoup souffert jusque là, il s'était présenté six fois au baccalauréat, sans réussir. Je ne sais pas pourquoi, mais je sais qu'un jour il le passera.

Le lendemain à l'église, je le vis. Suivant les conseils de ma mère, j'avais décidé de l'ignorer. Malheureusement, il m'avait déjà vu. Il vint à mes cotés et me fit un petit bisou. Oh mon Dieu ! J'étais tellement heureuse. Je voulais qu'il en fasse plus. Mon corps tremblait de joie. Mais mon cœur me répétait les paroles de ma mère ; j'avais la chair de poule et j'avais même l'intention de ne pas entendre tout ce qu'il voulait me raconter. Je voulais qu'il se taise pour un instant et que je passe mon temps à l'admirer... eh bien ! J'ai sursauté quand il m'a surpris avec une drôle de question...

- Pourquoi voulais-tu partir sans me saluer? dit-il.
- Non, Alain... c'est-à-dire que... Je ne savais comment finir ma phrase.
- Dis-moi, Pamela, pourquoi n'étais-tu pas venue me dire au revoir hier quand j'étais chez toi ?
- Alain, tu sais... c'est-à-dire que... Euh ! Que dis-tu ? Ah ! Je ne sais pas... Alain, veux-tu laisser tomber, s'il te plaît? Ce n'est pas grave...
- D'accord ! C'est rien. Mais dis donc, tu viens à la JPC (Jeunesse Pour Christ) cet après-midi ?
- Oh! Non, Alain, je ne suis pas très attitrée par ça. Tu sais moi...
- Pamela, viens assister à la réunion, juste pour voir comment ça se passe, s'il-te-plait. Je veux que tu sois une chrétienne transformée et vivante, et non une chrétienne ordinaire. Je sais que tu me diras, que tu n'es pas obligée d'y aller. En fait, je ne t'y oblige pas. Mais la parole de Dieu déclare que *ce monde passera et sa convoitise mais la parole de Dieu ne passera pas*, (1 Jean 2:15-18).
- Je sais, Alain, je sais...
- Tu sais Pamela, Dieu met devant nous la vie et la mort, la bénédiction et la malédiction. Il nous demande seulement de choisir entre ces deux. Tout de même, il nous encourage à choisir la vie...[2]

---

[2] Dét. 30

- Alain, qu'est-ce qui se passe ? Tu sais que j'ai déjà choisi la vie. Qui, crois-tu, pourrait choisir la mort ?
- T'as raison ! Bien sûr que personne ne veut choisir la mort. Mais c'est une métaphore. Dans ce contexte on parle de l'esprit - la vie spirituelle et la mort spirituelle. Savais-tu cela ?
- Oui. Si tu crois au Seigneur, tu vivras, sinon tu mourras, n'est-ce pas cela ?
- Oui. Mais si vraiment tu crois au Seigneur, tu verras la gloire de Dieu. Il faut être crucifié avec Christ, lui laisser entièrement prendre la direction de ta vie. Lui Laisser vivre en toi et pour toi.
- Alain, je suis fatigué, tu veux que nous asseyions quelque part ?
- Bien sur... As-tu quelque chose à faire ?
- Si, j'ai à faire, mais parles, je t'écoute. Tu sembles avoir beaucoup à me dire... si vraiment cela devait me convaincre d'aller à la JPC...
- Ne sois pas sarcastique, Pamela, j'aime seulement parler de Dieu et surtout avec toi, c'est un plaisir pour moi...
- Merci, eh bien ! Continue ta leçon ; et dis-moi pourquoi laisser le Christ gérer toute ma vie ?
- Parce que *si quelqu'un est en Christ, il est une nouvelle créature, les choses anciennes sont passées, toutes les choses en nous sont renouvelées...* (2Cor. 5:17, Gal. 2:20.) T'as compris ?
- Oui, je crois, et ensuite ?
- Bien. que tu ailles à l'église, que tu chantes pour le très haut ou même si tu pries pour les autres... Il faut disposer ton cœur à la crainte de Dieu. Laisser Dieu prendre la direction de tout en toi. Moi, je veux t'aider, par l'aide du très haut à refaire ta vie avec lui, être responsable de ce que tu fais, à tenir ta langue en bride... (Jacques 1: 26) Pour ne pas avoir de problèmes avec les

autres. Cette vie de concubinage, des petits garçons qui viennent souvent te raconter des banalités, des histoires quoi ! Il faut faire attention. Cette vie est pleine de surprises. Réserves-toi. Surtout étudies, étudies... parce que si tu n'étudies pas, que veux-tu devenir dans l'avenir ? Qu'espères-tu dans ta vie ? Peut-être le mariage.

- Mais toi, tu n'es pas marié, comment peux tu me conseiller ou me dire de quoi il s'agit ?
- En fait, je le sais... mais pas totalement. Peut-être parce que je lis trop...
- D'accord, après ?
- Après ? Sachant que le mariage ne se cherche pas, bien sur, mais s'admet, se confirme par l'amour libre de soi venant du cœur.
- Bien, Alain, arrête d'abord... je crois que j'ai faim maintenant... tu veux continuer ça après ?
- Ce n'est pas grave. On se rencontre alors dans deux heures au même endroit, d'accord ?
- D'accord ! Eh bien, à bientôt !
- Bien, Pamela, salue ta mère pour moi.

Quelques heures plus tard, je suis allée retrouver Alain à l'endroit prévu... Il était déjà là, en train de m'attendre.

- Alors, t'as mangé quelque chose ? me demande-t-il avec un petit sourire taquin.
- Bien sur, je suis rassasiée ; maintenant je peux t'écouter.
- C'est bien de l'entendre venir de toi. Au fait, si je t'ennuie, tu n'as qu'à me le dire...
- Non, loin de là, Alain ! Tu ne m'ennuies pas.
- Très flatteur ! Pamela, honnêtement, de quoi veux-tu qu'on parle ?
- Mes amies et moi discutons assez souvent de l'amour ; tu en connais quelque chose ?
- Ce n'est pas du tout clair. Que veux-tu savoir à ce propos ?

- Par exemple, l'amour qu'un ami a pour un autre ; un membre d'une famille à un autre est-il le même ou pas ?
- Ah, maintenant, je comprends. Saches qu'il y a plusieurs sortes d'amour. Par exemple, l'amour scolaire qui a trait à l'école. L'amour sexuel qui a trait au sexe. L'amour fraternel qui a trait au prochain. Là, on parle de la charité et même de l'amour entre d'autres membres de la communauté, comme la JPC. Euh ! En plus, il y a l'amour divin, que Dieu nous donne et nous apprend.
- Alors ?
- La Bible dit : *Il faut aimer Dieu de tout son cœur, de toute son âme, de toute sa force, de toutes ses pensées... et aimer son prochain comme soi-même.* (Mat 22: 37-39, Jean 15:11-13) Ensuite, si tu regardes un autre aspect ; ce qu'est le mariage, si les cœurs s'aiment et s'admirent vraiment sans intérêt matériel. Il ne faut pas seulement dire que tel n'a pas ça. Je ne peux le prendre parce que ceci, parce que cela... sa famille n'est pas riche, il n'a pas de boulot, il n'a pas de diplôme, il n'est pas beau... etc. Non ! Il faut que le cœur aime, faire un bon choix. Ce n'est pas le physique mais le cœur qui doit décider. Aimer c'est se donner corps, âme et esprit pour devenir UN avec son conjoint. L'essentiel, ajouta-t-il, c'est d'avoir confiance en ta mère, Pamela, faire d'elle ton amie. Je la connais bien, aies confiance en elle ; sois comme elle, et même plus qu'elle, et tu seras bien. Tu n'auras pas beaucoup de problèmes. Je veux que tu sois calme en toi-même, que tu ne sois pas troublée par n'importe quoi. Tu es jolie, belle, et charmante, n'est-ce pas ? Tu as presque toutes les bonnes qualités d'une bonne épouse – tu sais ça ? Il ne faut pas perdre pas de temps, épanouis-toi comme une fleure au soleil...

- Alain, tu parles trop, l'interrompis-je avec un petit sourire timide. Laisses-moi partir, maintenant, je viendrai dans la soirée pour la réunion du JPC...
- D'accord... On se revoit après, alors ?
- Bien sur.

Et voilà, Alain et moi allions très proche, notre amour se développa de jour en jour. Nous passions beaucoup de temps ensemble et nous commencions à vraiment nous connaître.

J'avais appris beaucoup de choses et j'avais changé la façon dont je regardais les autres à cause de lui. Alain était honnête avec lui-même, et avec moi. Il ne cherchait pas à me flatter.

Un jour, il était venu chez nous à la même heure que mes parents sortaient ensemble avec leurs amis. Il n'y avait pas d'autres personnes dans la maison, que moi et Alain – tête-à-tête. Je l'avais regardé avec une intensité toute nouvelle, tellement il me plaisait. Je voulais seulement qu'il m'invite à m'assoir sur ses genoux et qu'il me serre dans ses bras en me chuchotant à l'oreille, « je t'aime, Pamela ». Mais malheureusement, ce ne fut pas le cas – pas tout de suite !

- Pamela, dit-il, viens t'asseoir à mes cotés.
- J'étais flattée par l'invitation et je m'étais assise à ses cotés.
- Et bien, ma chérie, poursuivit-il, J'ai une chose très importante à te dire – du moins, pour moi c'est important !
- Qu'est-ce qu'il y a, Alain ?
- Je crois que tu sais déjà ce que je veux te dire..., peut-être...
- Je ne sais pas, à moins que tu me le dises.
- Je t'aime, Pamela !
- QUOI ?
- Tu m'as entendu, j'ai dit que je t'aime et je t'aime beaucoup.

- Okay…
- J'ai besoin de toi, Pamela.
- Comment as-tu besoin de moi ?
- Je sais que ça t'étonne mais acceptes le tel que je te le dis : Je t'aime et j'ai besoin de toi.
- Eh bien ! Continue je t'écoute…, dis-je. J'aimais ce que j'entendais, je voulais seulement qu'il en dise d'avantage.
- Je ne veux pas venir avec des prophéties, poursuivit-il, disant que Dieu a dit…
- Ah, ah, ah, j'éclatai de rire, c'est vrai beaucoup de gens viennent avec l'intention que « Dieu a dit » ah, ah, ah… Bien… Continue s'il te plaît. Je m'excuse de t'avoir interrompu.
- Ce n'est pas grave Pamela… Dis-moi seulement ce que tu penses à ce propos. Dis-moi ce que tu as dans ton cœur un point c'est tout. En plus, saches que, je suis venu à toi parce que je t'aime et je n'ai pas d'arrière pensée. Dis-moi, à ton tour, ce que tu penses… Je suis prêt pour n'importe quelle décision que tu prendras ou n'importe quelle réponse que tu me donneras.

Je ne su quoi dire, quand il eut fini de parler. Je me suis senti faible et embarrassée. Je riais en cachant mon visage dans mes mains. J'étais toute prête à lui lancer la réponse, mais je ne savais pas comment le faire.

- Alain, Alain… voilà j'ai un compromis, je te donne ma réponse prochainement. Donnes-moi juste le temps de réfléchir.
- Le temps de réfléchir ? Il me regarda d'un air étonné.
- Oui, j'ai besoin du temps pour réfléchir. Je te promets lorsque j'aurai une réponse je te la donnerai, d'accord ?
- Enfin c'est ta décision. Mais tu sais ce que tu veux déjà, n'est-ce pas ?

- Alain, lui dis-je doucement. (J'étais un peu bouleversée par son regard doux qui me pénétrait droit au cœur. J'essayais d'éviter de le regarder.) Il toucha l'épaule et dit :
- Pamela, je n'ai pas besoin de tes promesses. Je sais que tu as la réponse sur le bord de tes lèvres. Dis-moi seulement et que nous en finissions.
- Alain...
- Oui, Pamela, je t'écoute.
- Je suis tellement... Je ne sais quoi... Je t'aime aussi, Alain ! Je t'ai toujours aimé. Je suis contente que tu sois le premier à me le dire... Je t'ai toujours aimé et je te veux aussi.
- Tu es sûre de ce que tu me dis là ?
- Alain, tu voulais une réponse, n'est-ce pas ?
- Oui, Pamela, mais je suis désolé..., je ne voulais pas te pousser à me le dire.
- Non, tu ne m'as pas poussée, j'ai toujours eu l'envie de te le dire, mais j'attendais le bon moment.
- C'est bien qu'on se le dise maintenant. Juste donnes-moi le temps de te faire un bon mari.
- Je te donnerai le temps de devenir pour moi un bon mari et je te ferai aussi une bonne épouse.
- Je te crois, Pamela.
- Alain, tu sais qu'il y a une chose que je n'aime pas que tu fasses.
- C'est quoi, dis-moi ?
- Je n'aime pas que tu fasses la théologie, fais autre chose que cela, s'il te plaît. En plus, je veux aussi te rendre heureux, être pour toi une femme digne de toi.
- J'ai eu quelques complications avec ma famille à ce propos. Je pourrais faire la théologie si je m'entêtais..., mais en plus de ça, je dois faire ce que mon cœur désire, tu sais. A part cela, je ferai la médecine, eh ! S'il y a l'argent...

Il hésita un tout petit peu, avant de se lever brusquement en disant :

- Pamela il faut que je parte... On se voit demain, veux-tu ?
- Mais, Alain, tu..., on avait... Bien, sans problème, dis-je un peu déçue.
- Qu'est-ce qu'il y a ? Est-ce que tu vas bien ?
- Oui, je vais bien, merci, je te vois demain.

Mon cœur voulait rester auprès de lui toute la nuit. Mais, je l'ai libéré malgré moi. Je voulais qu'il me serre dans ses bras, qu'il me caresse, qu'il me dise combien il m'aimait... malheureusement, il ne l'avait pas fait. Pour ma part aussi, je m'étais vraiment maîtrisée.

Quand mes parents sont rentrés à la maison, je voulais tout raconter à ma mère, mais j'avais préféré aller au lit sans rien dire. Je ne rêvais maintenant que d'Alain. Combien je l'aimais ! C'était parti ! La nuit fut très longue, remplie de rêves, de joie et d'anticipation.

Le lendemain matin, j'étais allée aux cours comme d'habitude. Lorsque je suis rentrée, je voulais raconter à ma mère tout ce qui s'était passé le soir précédent. Quand bien même je me confiais plus souvent à mon père qu'à ma mère, j'aimais ma mère – j'étais trop attachée à mon père.

- Ma', j'ai quelque chose à te dire. T'as une minute ? Elle me dévisagea tout en continuant à préparer le déjeuner.
- Ma' ! C'est important – j'ai juste demandé si tu as une minute, je veux te parler...
- Je n'ai rien dit, je suppose...
- Je sais, mais c'est la façon dont tu me regardais.
- Vas-y, je t'écoute, me dit-elle calmement, se tournant vers mois et abandonnant ses préparations.
- Ma', c'est Alain... je, je me... tu sais...
- Oui, Alain..., qu'est-ce qu'il a fait ?

- Il m'aime, Ma' ! Il me l'a dit et il m'a proposé les fiançailles.
- Hum ! grommela-t-elle. Et alors ?
- J'ai dit 'oui'. Qu'en penses-tu ?
- Qu'est-ce que je pense ? Qu'est-ce que toi tu penses ? Moi je suis mariée, c'est ton affaire, n'est-ce pas ?
- Maman, je t'ai dit que j'ai dit, 'oui'.
- Tu as dit 'oui', alors tu veux que je dise, 'Non' ?
- Ma', pourquoi tu me réponds comme-ça ? Peut-être on en parlera plus tard....
- Quand t'a-t-il proposé ? ajouta-t-elle, ignorant mon désarroi.
- C'était hier soir, lorsque vous étiez sorti avec vos amis.
- As-tu dit cela à ton père ?
- Non, Ma', pas encore. Je préférerai que toi tu lui dises à ma place.
- Mais, Pamela, je t'ai dit l'autrefois que tu es libre de choisir qui tu veux. Tu es maître de toi-même. Voyons, est-ce que tu l'aimes vraiment, comme tu le dis ? Ou bien c'est juste le mouvement du vent que tu suis ?
- Oui, Ma' je l'aime vraiment et ce n'est pas le vent que je suis en train de suivre. À propos de papa, je ne sais pas. Mais que veux-tu dire d'abord par suivre le mouvement du vent ?
- Laisses tomber, ce n'est pas grave. T'aime-t-il vraiment comme il te l'a dit ?
- Oui, c'est ce qu'il m'a dit et je le crois.
- Bien, je parlerai à ton père ce soir. Vas te changer et viens m'aider à mettre la table pour le repas.

J'étais très heureuse de la réponse de ma mère. Elle est une femme sage. Ce soir la, elle avait parlé avec mon père à propos d'Alain. Ils étaient tous les deux contents de mon engagement.

Dans les jours qui suivirent, presque tout le monde savait ce qui se passait entre moi et Alain – tout était redevenu normal dans notre foyer.

C'était là mes débuts avec Alain. Eh bien ! Comme je le disais auparavant, j'étais dans ma chambre en train de rêver d'Alain et de toutes les bonnes choses qui m'étaient arrivées.

Comme je disais, j'étais dans ma chambre, en train de feuilleter mon album de photos, lorsque j'ai entendu quelqu'un rentrer à la maison. Je suis descendue pour aller voir qui c'était. Comme d'habitude, c'était mon père qui revenait du boulot.

- Bonjour Pa' ! Bonne journée ?
- Ah, tu es la toi ? Je m'inquiétais déjà, on aurait dit qu'il n'y avait personne ici ! Où sont-ils tous ?
- Pa', pourquoi tu ne me salue jamais, ou quand je te demande si tu as passé une bonne journée, tu ne me réponds pas ?
- Quoi ? il me répondit distraitement.
- Tu m'as entendu.
- Salut, Pamela ! Merci, Pamela ! Alors ?
- Si, Pa', tout le monde est là.
- Où est-elle ?
- Qui ?
- Ta mère, nom de Dieu ! Qu'est-ce qu'il y a avec toi ?
- Pa', calmes toi ! Elle dans la chambre. Elle prenait sa douche.
- Elle sort ?
- Je ne sais pas. Elle vient de prendre sa douche....
- Hum ! Dis-lui que je suis ici et sers-moi à manger, j'ai une faim de loup.

J'étais allée annoncer à ma mère que mon père était là, et quand elle eut fini de s'habiller, elle vint trouver mon père. Elle l'embrassa et ils s'installèrent ensemble sur le divan. C'était magnifique de les voir heureux ensemble. Ils étaient beaux.

- Comment a été ta journée ?
- Susanne, qu'est-ce qui s'est passé ce matin ? Tu m'avais dit que tu avais un petit problème avec les enfants, c'était quoi en fait ?
- Vano, tu as cette manie de ne pas répondre aux questions. As-tu eu une bonne journée ?

- Oui, j'ai eu une bonne journée. Alors, tu me dis ce qui s'est passé ou pas ?
- Qu'est-ce que tu veux savoir ? Est-ce qu'au bureau, tu n'as fait que penser à cela ?
- Dis-moi un peu, toi, je n'ai pas le droit de connaître ce qui se passe ici ? Pamela, fais-moi venir Michel ?
- Il est dans sa chambre, Pa', tu veux que je l'appelle ?
- Mais qu'est-ce qui se passe ici ? je t'ai bien dit de faire venir Michel, n'est-ce pas ?
- Si, Pa'.
- Vano, qu'est-ce qui te prend ? intervint ma mère tout à coup. Tu agis un peu bizarrement. Pamela, veux tu servir le diner, s'il te plaît, et laisse ton frère tranquille.
- Mais j'ai dit...
- J'ai entendu ce que tu as dit, Vano – ce n'est pas la peine de t'emporter. Ne suis-je pas ta femme ? Ne puis-je pas te dire tout ce qui se passe ici même si tu ne me le demande pas ? Combien de fois je t'explique des choses qui se passent ici sans que tu ne me le demandes ? Ne me fais pas...
- Papa, le diner est servi et je t'ai préparé un jus d'orange frais.... J'essayais de calmer la tension entre eux.
- Ça va, ça va, Susanne, poursuivit-il. Tu vas te taire maintenant, je veux seulement savoir ce qui se passe.
- Tu veux savoir ? Bien ! Pamela, va chercher Michel.
- Maman, pourquoi devez-vous vous disputer ?
- Pamela !
- D'accord...

Je suis allée chercher Michel... mon père, entre temps semblait se calmer.

- Susanne ?
- Quoi ? Je t'écoute...

- Je m'excuse si j'ai mal parlé. Je voulais seulement savoir ce qui s'est passé. Pardonnes-moi, je t'en prie, oublions cela.
- Ce n'est rien, ce n'est rien... Mais, je veux toutefois t'expliquer.

Papa mangeait lorsque Michel et moi étions rentrés dans la salle à manger.

- Tu voulais me voir, Mère, demanda Michel.
- Laisses tomber, vas te reposer, répondit mon père.
- Non ! répliqua ma mère. Partir ou ? Écoutes, Vano, je veux t'expliquer. Ce garçon là, Michel, ton fils, il n'aime pas aller à l'école. Il disait à Pamela ce matin qu'il en avait marre des études. Il disait qu'il était autonome, qu'il fera ce qu'il souhaite de faire..., etc., etc. Voilà tout en grosso modo.
- HEIN ! QUOI ? LIBRE DE QUOI ? Tonna mon père. Mais qu'est-ce que ces histoires, Michel ? Bien sur, tu peux dire que tu es libre de faire ce que tu veux. Il y a quelque part dans la Bible qui dit : « Tout m'est permis mais tout n'est pas utile » (1Cor.6:12). Est-ce que ce que tu veux faire est important ? Tu peux étudier ou pas, cela ne dépend que de toi. Mais saches que ta vie en dépend. Dans ce siècle, il n'y de places que pour ceux qui ont étudié. Où veux-tu aller avec ta liberté ? Hein ! Ou bien... qu'on se comprenne un peu, tu veux être libre ; *tu quittes mon toit.* Vous êtes sous ma dépendance, c'est moi votre père. C'est moi ton papa. Vous devez étudier, il faut aimer les études. L'école est très importante, j'insiste, avez-vous compris ?
- Oui, père. Oui, papa, mon frère et moi répondirent ensemble.
- Une autre chose est que, ajouta-t-il, vous avez tout ce qu'il vous faut ici, il faut en profiter pour étudier tant que nous sommes en vie et que nous

prenons soin de vous. Bon ! C'est une chose classée. On n'en parle plus.

Je croyais que mon père avait fini de parler, mais il se tourna vers moi et dit :

- Quant à toi, Pamela, tu n'as que dix-huit ans, il faudrait être comme ta mère. Elle descend d'une famille noble, elle a été bien éduquée. J'avais beaucoup souffert pour l'avoir. On me battait, mais je ne lâchais pas. Je rêvais seulement de vivre avec elle et avoir des enfants avec elle.
- Mais, Pa', qu'est-ce que moi j'ai à faire avec cette situation ? J'aime aller aux cours et...
- Tais-toi et écoutes ! Tu as toujours quelque chose à dire chaque fois que j'ouvre la bouche...
- Je ne comprends pas, mais...
- Pamela, écoutes-moi – sans m'interrompre ....

J'avais baissé les yeux et sans comprendre où il voulait en venir, je l'ai écouté.

- Eh bien ! Je disais que moi et ta mère, nous avons le même age. Elle avait eu son diplôme avant moi. J'avais essayé une deuxième fois comme autodidacte, et je l'ai finalement décroché. Tout ça pour te dire que j'étais son premier homme.
- Pa', de quoi est-ce que tu parles ? dis-je un peu inquiète.
- Tu veux écouter ou pas ?
- Oui, oui...
- Je ne veux pas que tu sois troublée. Il n'est pas recommandé de mêler l'amour avec les études. Si tu veux réussir et continuer tes études, il faut le faire avec sérieux et détermination, sinon tout sera bloquée, bloquée... Alors, ce que je veux te dire c'est de garder ta virginité pour l'instant. Par respect pour toi-même et pour la famille – je désire que tu demeures chaste jusqu'à ton mariage.
- Vano, j'ai quelque chose d'important à te dire, ma mère ajouta.

- Quoi encore ! Toutes ces histoires me coupent même l'appétit.
- Tu sais, Vano, un de professeurs a fait la cour à Pamela pour qu'elle soit sa petite amie. Elle est venue me raconter cela cet après-midi. Bon, j'ai essayé de la conseiller, de la prévenir, quoi. Parce qu'il paraît, selon elle, que son professeur est marié avec trois enfants...
- Alors là, c'est le comble ! mon père grinça. C'est vraiment plaisant ! Sublime.... Il y a toujours les tourments là où on n'en veut pas...

  Ensuite il me demanda :
- Pamela, dis-moi qu'est-ce qu'il veut vraiment ce prof ?
- Bon, il m'a dit beaucoup de choses, mais bref il m'a dit que je réfléchisse à propos de son offre. Il m'a dit qu'il m'aime, et qu'il veut que je lui donne la réponse demain matin.
- C'est ridicule ! C'est pour cela que je ne voulais pas que tu tombes amoureuse d'Alain. Parce que des histoires comme ça ne manqueront pas.
- Vano ! ma mère coupa, visiblement outrée. Pamela est une grande fille maintenant, ne l'oublie pas, elle est presque en âge d'être mère. Il est agréable et même nécessaire pour elle de sortir..., enfin..., de tomber amoureuse de qui elle veut.
- Oui, oui, ouais! ... je connais cette histoire là. Demain dans la matinée je passerai voir ton préfet, Pamela, c'est un de mes amis. Il faut que de telles têtes soient évacuées du lycée.
- Pa', Alain m'a dit qu'il parlera au professeur...
- Eh bien, c'est touchant ! Il se prend pour qui ton Alain là ? Se prend-t-il pour ton père ?
- Vano... Tout doux, ma mère chuchota.
- Et à propos, comment va-t-il d'abord ?
- Euh ! ... Pa'... je crois qu'il va bien...

- Tu crois ? Tu vois ce garçon tous les jours je suppose...
- Oui, mais je ne l'ai pas encore vu aujourd'hui.
- Tu ne l'as pas *encore* vu aujourd'hui ? Donc tu planifies de le voir, n'est-ce pas ?
- Papa...
- Combien de fois va-t-il représenter son baccalauréat ?
- Je ne sais pas, Pa'. Je croyais que tu avais parlé avec lui la fois passée, et qu'il t'avait lui-même expliqué son cas.
- Comment le trouves-tu ? De mon côté, je ne le trouve pas bon pour toi. On ne sait même pas s'il finira ses études...
- Papa, pourrais-je disposer maintenant ?

Aussitôt, ma mère intervint ; avant que les choses n'aillent plus loin.

- Vano, ce n'est pas gentil de parler comme ça à l'enfant. S'il y a un problème, tu n'as qu'à lui dire ce qu'il en est – c'est tout. Je viens tout juste de te dire qu'elle est peut aimer qui elle veut, n'est-ce pas ?
- Oh Oui ! J'ai entendu tout ce que tu m'as dit, mais *moi je ne veux pas que ce garçon prenne ma fille en mariage !*

Cette phrase m'avait poignardé le cœur ce soir là, et je crois qu'elle restera ancrée dans ma mémoire à jamais.

- Elle est notre fille, et cela ne dépends pas de ce que toi ou moi veuille. En plus, j'aimerais que tu me donnes une bonne raison pour ne pas vouloir Alain pour Pamela ?
- Tu veux vraiment savoir, hein ? La raison est que j'entends beaucoup parler de lui. Il a une mauvaise réputation, et c'est connu partout; il y a des gens qui connaissent mieux Alain que nous. Il est intrigant, un coureur de haut niveau, un aventurier... Et à partir d'aujourd'hui, je ne veux

plus qu'on en parle. Après tout, quand est-ce qu'il réussira ses examens ? Moi, je ne veux pas voir ma fille souffrir.

Lorsque j'ai retrouvé la parole et que mon cœur s'est arrêté de battre la chamade, j'ai confronté mon père.

- Mais, Pa', je ne comprends rien du tout, de quoi est-ce que tu parles ? J'aime Alain tel qu'il est, je crois en lui, Je n'en ai rien à faire de ce que les gens racontent, je ne m'en fais pas de ces échecs au baccalauréat, et sachez que je lui dois beaucoup. Il a fait beaucoup pour moi. Il m'a apprit plusieurs choses que ni toi, ni maman n'aie pu me dire. Ne voyez-vous pas ce que je suis devenue ? Vous m'avez conçue, vous m'avez élevée, mais lui, il m'a apprit à vivre digne de moi-même.
- Tais-toi, Pamela, c'est fini, me fait taire ma mère sans que je ne puisse ajouter autre chose.
- Mais, Maman…
- Je t'ai demandé de te taire, Pamela.
- Tu n'as qu'à obéir, fais ce que je te dis, et soumets-toi pour que je voie vraiment que tu as changé... ajouta mon père, d'un air défiant.

Après cette discussion avec mes parents, je me posai beaucoup de questions qui restèrent sans réponse et sans solution. Je me demandais si Alain me mentait ? Comme j'étais très attachée à mon père, je croyais ce qu'il m'avait dit, mais j'avais des doutes... J'aimais Alain, parce que quand il me caressait, ou quand il m'embrassait, c'était naturel, primaire, mais profondément agréable. Je n'avais pas de quoi le soupçonner. S'il était un aventurier il aurait déjà fait en sorte que je couche avec lui. Sachant tout le temps que l'on passait ensemble… Eh bien qui sait !

Il était presque vingt heures quand Odile, la petite sœur de Rachel, frappa à la porte. Lorsqu'elle rentra, elle dit :

- Bonsoir, Maman Susanne.
- Bonsoir, Odile. Comment, vas-tu ?
- Je vais bien, merci. Est-ce que Michel est là ?
- Oui, je crois… Pamela, dis à Michel qu'Odile est là.
- Juste une minute.
- Odile, veux-tu me faire une faveur ? Vas demander à ta sœur, Rachel, de venir ici si elle n'est pas occupée en ce moment.
- D'accord, Maman Susanne, j'y vais tout de suite.
- Ma', pourquoi fais-tu venir Rachel ? lui demandai-je, un peu inquiète et surprise. Est-ce qu'il y quelque chose que je devrais savoir, que tu ne veux pas me dire ? Y a-t-il un problème, Maman ?
- Non, rien de spécial. Ton père a ses opinions, de mon côté, j'ai les miennes. Compris ?
- Mais, dis-moi un peu que signifient toutes ces choses que papa disait, crois-tu qu'il n'aime pas Alain comme avant ?
- Pamela, je ne sais absolument rien de tout ce qu'il a raconté à propos d'Alain. Il est dans sa chambre – ce serait une bonne idée si tu allais le trouver et lui parler tête-à-tête.
- Alors, pourquoi fais-tu venir Rachel ici ? Quand elle était ici, avec moi, tu ne lui as rien dit.
- Et tu as un problème avec ça ? Bien, écoutes, elle est ton amie, oui ou non ?
- Oui, elle l'est…
- Bien, alors je veux vous parler à toutes les deux.
- Oui, j'ai pigé ça, mais à propos de quoi ?
- Comment la trouves-tu, ton amie ?
- Un peu bizarre. Mais j'aime beaucoup Rachel et j'ai confiance en elle. Elle est honnête avec moi. Mais pourquoi donc la faire venir pour lui parler ? Sommes-nous dans un pétrin quelconque ?
- Oh ! Ne t'en fais pas, tu le sauras bientôt.

- Ma’, une autre chose que je voulais te dire..., c’est à propos d’Alain...
- Pamela, j’aime Alain, me coupa-t-elle sans me donner le temps de terminer ma phrase. Tu sais, ma petite fille, comme tu l’as entendu, tous, nous dépendons de ton père.
- Alors, que dois-je faire Ma’? J’aime vraiment Alain. Je ne supporterai pas de le voir partir. En plus, dois-je comprendre maintenant que je ne suis pas libre d’aimer parce que je dépends de mon père ? Tu sais quoi, Ma’ ? Il fallait me dire non, lorsque je vous avais parlé d’Alain, que vous ne le vouliez pas pour moi, au lieu de le faire marcher. Ou bien... voyons, vous voulez que je me révolte, que je fasse comme les autres filles ? Que je me prostitue, que je devienne une pervertie, dissipée et que sais-je encore ?
- Pamela, tais-toi. Saches que tout dépend de toi, découvre la force que tu as en toi. Je sais que tu veux bien être libre de faire ton choix, mais il faut que tu te découvres toi-même d’abord. Tu crains toujours ton père, tu ne sais pas lui dire ce que tu veux. Si au moins tu changeais cela en toi, tout irait beaucoup mieux. Autrement, ce n’est pas nécessaire de t’emporter – ça ne te mènera à rien.
- Oui, je comprends ça, Ma’, mais ça ne me dit toujours pas ce dont tu veux parler à Rachel ?
- Chérie, pourquoi sautes-tu d’un sujet à autre ; Il faut résoudre un problème avant d’en entamer un autre.
- Oui Ma’ je sais, ces choses me troublent un peu, dis-moi alors pourquoi veux-tu Rachel ici. Qu’est-ce que tu veux savoir. Tu veux des informations ou quoi, et sur quoi ?
- Pamela, pour qui est-ce que tu me prends après tout ? Tu veux que je vous parle avec ou pas ?
- Maman, je m’excuse, fais ce que tu veux.

- Ton amie doit avoir de sérieux problèmes. Je veux vous parler de la vie adulte, surtout sur votre indépendance. Je parlerai aussi de quelques différentes sortes d'amour que vous devez distinguer dans votre vie. Sois patiente, ton amie sera là bientôt. Débarrasses d'abord la table.

J'étais en train de débarrasser la table lorsque Rachel arriva à la maison – en même temps que mon frère...

- Ah, Rachel, c'est gentil d'être venue... lui dit maman, quand mon amie rentra au salon.
- Vous m'aviez fait venir maman Susanne !
- Oui, je sais, je ne t'ai pas dérangé, j'espère ?
- Non, ça va, je ne faisais rien de particulier. Après tout, c'est bien de quitter la maison pour une fois.
- Très bien. Je ne te prendrai d'ailleurs pas beaucoup de temps...

Juste au même moment, ma mère se tourna vers Michel, qui s'apprêtait à monter dans sa chambre, et dit :

- Où traînais-tu encore, mon cher ? Depuis que tu es sorti...
- Mère, contentes-toi de t'occuper des filles – c'est tout. Sur ce, il se retourna pour prendre l'escalier.

Quand nous nous étions croisés dans le couloir, je lui fis remarquer la mauvaise manière dont il avait répondu à maman.

- Pamela, t'es une fille, non ?
- Que veux-tu dire ?
- Vas mettre une jupe, peut-être tu as oublié que tu l'es, et cesse de te comporter comme un garçon.
- Pourquoi me dis-tu cela ?
- Parce que tu mets la culotte comme moi, le pantalon comme moi, et tu veux me contrôler aussi ! Tu ne te rends pas compte que tu exagères ?

Il tourna alors les talons et disparu. Un peu frustrée, je regagnai le salon.

- Rachel, comment vas-tu ?
- Ça marche, Pam, et toi ça va ? Tu sembles un peu troublée. Que ce passe-t-il ?
- Oui, je suis troublée, tu as raison.
- Qu'est-ce qui se passe ?
- Ce n'est rien qu'une histoire de cœur.
- Alain ?
- Oui..., mais...

En entendant mon hésitation, ma mère, qui n'avait dit mot jusque là, nous interrompit.

- Bien ! Les enfants, écoutez-moi maintenant. Je veux vous parler de choses que peut-être vous connaissez déjà. En fait, en se posant des questions, ensemble nous découvrirons l'essentiel de notre conversation. Ça va ?

Ne sachant toujours pas où ma mère voulait en venir, je lui dis « oui, bien sûr », mais voyant la question écrite sur la figure de Rachel, et sans attendre sa réponse, maman enchaina.

- Alors qu'entendez-vous par la liberté ?
- Hum ! La liberté, selon moi, c'est la capacité qu'à toute personne de faire ce qu'elle veut, dit Rachel.
- Pour moi, c'est comme Rachel l'a dit. C'est le pouvoir d'agir ou de ne pas agir, ajoutai-je.
- C'est pas mal du tout, donnez-moi quelques exemples, poursuivit ma mère.
- Je suis libre de faire ce que je veux, répondit Rachel.
- Être opposé à la captivité, Euh ! Mettre en liberté, disons parler en toute liberté, je répondis à mon tour.
- Parlez-moi maintenant de ce que vous entendez par l'amour.
- Ma', ne nous fatigues pas avec ces questions... répliquai-je, encore soucieuse d'où elle voulait en venir. Dis-nous seulement ce qui ne va pas, un point c'est tout.

- Pamela ce n'est pas sage de résoudre un problème sans en discuter ouvertement au préalable. Tu sembles agacée.

J'ai baissé les yeux. Je savais que ma mère n'aimait pas aller droit au but, sans avoir préparé le terrain. Après un moment de silence, elle poursuivit.

- Bien, pour l'instant, je veux seulement vous parler de votre liberté – en ce qui concerne la liberté d'aimer. D'abord vous devez connaître votre corps comme il le faut. Chaque fille a un utérus et des ovaires – des petits sacs où les oeufs sont conservés. Une fois que les œufs sont fertilisés, ils s'acheminent vers l'utérus. Si les spermes du mâle n'atteignent pas les œufs à temps, les œufs doivent être détruits. Votre corps se débarrasse de ces œufs lorsque vous avez vos périodes. Etant donné que vous avez vos périodes tous les mois, les biologistes appellent cela un cycle mensuel. Si vous voulez en savoir plus, vous pouvez aller à la bibliothèque chercher le livre d'Ingrid Trobisch intitulé : *« La joie d'être femme et le rôle de l'homme »* et aussi *« Amour et famille »*. Ce sont de bons livres pour vous, vous apprendrez beaucoup d'après les expériences d'Ingrid.
- Ce qui nous intéresse donc, dans ce contexte, c'est l'amour. Il y a plusieurs sortes d'amours. Comme je l'ai dit, Pamela, quand quelqu'un te dit « faisons l'amour » ; il est sous-entendu que vous devez avoir des rapports sexuels. C'est bien vrai que vous avez grandi, néanmoins, il faut que vous sachiez que l'amour est quelque chose qui ne fait pas mal. L'amour est quelque chose de doux et de profond. Vous pouvez être douées d'une grande intelligence, d'une sagesse louable, mais si vous manquez d'amour, on vous qualifiera de 'méchantes filles' ou de 'filles odieuses'. En d'autres termes, la haine engendre les querelles. Les chrétiens disent que l'amour cache toute une

multitude des péchés.[3] Tout le monde, hommes et femmes, sont en droit de réclamer leur autonomie dès après leur naissance. Tous, nous devons savoir que la liberté sans l'amour est un libertinage qui conduit à la souffrance. Ensuite, l'amour sans la liberté, conduit à la catastrophe, à l'emprisonnement.

- Parce que ce n'est pas nécessaire de distribuer tous vos biens pour nourrir les pauvres, ou même de livrer votre corps pour être brûlée pour libérer les autres, s'il n'y a pas d'amour, cela ne servira à rien. Il y a quelque chose que vous devez savoir, l'amour est très fort. Pour aimer, il faut *vraiment aimer.* D'abord, au vrai sens du mot, l'amour est patient, il est plein de bonté, l'amour n'est pas envieux, il ne se vante point, l'amour ne s'enfle point d'orgueil, il ne fait rien de malhonnête. L'amour ne cherche pas son propre intérêt, il ne s'irrite point, l'amour ne soupçonne point le mal, il ne se réjouit point de l'injustice mais il se réjouit de la vérité. L'amour excuse tout, disons pardonne tout, il croit tout, il espère tout, l'amour supporte tout. J'ai dit que l'amour est fort, n'est-ce pas ? Parce qu'il ne périt jamais. Tout ce que nous voyons, touchons, goûtons prendront fin – vraiment tout. La connaissance aussi prendra fin et même ce que nous voyons dans des églises, les prophéties, prendront fin, les langues cesseront... [4] etc. Ces mots sont bien dits et expliqués par l'apôtre Paul.
- Alors vous devez savoir que ça va de paire. Dieu a mis tout l'amour dans le cœur et surtout dans le sexe. Un homme et une femme qui s'aiment, finiront toujours par avoir une relation sexuelle. Si vous ne couchez pas ensemble durant vos

[3] Proverbes 10: 12; 1 Pierre 4:8

[4] 1 Corinthiens 13

fiançailles, ou pas dans votre vie courante ; sachez que vous le ferez dans votre mariage si vous devez devenir une même et seule chair avec votre époux.

- Eh bien, les filles, mon souci était de vous dire que, malgré que vous grandissiez, et que vous cherchiez à être libre en toute circonstance, vous avez tendance à rejeter ce que les adultes vous disent. Ce n'est pas grave, vous pouvez faire tout ce qui vous semble bon, mais sachez que tout n'est pas utile. Essayez de tout censurer et de tout analyser pour faire un bon choix dans votre vie. Vous devez savoir jeter tout ce qui est mauvais, en retenant tout ce qui est bon. Je veux que vous soyez des bonnes épouses, respectées de tous.
- Vous avez compris j'espère ?
- Oui, nous avons compris... Nous répondîmes d'une seule voix.
- Sachez encore que, poursuivit-t-elle, l'éducation sexuelle est très importante dans la vie des jeunes et celle des adultes. Vous êtes encore jeunes mais comportez-vous en adultes. Bien sur, vous êtes libre de faire ce que voulez. Mais, voyez-vous l'avenir ? Savez-vous ce que l'avenir vous réserve ? La Bible nous dit que ce monde passera et sa convoitise passera aussi. Vous, Hein ! Vous..., qu'avez-vous à convoiter ? nous demanda-t-elle en nous fixant tour à tour.

On la regarda, sans rien dire, et elle poursuivit...

- Il faut garder votre virginité et vous attacher très vivement à votre enseignement. Je vous dis que lorsque tout sera accompli, vous serez heureuses. Même si, comme parents, nous vous poussons à étudier, à aimer l'école, ce n'est pas pour rien. Cette vie est très compliquée, elle nous réserve que surprises sur surprises. Sachez que, pour gagner votre vie, Il faut étudier. Ne négligez rien, s'il vous plaît... S'il arrivait que nous mourions, que deviendrez-vous ? Vos petits frères et vos petites sœurs, que deviendraient-ils ?

- Pardonnez-moi de vous interrompre, Maman Susanne, dit Rachel, j'ai beaucoup de difficultés. J'ai un gros problème ; comment pourrais-je être guidée par mes parents si eux-mêmes ne se contrôlent pas ? Je ne sais pas faire le bien, parce que je ne vois que le mal. Je suis habituée à me fâcher, à haïr, à être rancunière et orgueilleuse. Je suis libre de faire ce que je veux mais quand vous me dites que tout n'est pas utile malgré que je puisse faire ce que je veux, moi, au contraire, je me débarrasse de tous mes problèmes en faisant ce que mon cœur me demande de faire. Je n'ai pas le temps de censurer. J'agis tel que je l'entends.
- Eh bien ! Je ne...
- Une autre chose, avant que vous me répondiez, Maman Susanne, s'il vous plaît...
- Allez-y...
- Ma mère essaie de me corriger, mais elle ne parle pas comme vous. Tout ce qu'elle fait, c'est se plaindre, se lamenter, gronder... et rien ne change. Le désordre empire de plus en plus à la maison. Mon père, lui, de son côté, ne fait que boire. Dans sa bouche, il n'y a qu'injures et découragements ; il nous chante le mariage tout le temps. Il prédit que nous serons enceintes bientôt parce que nous ne sommes bonnes à rien dans cette vie. A vrai dire, je ne savais pas tout ce que vous nous avez dit ce soir. Je suis vraiment désolée de vous dire tout ça, mais il le fallait. Je voudrais bien que vous m'aidiez si c'est possible.
- Bien sur, ma fille, je t'ai fait venir pour que tu apprennes du moins ce dont j'ai vous ai parlé ce soir. Je souhaiterais que nous ayons plus de temps pour en dire plus.

- Pas de problème..., en fait, j'ai beaucoup appris aujourd'hui.
- Je sais qu'avec le temps tout s'arrangera, mais pour ta famille... je ne veux pas trop m'en mêler. Néanmoins, je verrai ce que je peux faire. Peut-être je parlerai à ta mère ; mais pour le moment, je préfère me limiter à t'apprendre les choses les plus importantes dans ta vie.

Rachel parut à la fois contente et soulagée d'entendre ma mère lui dire qu'elle allait lui apprendre les choses que toutes les deux devions savoir.

- Eh bien ! Je disais que, ma mère reprit, qui est-ce qui prendrait soin de vos petits frères et sœurs ? Il faut que vous voyiez clair dans cette vie. Ne vous laissez pas tromper par qui que ce soit ou quoi que ce soit.
- Oh ! Avez vous vu l'heure qu'il fait ! ma mère s'exclama tout à coup, il est déjà vingt deux heures trente ! Je m'excuse de vous avoir retenues si longtemps, les filles. Vous devez dormir pour aller à l'école demain, n'est-ce pas ? Pamela, appelles Michel. Vous allez raccompagner Rachel chez elle. Et tu t'excuses pour ce retard de ma part à sa mère. Eh bien, Rachel, salue ta mère pour moi.
- Oui, Maman Susanne, je n'y manquerai pas. Merci pour tout.
- Je vous en prie... Allez maintenant !
- Bonne nuit !

Nous sortîmes ensemble avec Michel pour emmener Rachel chez elle. Au même moment, Maman Berthe s'inquiétait à propos de Rachel.

- Odile ! Odile ! Odile !
- Maman, donnes-moi quelques minutes, j'arrive.
- Après quelques secondes, Odile se présenta devant sa mère.
- Je t'écoute maman... Qu'est-ce que tu veux ?

- Odile, je m'inquiète beaucoup à propos de ta sœur, dis-moi seulement la vérité ; où est-elle partie ? Me caches-tu quelque chose ? Etes-vous complice par hasard ?
- Mamaaaan ! Tu es toujours la même ; tu ne changeras jamais. Ne peux-tu pas avoir confiance en nous, pour une fois ?
- Odile, on ne sait jamais, avec vous les enfants...
- Maman Susanne m'a dit que je fasse venir Rachel si elle n'avait rien à faire ; alors je n'ai fait que transmettre le message...

Elle finit sa phrase illico quand elle nous entendit frapper à la porte.

- Vas voir qui frappe, ça doit-être Rachel, chuchota Maman Berthe.
- Bonsoir, Pamela, Ah ! Bonsoir à toi aussi, Michel ! Moi je m'inquiétais déjà pour Rachel, tu sais l'heure...
- Oui, ma mère s'excuse pour ce retard, et elle vous salue... je l'interrompis.
- Ce n'est rien..., Odile m'avait dit..., mais, mais je doutais un peu, tu comprends... l'habitude. Tout de même tu salueras aussi ta mère de ma part. Qu'elle vienne me voir demain à neuf heures où soit, attend... voyons ! Bon, moi je viendrai la voir chez elle. Dis-lui de m'attendre à la même heure si c'est possible.
- Oui, Maman Berthe, je lui dirai... Nous, nous allons partir maintenant.
- Bonne nuit, Pamela.
- Michel, nous devons partir ! Michel ! Je lui criai dessus...
- Oh ! Oh ! vas-y doucement, tu veux bien. Je ne suis pas sourd ! grogna-t-il.

En fait, il avait été distrait parce qu'il était en train de causer avec Odile quand je l'avais interpellé. Il y avait quelque chose de louche entre eux ces derniers temps, ils étaient trop ensemble à mon avis.

Cette nuit là se passa sans problème.

J'avais même dormi trop longtemps et j'étais un peu en retard sur mon horaire. Néanmoins, je me suis décidée d'aller rendre une petite visite à l'infirmière – je me sentais très fatiguée de ces derniers temps.

L'Obsession

Le lendemain matin, après avoir passé par l'infirmerie, je me suis rendue aux cours comme d'habitude. Nous n'avions pas cours de math ce jour là. Mais M. George, m'envoya une note disant :

Pamela,
Je sais que tu as parlé de moi. Je ne sais pas à qui, mais saches que je t'aime beaucoup. Ne me refuse pas ton amour, s'il te plaît. Je veux te baiser, juste viens, je t'attends chez moi à la maison. N'hésites pas, je te promets de bonnes choses et en plus je t'envoie dix francs pour le taxi et ton rafraîchissement.
Je t'embrasse fort !
M. George

Je l'avait lue et relue. Je n'en croyais même pas mes yeux. Comment était-ce possible qu'un professeur d'école se conduise d'une telle manière. Je n'en revenais pas !

Le garçon qui m'avait remis la note était toujours là. Il attendait ma réponse.

- Attends ! Lui dis-je. Je vais te donner la réponse tout de suite. D'abord, achètes-moi une enveloppe, s'il te plaît... je lui tendis dix centimes, et il partit en quête de l'enveloppe.

Comme j'étais nerveuse, j'avais écrit des choses dont je ne me savais même pas capable d'écrire ou de dire à quelqu'un. Ma note disait :

M. George,
Pour qui vous prenez-vous ? Vous agissez comme si vous n'avez pas d'esprit ou de cœur. Ecoutez-moi bien, mes cuisses, mes jambes, mon sexe, mes lèvres ne sont pas pour vous. Vous savez que j'ai un fiancé que d'ailleurs j'aime beaucoup. Il n'est pas comme vous. Il n'a pas de femme, ni même d'enfants. Il ne suit pas mes amies pour qu'elles soient ses petites cocottes.
Quelle audace que vous avez ! Il n y a pas si longtemps que vous vouliez coucher avec Rachel, même si vous saviez qu'elle est ma meilleure amie, maintenant vous me faîtes la cour aussi. Vous êtes malade, je vous dis.
En plus, je n'ai pas besoin de votre monnaie ! Elle est pourrie. Jamais je ne n'accepterai un franc d'un homme comme vous – je ne suis pas une prostituée – JAMAIS, je vous dis. Vous avez besoin d'aide... Laissez-moi tranquille !
Pamela

Au moment où je signais la note, le garçon revint avec l'enveloppe. J'y mis la note et l'argent et la lui tendant je lui dis :

- Dis-lui que – je crois que j'ai oublié de le mentionner là-dedans – je viendrai avec un petit retard, mais qu'il m'attende. OK, tu as pigé ?
- Pas de problème, je lui ferai savoir, mademoiselle Pamela, répondit le garçon.

Rachel n'était pas à l'école ce jour là. Mamie, une de mes grandes amies, y était. Elle avait une vraie silhouette de Ninja. Pour elle, les cours ou être en classe l'importaient peu. Avant tout, se faire belle, se faire sexy, baiser et se faire baiser, c'était ce qui comptait pour elle. Elle avait très peu confiance en elle-même. Elle voulait sans cesse plaire aux autres, elle voulait tout le temps la gloire et l'honneur ; si elle ne l'avait pas, alors elle allait le chercher partout jusqu'à ce qu'elle le trouve. Elle voulait se sentir aimée et admirée. En fait, elle crevait d'affection.

- Mamie... dis-je calmement.
- Oui ? Qu'est-ce que tu veux encore, Pam, je t'écoute. Tu veux encore me faire la morale ?
- Oh non ! Rien de tout ça, je voulais savoir où tu étais partie à la deuxième, et à la troisième heure – c'est tout.

En ce temps là, Mamie ne se gênait pas, elle vous racontait du n'importe quoi – pour se faire valoir.

- Pam, Pam, mon amie, me dit-elle avec un sourire arrogant, pas que ça te regarde, mais lorsque j'ai vu que Jojo[5] n'était pas en classe, il a fallu que j'aille le voir chez lui. Je voulais seulement savoir s'il était seul.
- Alors, quand tu l'as vu, est-ce que cela à changer quelque chose en toi ?
- Non, pas du tout ! Pam, ma chérie, tu sais que je suis heureuse d'être libre, d'être capable de faire tout ce que je veux, sans avoir quelqu'un derrière-moi pour me pousser ou me dire ce que je devrais faire ou ne pas faire. Je me sens bien dans ma peau, ma chère – comme un aigle dans les cieux.
- Réellement...
- Bien sur, de quoi est-ce que parles ? J'ai dix-huit ans maintenant, je vais passer mon examen d'état, et bientôt j'aurai mon diplôme. Ensuite, je me trouverai mon propre appartement. Je me ferai de l'argent, me trouverai un mari, et ensemble on se fera beaucoup d'enfants.
- Qui t'a dit tout ça ?
- Je ne fais que ce que la nature me montre ma chère, seulement ce que je vois dans la nature.
- La nature, Mamie ! De quoi est-ce que tu parles ?

---

[5] Jojo: un de ses petits copains

- Je parle de ma mère, Pamela. Ouvres tes yeux, beaucoup de gens croient que je suis folle. Ma mère emmène des fois des hommes de toutes sortes à la maison. Comme tu le sais déjà, mes parents sont divorcés, il y a de ça quelques années.
- Si, je sais...
- Oui, alors, ma mère me dit toujours qu'elle a raté sa vie. Elle doit jouir de sa liberté individuelle, de sa disponibilité et de sa féminité. C'est dur, Pam, je suis tout le temps seule à la maison, comme tu le sais, et en plus je suis la seule qui essaie au moins d'étudier. Un, mes deux grandes sœurs sont presque mariées... Bon disons, une est deuxième concubine, et l'autre est cinquième concubine. Deux, mon petit frère est un Kadhafi,[6] il a trois enfants avec différentes mères.
- Je suis désolée, Mamie, dis-je avec regret.
- Ce n'est pas grave, je te dis tout ça parce que j'ai confiance en toi. Je sais que tu es une bonne fille toi, et en plus de ça, tu vis dans une bonne famille, et tes parents sont encore ensemble. Pour moi, je n'en peux plus, je te dis. Si les parents, eux, n'ont pas pitié de nous, s'ils ne veulent pas nous donner une bonne éducation, vaut mieux être comme eux.
- Je crois que ce n'est pas du tout cela...
- Pam, écoutes..., me coupa-t-elle, je sais que je ne connais pas la vie facile, mais les parents doivent préparer l'avenir de leurs enfants pour qu'ils évitent de faire des erreurs qui leur coûteraient très cher, pour que ces enfants ne soient pas des souffres douleurs ou ne se précipite vers la CATASTROPHE !

---

[6] Kadhafi: au Sud Congo, au Katanga particulièrement, ce sont des vendeurs d'essence indépendants

- Mamie, ne trouves-tu pas que si tu suivais la voie contraire de celle de tes parents, tu trouverais le bonheur ? dis-je calmement.
- *Quel bonheur, Pamela* ? me demanda-t-elle en haussant un peu la voix. As-tu déjà vécu dans une famille divorcée ? Ta mère n'est pas comme la mienne, et ton père n'est pas comme le mien ; nous vivons dans différentes familles...
- Mamie, je ne voulais pas te choquer par ce que j'ai dit, je...
- Pam, je ne te mens pas, nous avons tout à la maison, même l'argent, je peux en avoir quand je veux. Moi, je me vois mal faire ce que tu me dis là. Ma mère me dit toujours « Mamie, tu vois, tout ce que l'on a n'est pas l'œuvre de ton père. Je suis une femme libre, j'exerce ma liberté et mon amour comme je l'entends. Je ne manque de rien ».
- Et tu la crois ?
- Pas totalement. Mais tu peux avoir raison. D'ailleurs, un jour j'avais trouvé ma mère en train de pleurer. Je lui ai posé un tas de questions pour savoir qu'est-ce qui se passait – tu m'as fait penser à ça...Elle m'a dit :
- « Mamie, ma fille, lorsque je me mire, je crois que je suis encore jeune. C'est faux, je vieillis. Je me rappelle que je suis la mère de quatre enfants qui ne font pas l'honneur de la famille, parce que moi-même je ne me respecte plus. Tu sais, ma fille, avoir un mari c'est très important pour l'intégrité et le respect de la famille. Je ne sais pas vous contrôler, je ne sais pas vous orienter parce que moi-même je ne sais pas où je vais. Regardes tes sœurs... Ton frère... c'est une poubelle, cette famille ! Mais tout ira mieux un jour, je crois ». C'est presque cela, Pam.
- Je suis désolée, Mamie, je ne savais pas tout ce qui se passait chez toi.

- Ce n'est rien, ma chère. A propos, tu veux qu'on prenne l'autobus, ou tu veux qu'on marche un peu ?
- Hum ! Je préfère qu'on marche, répliquai-je. Mamie, je crois que tu as besoin d'aide, ajoutai-je avec cœur, et je crois que la seule chance qui te reste pour faire la différence, ce sont tes études.
- Tu crois ?
- Oui, j'en suis certaine, et tu dois cesser avec ces histoires de garçons. Je crois que cela te déséquilibre un peu. Ne crois-tu pas ?
- Pamela, tu peux avoir raison mais le sexe est dans l'amour, et puis l'amour est dans le sexe. Si tu gouttes aux sueurs du sexe, tu te perds dans la sensualité du moment – tu deviens avide de sexe. C'est très difficile de cesser brusquement. Je te dis, que je suis obsédée sexuellement. Il y a en moi, et dans ma famille un démon sexuel. Il nous faut une délivrance de tout ça, tout ça...
- Pourquoi ne veux-tu pas aller voir un pasteur, ou un thérapeute ?
- Bah ! Moi, je ne crois pas aux églises. Avec ces gens là, on ne sait jamais. Peut-être un thérapeute, mais quand j'y pense, il y a quelque chose qui semble me retenir. Bon, on verra avec le temps.
- Pour moi, Mamie, je crois que tu devrais te maîtriser. Tu dois savoir dire non, quoi, et tu dois essayer de t'efforcer à étudier.
- Pam, mon amie, tu es toujours la même. Dis-moi sincèrement, as-tu déjà couché avec un garçon ?
- Euh ! Non, pas encore... répondis-je, un peu embarrassée.
- Alors Rachel ne t'avait jamais parlé de ce que cela signifie, ou comment on se sent quand on a couché avec un garçon ?
- Tu blagues, n'est ce pas ? Non. Pour dire la vérité, Rachel me dit toujours qu'elle n'a jamais eu de

relations sexuelles. Bon, je ne sais pas ! C'est difficile à croire…

- Cette salope ! Mamie s'exclama, l'air dégoutée. Pam, je te dis que Rachel est une menteuse. Vraiment ? Oh Mama na ngaï ![7] Un jour ma mère n'était pas à la maison, alors... attends un peu, est-ce qu'elle t'avait du moins dit qu'elle sortait... euh ! Qu'elle sortait avec Mattheus ?
- Oui, ça du moins elle me l'avait dit.
- Eh bien ! Jojo était venu avec un film pornographique. Nous n'étions que quatre. Ma mère était partie à Lubumbashi.[8] Alors, nous avons regardé le film ensemble et nous avons fait l'amour, là dans le salon. Nous étions tous dans une bonne ambiance – enivrés par le sexe, quoi. Et je te dis, c'est alors que Rachel a eu ses premières relations sexuelles.
- Tu es sérieuse ?
- Mais oui, pourquoi te mentir ?
- Et toi, c'était la première fois ?
- Naanh ! Je l'ai fait maintes fois avant. Je suis presque experte.
- Étiez-vous protégés ? Aviez-vous utilisé des préservatifs au moins ?
- Non, Pam ! Tu es folle ou quoi ? Ces choses là ne sont pas bien, l'amour doit se faire naturellement, tu vois ce que je dis ?
- Mais il faut toujours se protéger contre le Sida, et les autres maladies sexuellement transmises…
- Pam, tu es ennuyante. Tu lis trop. Ralentis un tout petit peu, tu veux ? C'est vrai que nous n'avons pas utilisés de condoms mais avant tout, nous avons pris quelques quinines pour éviter des

---

[7] « Oh Mama, na ngaï » en Lingala, qui signifie, « oh ma mère, oh mon Dieu ».

[8] La deuxième grande ville en République Démocratique du Congo, dans la province du Katanga

grossesses. Ben ! Ce n'est pas très efficace, mais ça aide quand même.

- Mais ce n'est pas bon ça, Mamie – c'est dangereux ! Il faut que vous alliez vous faire examiner par un médecin, faire des examens médicaux, on ne sait jamais...
- Nom de Dieu ! Peux-tu arrêter avec tes lectures ?
- D'accord, d'accord... mais dis-moi, comment Rachel a-t-elle réagi ?
- Mattheus l'a dévirolé ce jour là, elle n'avait rien dit et d'ailleurs, elle ne veut pas qu'on en parle. Chaque fois que je mentionne ça, elle me fait taire. Mais je ne suis pas sûre s'ils continuent à sortir ensemble, parce qu'ils avaient des problèmes entre eux.
- Je ne sais pas..., je suis sa meilleure amie et elle ne m'a jamais parlé de ça, c'est étrange ! Mais pourquoi ont-ils des problèmes ? Elle ne m'en a jamais parlé.
- Il paraît que Mattheus fréquente maintenant les da Mwinzi. Aussi, il fume trop, et prend de la drogue. Alors, Rachel se méfie. Tu sais, Pamela, l'amour fait du bien au corps. Il y a des moments où ça fait mal, mais c'est tellement bon... Il faut essayer ça une fois dans ta vie, avant que tu ne te maries, pour que tu aies un peu d'expérience.
- Arrêtes, Mamie, avec ces cochonneries, s'il te plaît ! Vraiment, je n'irai pas jusque là, crois moi. Je ne veux le faire que lorsque je serai chez moi avec mon mari, dis-je *calmement* – malgré que je bouillais à l'intérieur de moi.
- Chez toi, avec ton mari ? C'est une façon de le dire ou quoi ! Crois-tu que ton fameux Alain t'épousera ? N'entends-tu pas ce qu'on raconte de lui ? D'abord, saches que c'est un aventurier, c'est un menteur. Tu le regretteras plus tard, vaut mieux prévenir que guérir, dit-on.

- Oh ! Arrêtes ces histoires là, Mamie, j'en ai marre de tout ce que les gens disent à propos de lui. Moi, je l'aime tel qu'il est. Je t'ai seulement posé une question que tu ne semble pas vouloir me répondre, et tu veux me raconter des bêtises à propos d'Alain.
- Eh bien, ne me dis pas un jour que je ne t'avais pas prévenue... Quelle était ta question alors ?
- Je t'avais demandé ce que tu faisais aujourd'hui avec Jojo au lieu d'être en classe ? Parlant de cela, est-ce que lui te prendra en mariage ? N'est-il pas un bon à rien – de même que ce qu'on raconte à propos d'Alain ? Crois-tu que si tu goûtes à la sexualité avant le mariage, cet homme voudra de toi comme épouse ?
- NON ! Il me baise, oui... Mais il me promet que je suis la fille qu'il prendra en mariage.
- Détrompes-toi, Mamie, il te ment. Tout le monde le sait. Vas-y dis-moi ce que tu faisais avec lui au lieu que sois aux cours ? C'était plus important que l'école, hein ?
- Dans quel monde que tu vis toi ? Tu ne veux pas passer une seconde sans me faire la lecture.
- Vas-y, Mamie...
- Bien, je suis allée chez lui, j'ai trouvé sa mère dehors dans son jardin ; elle m'a bien accueillie comme d'habitude. Et je l'ai saluée.

  « Bonjour, Maman. Est-ce que Jojo est là ? Pourquoi n'était-il pas à l'école aujourd'hui ? »

  « Il m'a dit qu'il ne se sentait pas bien. Vas-y, il est dans sa chambre. Tu connais le chemin... »

  « Merci. »
- Tu sais Pamela, sa mère n'a pas l'habitude d'entrer dans sa chambre lorsqu'il a de la compagnie. Jojo venait tout juste de prendre son bain, et il n'était pas surpris de me voir chez lui.

  « Salut, Jojo, qu'est-ce qui se passe ? »

« Bah ! Rien de spécial, un peu fatigué c'est tout. J'ai beaucoup bu hier soir, mais ça va maintenant, ne t'en fais pas. »

« Mais, Jojo, où es-tu allé boire ? Parce que moi je ne suis pas au courant ? Tu m'avais dit que tu n'allais nulle part. Je crois on s'était promis de se dire que la vérité ? Nous étions ensemble hier, pourquoi ne me l'avais-tu pas mentionné ? »

« On m'avait pas averti d'avance, et j'y suis allé. »

- Il s'était alors approché de moi et en me prenant dans ses bras, il continua...

« Ne t'en fais pas ça va aller. »

« Qu'est-ce qui va aller ? Dis-moi, Jojo, y avait-il des filles ? »

« Bien sûr ! Mais comment ? As-tu déjà vu une fête sans filles ? Une fête sans les filles c'est une fête sans musique ! »

- Il a continué à m'embrasser tout en me déshabillant. Alors nous avons fait l'amour longuement. Que c'était bon ! J'avais un grand plaisir, très envie... Oh, Pamela, je l'aime tellement !
- Mamie, après tout ça, est-ce que tu as pensé à lui poser la question à savoir quelles sortes des filles il y avait à la fête ? Ou a-t-il couché avec quelques unes cette nuit là ?
- Non, Pam, j'ai complètement oublié. Je lui demanderai ce soir, me dit-elle.
- Tu ne sauras plus lui dire ! Il t'entraînera de nouveau dans ses charmes, et tu ne sauras même plus lui poser la question. Ecoute-moi bien, Mamie, ne crains-tu pas le Sida, la syphilis ou encore d'autres maladies sexuellement transmissibles ?
- Pamela, je t'ai déjà entendu...
- Oui, je sais, mais je veux qu'on en parle... as-tu jamais pensé aux maladies sexuelles ?

- Maladies ! s'étonna-t-elle. Maladie ! Je n'y pense même pas.
- Il faut y penser, Mamie, je ne veux pas te perdre…
- Où est-ce que tu veux en venir ? Tu veux dire que Jojo est peut-être malade ? Tu crois que je peux être contaminée ? Ou je suis déjà contaminée ?
- Non, je n'ai pas dit ça, Mamie. Mais il ne faut pas non plus en ignorer la possibilité. Si j'étais à ta place, je me ferais tester et je ferais tester aussi mon copain.
- Ecoutes, Pamela, tu me fais peur maintenant, si tu as quelque chose à dire là-dessus, dis-le moi, je t'en prie.
- Bien, écoutes, Mamie, je veux bien t'aider, mais d'abord il faut que tu me croies. Saches que Jojo te ment. Nous l'avons vu dans la voiture rouge de son père – la Jeep. Il était à peine vingt trois heures, je raccompagnais Rachel chez elle. J'étais avec Michel, mon petit frère – tu peux lui demander si tu veux...
- Non, non, ça va..., racontes..., j'ai confiance en toi. Je veux seulement savoir ce qu'il faisait à cette heure là dans votre quartier.
- Nous avions d'abord vu un véhicule s'arrêter – il y avait une dispute là dedans – puis Jojo en descendit torse nu... Après ça trois filles habillées indécemment – des filles de rue, quoi – descendirent aussi de la voiture, chacune à tour de rôle. Elles voulaient embrasser Jojo, ou soit le caresser du moins. En les voyants, je me suis rendue compte qu'ils étaient tous drogués ou ivres. Jojo s'est aperçu que nous étions là, et sur le coup, il est remonté dans la voiture sans rien dire ; suivi, bien sur, des les filles. Tu peux t'imaginer la suite.
- Pourquoi suis-je si aveugle ?

Nous étions tout près de chez moi alors que, de derrière le coin, surgit Rachel, revenant du marché.

- Salut les filles ! dit-elle avec un petit sourire hésitant.
- Bonjour, Rachel ! Nous répondîmes en cœur.
- Pourquoi n'étais-tu pas venue aux cours, Rachel ? lui demandai-je.
- Pouah ! Je me suis endormie ; j'essayais de prendre quelques décisions à propos de mon avenir…, alors j'ai passé toute la nuit à réfléchir à ce que ta mère nous avait dit la veille, Pamela. En plus, j'étais trop fatiguée. Et toi, Mamie, comment ça va ?
- Ça ne va pas, Mamie lui répondit abruptement, et se tournant à nouveau vers moi, elle me demanda : Pamela, dis-moi que devrais-je faire… ?
- Je n'ai rien à ajouter, Mamie. Ton cœur doit décider, tu es libre de faire le choix de ton destin ; il faut choisir la mort ou la vie, c'est ta décision.
- Tu rigoles toi, euh dis ! s'exclama Mamie. Et puis, regardant Rachel et moi d'un air un peu embarrassé, elle changea de sujet.
- Voulez-vous qu'on s'achète un crème glace ? Il fait une telle chaleur !

Rachel et moi, nous nous sommes regardées d'un air interrogateur, mais nous avons accepté en souriant, car il faisait vraiment chaud ce jour là.

- Euh ! Pst !

Sans attendre, Mamie fit signe à la crémière de s'arrêter…

Nous avons dégusté la crème lentement jusqu'au moment où, tout à coup, Mamie s'exclama :

- Pamela, je vais voir Jojo tout de suite. Pst ! Taxi !

Surprise par son volte-face, j'essayai de la retenir.

- Mamie, n'agit pas avec colère et brutalité ; surtout il faut que tu restes calme et que tu penses aux conséquences de tes actes.
- Sois sans crainte, Pamela, j'ai pris ma décision ; je vais faire tout ce qui sera nécessaire pour me trouver une bonne vie dans toute sa

grandeur. Mais dès aujourd'hui, je te remercie, Pamela, de m'avoir ouvert les yeux à propos de ma vie ; je te dois beaucoup. Je dois savoir ce que je peux faire avec ma liberté, et ensuite je dois savoir comment m'y mettre.

- Pas de problème, dis-je avec un sourire satisfait – j'étais très heureuse de savoir que notre petit entretien allait servir à quelque chose...

A ces paroles, Mamie sauta dans le taxi et partit. Pendant tout ce temps, Rachel m'avait observée avec une bonne dose de curiosité.

- De quoi s'agissait-il, tu lui as dit à propos d'hier ?
- Oui, je lui ai dit, mais exactement comme ma mère le disait. Comment veux-tu que nous soyons amies si nous nous racontons que des mensonges ?
- Tu me perds, Pamela...
- Comment est-ce que je te perds, Rachel ? Tu m'avais menti quand tu n'avais dit que tu n'avais jamais connu de garçons. Qu'avais-tu fait avec Mattheus chez Mamie après que vous vous étiez drogués et que vous aviez regardés un film porno ?
- Oh... ! Tu as raison, je n'ai pas à te cacher ça maintenant. Il faut qu'on se dise la vérité. L'autre fois, je te l'avais caché parce que j'avais honte, tout simplement. J'étais curieuse, et l'occasion s'était présentée, et je l'ai prise.
- Et alors ?
- Crois-tu que tu peux résister aux excitants sexuels ? Nous en avions tous pris ce jour là, et pouf c'était parti ! Je suis désolée, Pamela. Je ne savais plus m'en sortir avec mon copain à côté, un film porno et des excitants sexuels... tu vois ce que ça fait !
- Non, Rachel, tu le voulais aussi. Les excitants sexuels ne font qu'exciter le désir que tu as déjà en toi... dis-je ironiquement.

- Je ne le nie pas, je le voulais aussi, comme je viens tout juste de te le dire.
- Oui, je vois.
- J'ai deux comprimés qui restent, si tu les veux, tu peux les prendre et te présenter à ton Alain. Je ne sais pas si ton saint t'épargnerait.
- Han ! Han! Que lui voulez-vous tous, à Alain? Celui-ci vient ; Alain, l'autre vient ; Alain... Hein ! Que lui voulez-vous ?
- Rien, je ne lui veux absolument rien...
- Attends ! Tu as peut-être raison, Rachel ! Je viendrai chercher ces comprimés de malheur cette après midi, veux-tu ? Parce que je dois voir Alain ce soir, et en plus je veux savoir ce qu'il a dans son cœur pour moi.
- Pamela, pourquoi veux-tu tenter Alain, et prendre le risque de perdre ta virginité ?
- J'en ai marre de ce que tout le monde raconte de mal à propos d'Alain. Je le séduirai et je verrai enfin s'il m'aime réellement ; si c'est vrai qu'il m'aime, alors il m'épargnera. Parce qu'il me parle tout le temps de la maîtrise de soi, et, en plus je saurai s'il est un aventurier comme tout le monde le dit. Voilà !
- Pamela, tu ne peux pas le tenter pour seulement prouver ton cas. C'est un homme qui t'aime et qui te veut pour que vous passiez l'éternité ensemble.
- Bien, on verra cela. Mais saches qu'avant que j'aille le voir, je passerai chez toi prendre les comprimés de malheur.
- Attends, Pamela, je vois que tu es sérieuse. Mais veux-tu réellement goûter à la sexualité ? Parce que ces comprimés ne pardonnent pas ; ils ne te laissent pas le temps de réfléchir. Ne penses-tu pas à ta virginité. Et si vraiment il couchait avec toi, après ça, qu'est-ce que tu ferais ?
- Oh ! Rachel, ce n'est rien. C'est le risque que je veux prendre. A propos de la virginité, je sais que

c'est important, mais toi tu ne l'as plus, Mamie ne l'a plus non plus. Quelle différence ça ferait si je la perdais aussi ? Je veux ces comprimés de malheur..., s'il te plaît...

- Pamela, je ne comprends pas ce qui vient juste de se passer ici. Hier, c'était toi qui me donnais des conseils, pourquoi aujourd'hui, tu me dis le contraire ?
- Rachel, écoutes-moi bien. Si Alain m'aime, il ne me fera pas de mal. S'il me déshonore, alors c'est fini entre lui et moi. Cela restera une expérience entre nous. Mais, j'aime vraiment Alain. Je ne changerai pas d'avis, mais ce qui me pousse à faire ça, c'est que..., c'est-à-dire que, euh ! Eh bien je vais te le dire... ! Hier, j'ai eu une discussion avec mon père à propos d'Alain. Il ne le veut pas pour moi. Il ne veut plus m'entendre parler de lui. Et je ne sais pas comment dire ça à Alain, parce que je sais qu'il m'aime incontestablement. Alors tu me comprends maintenant ?
- J'essaie de te comprendre, Pam. Mais vraiment, je ne vois pas pourquoi tu essaierais de te sacrifier pour prouver que ton père a tort.
- Parce que beaucoup de parents ne savent pas parler à leurs enfants – jusqu'à ce qu'ils fassent des bêtises. C'est seulement quand le mal est fait qu'ils prennent attention à ce que leurs enfants leurs disent. À cause de leur comportement, de la façon dont ils agissent devant leurs enfants, surtout leurs filles ; à cause d'eux, leurs enfants, et surtout leurs filles, déconnent, et vont jusqu'à se dévergonder.
- Tu crois ?
- Mais bien sur, je le crois. Ce que je demande à mes parents, c'est leur support, c'est tout. Pour moi je veux qu'Alain soit le premier homme à me

faire l'amour et à me connaître. Rachel, je crois que ça va aller... Essaies juste de me comprendre.

J'avais des larmes aux yeux lorsque j'étais en train de parler.

- Calmes-toi, Mwad, tout s'arrangera ; prend courage...
- Quoi ? Pourquoi tu m'appelles Mwad ? C'est seulement ma mère qui m'appelle comme ça...

Voyant ma figure étonnée, Rachel éclata de rire, et je ne pu m'empêcher d'en faire de même.

- A propos, Rachel, demain c'est congé, veux-tu qu'on aille voir Mamie dans la matinée ?
- Cela ne me dérange pas. À ce soir alors ! Mais ne te gênes pas de m'appeler, si tout ne tourne pas rond, d'accord ?
- D'accord. A ce soir, Rachel, et merci pour tout

Rachel partit chez elle. Quant à moi, je suis rentrée à la maison en essayant de me contrôler pour le reste de la journée.

Je n'avais pas trop parlé ce jour là.

La tentation

J'avais pris mon bain et je m'étais reposée un peu. Une demi-heure après, j'étais allée chercher quelque chose à manger. Lorsque j'étais à la cuisine, ma mère me rejoignit et s'était assise à mes côtés.

- Ma', je dois aller voir Alain cet après-midi – si tu me laissais partir...
- Depuis quand me demandes tu la permission d'aller voir Alain ? Y a-t-il quelque chose que je devrais savoir ?
- Non, Ma' !
- Et alors, pourquoi es-tu si pâle ? Est-ce...

Je ne me rappelle pas ce qu'elle avait ajouté après ça. Je me souviens seulement de me sentir étouffée ; mes pensées se chevauchaient dans toutes les directions justes avant que ma mère me secoua hors de mon cauchemar.

- Mwad ! Mwad...

Ma mère aimait toujours m'appeler par mon prénom...

- Euh ! Quoi !! Je sursautai brusquement... Vas-y je t'écoute...
- Non, Mwad, tu ne m'écoutes pas.
- S'il te plaît, appelles-moi Pamela comme tout le monde.
- Qu'est-ce qu'il y a avec toi ?
- De quoi parles-tu, Ma' ?
- Regardes-toi ! Tu as renversé le bol de sauce, et tout est sur tes vêtements maintenant...

Ma mère avait raison. Je ne m'étais pas rendue compte de ce que j'avais fait. Ma jupe, ma blouse, même mes souliers étaient couverts de sauce tomates, le bol de riz était par terre et tout était répandu sur le sol. J'avais vraiment honte.

- Ma' je m'excuse, vraiment pardonnes-moi. Je ne sais pas ce qui se passe.
- Réellement !
- Oui..., je..., je crois que je suis en train de faire une crise des nerfs... Et tu veux savoir pourquoi, Ma' ? Je pense beaucoup à Alain, je l'aime... Je t'en prie, Maman, ne me l'arrachez pas, s'il te plaît ! Pourquoi me torturez-vous de la sorte ?
- Pamela, qu'est-ce que tu me racontes là ? Je ne te torture pas moi ! Tu es libre de faire ton choix mais cela n'empêche pas que tes parents ont le droit, et même le devoir de te faire savoir leur position.
- Je sais...
- Ecoutes, ma fille, ton père reste ton père que tu montes où que tu descendes. Nous sommes tes parents et des fois les deux ont le même point de vue. Ou bien ils peuvent avoir une opinion totalement opposée. Tu dois savoir que j'aime Alain aussi, je l'aime bien ; mais je ne peux rien te dire d'avantage, tu dois juste ouvrir tes yeux et tu dois voir ce que tu ne vois pas. La vie ne s'arrête pas ici au coin, mais elle continue...
- Ma', de quoi est-ce que tu parles maintenant ?
- Tu comprendras ça un jour. Pour l'instant essuies la table et le plancher et va te changer. Ensuite, je veux que tu essaies de te reprendre. Tu dois être forte, ne te laisse pas flotter comme un papier dans les airs. Tu dois savoir ce que tu veux, ta décision doit venir du fond de ton cœur. Tu as un choix à faire ; si tu tiens à Alain malgré les racontars, tu surmonteras tout. Mais si tu te laisses influencer par les rumeurs, tu lâcheras et tu prendras un autre chemin – c'est très simple. Pamela, tu dois savoir que la vie ne s'écrit pas au brouillon ; la vie n'est pas un rêve – après s'être

réveillé d'un sommeil on oublie tout ce qu'on avait vu ou expérimenté. Il faut chercher ce que l'on veut. Et quand tu le trouves, il faut le saisir avec les deux mains. Ne laisses pas une autre personne décider ou choisir pour toi. Si tu laisses quelqu'un influencer ton choix, je te dis, tu seras malheureuse toute ta vie, pensant à quelqu'un que tu devrais avoir mais que tu n'as pas. Je ne suis que ta mère, mais je peux te dire la vérité à propos de ton avenir, et je te répète que tout dépend de toi. Tu dois prendre cette décision et tu dois aussi savoir ce que tu veux.

Pendant un moment elle se tu et me regarda.

- Est-ce que tu comprends même ce que je te dis là ?
- Maman... bien sur, j'ai compris...

Je faisais la vaisselle quand elle me faisait la lecture. Mais je sentais son regard me suivre partout.

Quand j'ai eu fini de tout nettoyer j'ai été me rhabiller avec des jeans et une chemise toute simple. Je suis passée chez Rachel prendre les comprimés maudits, et il était l'heure pour moi de prendre mon taxi.

Lorsque je suis arrivée chez Alain, il était dehors, penché sur les fleurs d'un parterre et ne m'avait pas vu venir et rentrer dans la maison. Oh mon Dieu ! Il était beau même de si loin ! Je suis allée directement dans sa chambre comme d'habitude, Mais cette fois-ci j'étais en mission.

- Pamela ! Pamela ! Pamela ! (Il aimait appeler mon nom comme ça) Comment vas-tu ? me demanda-t-il à bout de souffle.
- Je vais bien, mais juste un peu fatiguée ; puis-je avoir un verre d'eau, s'il te plaît ?

Sans dire un mot, il est allé me chercher de l'eau. Ce fut juste le temps pour moi de prendre un des comprimés et de le mettre dans ma bouche. Sans se rendre compte de ce que j'avais fait, il m'a donné le verre d'eau. Je l'ai pris et je l'ai bu d'un trait pour diluer le comprimé.

- Pamela, j'étais avec Justin aujourd'hui à l'arrêt de bus. Il s'était entretenu avec ton père hier. Il m'a dit que ton père ne me veut plus pour toi ; que ton père lui a dit que je ne suis qu'un menteur, un écumeur, un aventurier et je ne suis pas bon pour toi. Veux-tu me dire ce qui se passe ?
- Quoi, qu'est-ce qu'il y a ?
- Tu veux dire que tu ne n'as pas entendu tout ce que j'ai dis là ?
- Oui, je t'écoute, mais au nom de Dieu, pour qui me prends-tu ? je lui lançai d'un air outré.
- Alors tu as bien fait de venir, dis-moi, ma chère, est-ce que tu savais tout ce qui se passait sans que tu ne me le dises ? Comment suis-je un aventurier ? Tout d'abord pourquoi ne commencerais-je pas avec toi ?

Comme j'avais pris le comprimé, j'étais un peu inconsciente avec mes actions.

- Arrêtes d'abord avec tes racontars, mon vieux.

Je m'étais sentie tellement excitée, que je n'avais pas su garder mon calme. Et j'ai continué...

Alain, tu dois savoir que je t'aime beaucoup, je ne crois pas à ces banalités. Allez, viens et embrasses-moi, je t'en prie...

Sans attendre sa réponse je m'étais jetée dans ses bras. On s'était embrassés calmement. Il m'avait tellement caressé que j'avais très envie de le déshabiller et de *le prendre*. Mais il m'avait maîtrisé gentiment pour que je n'aille pas au-delà de la limite.

J'avais commencé à ouvrir les boutons de ma blouse, et il s'en était aperçu.

- Qu'est ce que tu fais là, Pamela ?

Plus étonné qu'offensé, il m'arrêta en retirant mes mains du devant de ma blouse. Néanmoins, pour ma part, je n'avais aucune intention d'en rester là. En me repoussant doucement, il me dit :

- Pamela ! Pas ça ! On ne fait rien ici. Qu'est-ce qui se passe avec toi ?

Ma respiration devint de plus en plus rapide et saccadée – je ne savais plus me contrôler. Je pensais à Mattheus et à Rachel entrelacés ; faisant l'amour avec passion... *C'est aujourd'hui ou jamais,* me dis-je. Je voulais ouvrir les boutons de son pantalon pour prendre « son chose », mais il m'avait arrêté brusquement, cette fois ci, et m'avait repoussé loin de lui.

- Pamela, je ne comprends plus ! Je t'ai dit NON. Pourquoi tu ne m'écoutes pas ?

Sans l'écouter, bien sûr, j'étais revenue encore à lui avec une fougue que je ne me connaissais pas.

Il n'avait pas compris ce qui se passait. Alors, il avait utilisé sa force pour me repousser habilement. Il m'avait poussé sur son lit, m'avait maîtrisé en me caressant délicatement jusqu'à ce je me calme. Pour ma part, j'étais toujours fervente et je débordais de passion sexuelle. Je voulais seulement être baisée ce soir là.

- Pamela, arrêtes ! Pourquoi veux-tu qu'on fasse l'amour aujourd'hui ? Hein !

Lorsqu'il parlait, je l'agrippais, et je pleurais.

Progressivement je me sentis fatiguée ; je ne savais quasiment plus me contrôler. Je ne savais même pas quoi répondre.

Il me laissa sangloter et commença à arranger mes vêtements sans rien dire. Le comprimé qui était dans ma poche tomba à côté de moi...

Il le prit dans la main et me regarda avec des yeux plein de pitié et de compassion. Je ne l'avais jamais vu dans comme ça. *Pauvre Alain !*

- Pamela, pourquoi ?
- Pourquoi quoi ? répliquai-je isolement...
- Pourquoi as-tu fait ça ?
- Fait quoi ? Dis-moi ; *fait quoi ?*
- Maintenant on va voir son fiancé avec des excitants sexuels ? Qui t'a appris à en prendre ? D'abord, pourquoi les prends-tu ? Pourquoi veux-

tu me pousser à te faire l'amour aujourd'hui ? Franchement, dis-moi ce qui se passe avec toi ? Tu crois vraiment que je le ferais ? Il y a combien de temps que l'on est ensemble maintenant ? Sais-tu combien je te respecte ? Qu'est-ce qui m'empêcherais de te baiser en ce moment ? Tu dois faire attention à toi, Pamela. Tu devrais te rappeler que construite notre avenir sur des bases saines et pieuses est la base de tout, elle est la base de notre alliance ; elle est la base de notre fidélité et de notre amour. On ne pas fait pas n'importe quoi pour détruire mais pour bâtir une bonne alliance. La base de « nous » ne doit pas être la destruction, *vraiment* ! Je t'aime de tout mon cœur, Pamela, je ne sais pas si tu le sais. Combien de fois veux-tu que je te le répète ? Je suis très patient avec toi, mais ne me pousse pas à aller à la destruction de notre alliance avant qu'elle ne soit consumée. Si nous nous détruisons aujourd'hui, il ne restera plus d'amour entre nous – il n'y aura que les débris d'un amour révolu. Combien de fois tu veux que je le dise ? Ton père me qualifie d'aventurier, de menteur, d'intrigant et je ne sais quoi d'autres... Crois-tu que si j'étais un tel homme, je puisse te laisser sans te faire l'amour ? Et surtout dans l'état ou tu es en ce moment ? Vraiment, tu m'étonnes ! Parles à ton père, ayez une discussion à ce propos, et dis-lui que je ne suis pas de ce genre. Je crois que c'est mieux que...

En haussant les épaules il ajouta :

- Je passerai te prendre demain à l'école pour qu'on parle de tout ça sérieusement.
- Non, Alain ! Ce n'est pas grave, je m'en sortirai, juste ne passe pas à l'école demain. Je viendrai te voir chez toi après les cours, dis-je un peu déçue.
- OK ! Il n y a pas de problème mais saches que je ne suis pas du tout ravi de tes actions, et de ce

que tu avais en tête de faire ce soir. Dis-moi un peu, Pamela, si je t'avais fait l'amour aujourd'hui, qu'est-ce que tu aurais dit aux autres ? Que je suis un aventurier ?

J'étais méprisable. Alain était devant moi. Il me regardait avec dégout – et il avait entièrement raison. Ce que j'avais fait *était dégoutant !*

Ayant repris un peu mes esprits je lui dis :

- Je veux rentrer chez moi...
- Tellement je l'aimais, j'avais peur qu'il s'indigne et qu'il m'abandonne à moi-même.
- Tu es sûre que tu veux rentrer ?
- Eh ? Ne te moques pas de moi... je dois partir...
- Voilà, un peu de la monnaie pour ton taxi.
- Non, merci, Alain, je paierai mon taxi moi-même et...
- Comment ça, Pamela ! Pourquoi me fais-tu la gueule ? Tu refuses même mon offre ?
- Je ne fais pas la gueule, Alain, je suis désolée pour tout...
- Bien, ce n'est rien. Juste, rétablis-toi...
- Pst ! Taxi !

Quand le taxi s'arrêta devant la maison, Alain s'adressa au chauffeur.

- Elle vous dira elle-même où elle va... Ou soit, allons ensemble..., je vous indiquerai le chemin.

Alain craignait que le taximan profite de l'état dans lequel je me trouvais et abuse de moi.

Nous sommes donc montés dans le taxi ensemble et quelques minutes après je lui dis :

- Alain es-tu fâché contre moi ?
- Que veux-tu que je te dise ? me répondit-il sans ajouter un autre mot.

Nous observant dans son rétroviseur, le chauffeur voulu couper le silence qui pesait visiblement sur nos esprits.

Avec un sourire décontracté il s'adressa à Alain.

- Etes-vous mariés tous les deux ? Parce que c'est comme si vous étiez fait pour l'un l'autre...
- Monsieur, faites votre travail, s'il vous plaît ! En quoi est-ce que cela vous est utile de savoir si nous sommes mariés ou pas ? D'ailleurs, nous sommes presque arrivés..., allez tout droit, tournez à droite, et puis comptez la troisième maison.

Le chauffeur, bouche bée, n'avait rien ajouté d'autre.

- Descend... ! Alain me dit, sans même me regarder.
- Tu ne veux pas venir saluer maman ?
- Non, Pamela, pas ce soir. Vas, ne te fatigue pas. Je t'attends demain soir.

Il était prêt à partir, et le taxi s'éloignait déjà lorsque je me suis décidée à l'appeler.

- ALAIN! ...je t'aime...

Il me regarda avec dédain, et, sans rien dire..., il était parti.

Une larme, une deuxième coula sur ma joue – je ne savais comment me contenir. Ma mère, qui était juste à la barrière, avait vu ce qui s'était passé. Je ne lui avais rien dit. Je ne l'avais même pas saluée. Je m'étais précipitée dans ma chambre et je m'étais effondrée sur mon lit en pleurant à gros sanglots.

Je me voyais perdre Alain, parce que j'avais laissé d'autres personnes venir entre lui et moi. Quand apprendrons-nous à mettre la main sur ce que nous voulons et aimons à nos propres risques ? C'est difficile de dire que vous aimez quelqu'un si vous laissez d'autres personnes s'interposer entre vous, vous disant ce que vous devez ou ne devez pas faire.

J'étais encore couchée sur mon lit, sanglotant sans répit, quand ma mère était venue me consoler. Bien sur, elle voulait savoir ce qui s'était passé.

- Qu'as-tu ma Mwad?

Je ne lui répondis pas. Je n'aime beaucoup qu'on m'appelle Mwad.

- Pamela, qu'est-ce qu'il y a ? Y a-t-il un problème ?
- Ce..., ce n'est rien, Ma'. J'ai eu un petit problème avec Alain. Papa lui avait envoyé un message disant qu'il ne voulait plus de lui, parce qu'il n'est qu'un aventurier, un menteur etc. Ma', avec ça, comment voulez-vous que je sois tranquille ?
- Je ne comprends pas ! Il lui a envoyé un message, tu dis ? Pourquoi ?
- Je ne sais pas... je croyais que toi tu pourrais peut-être me donner une explication.
- Je ne sais rien de tout ça. Et tu sais que je te dis chaque fois que j'aime Alain et je le veux pour toi...
- Mais, qu'est-ce qui se passe au juste ? Vous me l'arrachez et en plus vous m'obligez à vous obéir ! Ne savez-vous pas que vous me pousser à la révolte ?

Elle me regarda d'un air étonné. Ma mère ne savait rien de ce que mon père tramait – c'était de plus en plus clair.

- Ma', je ne sais rien te cacher. Alors, franchement parlant, je te dis que j'ai déconné aujourd'hui. Je suis allée voir Alain, et tu sais quoi ? J'ai pris des excitants sexuels pour le séduire ! Mais à ma grande surprise, lui, l'intrigant, le fourbe, comme on l'appelle partout, m'a protégée sans prendre avantage de moi. Dis-moi, pourquoi ne m'a-t-il pas baisé ? En plus, il m'a querellé et il s'est fâché. Il m'a maîtrisé. J'étais honteuse et je me sentais des plus odieuses lorsqu'il m'a dit qu'il n'était pas ce genre de garçon. Ce qu'il veut, et rêve vraiment, c'est d'être mon mari un jour. Et il veut attendre cet évènement – un point c'est tout. Ma', j'ai honte de moi. J'ai honte de ce que j'ai fait et j'ai peur qu'il m'abandonne.
- Calmes toi, Pamela, je sais qu'Alain t'aime... Bon, attends là, je vais parler à ton père. Je reviens tout de suite.

Elle m'avait quitté – un peu nerveuse. Elle était allée trouver mon père, et avec arrogance, elle lui dit :

- Vano ! Ta fille, au nom du Ciel, qu'est-ce qui t'a pris de la faire souffrir de la sorte ? Pourquoi ne la laisses-tu pas choisir l'homme qu'elle trouve digne d'aimer ? Elle est libre de faire son choix n'est-ce pas ? Est-ce que toi, tu avais été forcé à me choisir comme épouse ? Ne la déséquilibre pas comme ça – je t'en conjure – autrement ça tournera mal, c'est moi qui te le dis ! Tu sais qu'elle doit bientôt présenter ses examens d'état... Enfin ! Je ne te comprends plus ! Franchement, Vano, je ne te comprends plus.
- De quoi est-ce que tu parles, Sue ?
- Ne me 'Sue' pas, Vano... Donnes-lui une chance ! Elle aime vraiment ce garçon. Pourquoi dois-tu interférer dans sa vie de la sorte ?
- Sue, écoutes, ce n'est pas mal ce que tu me chantes là... mais je dois faire ce que je veux pour ma fille. Elle est ma fille et je ne veux pas la laisser se noyer. Ce garçon là n'est qu'un vaut-rien.
- Ce garçon là, Vano ? Il s'appelle Alain, et tu es son mentor, n'est-ce pas ? Qu'est-ce que tu es devenu ?
- Où est-elle d'abord ? Pamela ! Pamela ! Pamela !

J'avais entendu mon père m'appeler... Je me suis dépêchée d'essuyer mes larmes... Mais, je l'ai encore entendu crier du bas des escaliers.

- PAMELA !
- Oui, Pa', je suis là...
- « Oui, Papa, je suis là ». Il m'imita avec dédain. Tu es là, tu es là ! Mais combien de fois j'ai du t'appeler, hein ? Qu'est-ce qui se passe avec toi ?

Je n'avais rien dit. J'étais restée plantée là, devant lui, le regardant avec une froideur perçante.

Il poursuivit.

- Je suis ton père. Tu dois m'écouter. Je ne veux pas entendre parler d'Alain. C'est un mauvais...
- Mais, Pa'... murmurai-je, comment peux-tu dire que c'est un mauvais garçon si...

Maman, derrière papa, me faisait signe de me taire en mettant son doigt sur sa bouche. Je restai planquée là, bégayant.

- Si, si, si... Pa', je l'aime et je sais qu'il n'est pas un mauvais garçon – à moins que vous vouliez insinuer autre chose.
- N'en parlons plus ! Tu comprends ça ? Il a échoué ses examens d'états trop de fois, tu ne trouves pas ? Et *je ne le veux pas pour toi !* Tu te trouveras quelqu'un d'autre que tu aimeras bien et que j'aimerai bien aussi. Y a-t-il autre chose que tu veux me dire ?
- Non, Pa'... je crois que c'est tout...
- Alors, demain matin tu m'attendras, nous irons ensemble, je dois voir ton préfet.
- Mais... D'accord, d'accord, mais demain matin je dois aller prendre les résultats de mon test au laboratoire.
- Bon, je passerai quand même. Tu as autres choses à me dire ?
- Pa', que dois-je faire maintenant, à propos d'Alain ?
- Dis-lui la vérité, c'est tout. Je ne veux pas de lui, et je ne veux pas qu'il t'épouse.

Mon père n'avait rien ajouté d'autre, il m'avait laissée là, seule avec ma mère. Je ne savais pas la regarder dans les yeux, parce que, de même que Judas d'Iscariote, j'avais trahi ma mère et en plus, j'avais trahi Alain. J'étais plantée là, encore une fois sans savoir quoi dire. J'avais peur que maman me reproche quelque chose. Je me sentais coupable et honteuse avant qu'elle ne me dise un mot.

Après quelques secondes, elle ouvrit la bouche :

- Pamela, me dit-elle, as-tu réfléchi à ce que tu viens juste de dire ? Ce n'est pas à moi de décider pour toi. Tu es libre de choisir. Mais on ne joue pas avec l'amour ! Tu le sais pourtant. Je te l'ai assez répété ! Il faut t'y mettre à toi seule, je te le dis encore – TOI SEULE. Ne laisses aucune personne se mêler de ton amour. L'amour est une affaire entre deux personnes. Combien de fois dois-je te le dire ? En plus, ce que je viens de te dire n'est pas aussi important que ce que tu viens de faire. Il y a quelques instants, tu étais dans ta chambre en train de pleurer, et quand je suis venue intervenir auprès de ton père, qu'est ce que tu as fait ? Tu nous trahi tous les deux, Alain et moi. Je n'ai pas de problème si tu veux suivre les conseilles de ton père. Mais maintenant, à mes yeux, tu n'es qu'une petite hypocrite ! Vraiment, Pamela, tu m'as déçue.

Je n'avais jamais entendu ma mère me parler comme ça. Tout ce qu'elle venait de me dire, je le savais, mais ce qu'elle me dit un instant plus tard, me laissa en plein désarroi – comme un navire dans la tempête qui est prêt à sombrer.

- Et maintenant, je t'informe que j'ai décidé de partir demain pour Lubumbashi ! J'y resterai peut-être un ou deux mois.

Sans me laisser le temps de parler, elle me quitta et se retira dans sa chambre.

J'étais tellement troublée et malheureuse que je pleurai toute la nuit. Entre temps j'étais allée à la cuisine – question de me distraire. Je n'avais pas envie de me mettre quelque chose sous la dent, je n'avais pas d'appétit du tout.

J'étais assise à table quand j'entendis mon père descendre de sa chambre.

Il me regarda, assise là, mais n'ouvrit pas la bouche. Il versa un peu du jus d'orange dans un verre et un peu du vin dans un autre. Il me tendit le jus et vint s'asseoir à côté de moi. J'étais clouée sur ma chaise.

- Tu en veux ? me demanda-t-il en voyant que je n'avais pas touché au verre.
- Non, merci, dis-je en baissant les yeux. J'ai déjà pris un verre de lait et du pain avant que tu descendes.
- Pamela ! me dit mon père en me prenant dans ses bras et en me serrant très fort, je crois que j'ai un peu trop dit ce soir. Laissons le temps faire les choses. Si ton ami n'est pas ce que nous entendons raconter...
- Pa', je l'aime bien et...
- Oui, je le sais. Je connais ta chanson, je ne te le refuse pas, mais il y a encore une autre chose qui m'ennuie à son propos – je ne veux pas qu'il fasse la théologie. Je t'avais entendu dire cela à ta mère. Il faudrait plutôt qu'il devienne médecin, ou quelque chose d'autre...
- Mais oui, c'est en fait ce qu'il veut faire..., mais qu'est-ce que cela a à faire avec mon amour pour lui ? D'ailleurs, il veut être un grand médecin, un très grand chirurgien. Peut être un grand pasteur, qui sait ? Si Dieu lui prête longue vie, il construira de grands hôpitaux parmi tant d'autres au monde, des orphelinats – il est convaincu qu'il est destiné à faire de grandes choses.
- OOOOh! Ma fille ! Rien de tout ça ne verra le jour s'il ne passe pas son baccalauréat ! C'est une façon de t'épaté, de t'attirer dans son piège. Je te demande seulement de lui dire la vérité.
- Pa', quelle vérité veux-tu que je lui dise ?
- Je te l'ai déjà dit ; il faut lui dire que toi et lui ne serez jamais ensemble.
- Mais, Papa, je suis quand même une grande fille, j'ai aussi le droit de décider avec qui je veux passer ma vie, n'est-ce pas ?

- Oublie ça ! C'est ce que ta mère te raconte ? Bordel !
- Pa', y a-t-il un problème entre vous deux ?
- Qu'est-ce qu'elle t'a dit ?
- Elle ne m'a rien dit, mais pourquoi voyage-t-elle demain ? Je la trouve un peu triste. Qu'est-ce qui se passe au juste ?
- Rien de spécial, me répondit-il en haussant les épaules. Elle veut partir à Lubumbashi se reposer et voir sa famille.

Visiblement embarrassé par cette question, il se leva et ajouta :

- Bon, il est tard, il faut aller dormir maintenant. Bonne nuit !
- Mais, Pa', je n'ai pas encore fini de te poser des questions !
- Va dormir maintenant, je te dis.

Suivant son exemple (et ses ordres), je suis moi aussi montée dans ma chambre. Je n'avais même pas revu mes leçons pour le jour suivant – j'étais complètement bouleversée. Rien n'avait plus de sens pour moi.

Lorsque vous avez un problème, il est mieux de le résoudre tout de suite, sinon vos pensées ne sauront pas vous aider à vous tenir sur vos pieds, pour maintenir une concentration spirituelle ou même physique.

Je pensais à ma mère qui devait partir le lendemain à Lubumbashi, à ma rupture avec Alain qui devait se conclure sous peu, probablement.

Une heure plus tard, la fatigue gagna enfin la bataille et je dormis malgré moi.

Au Lycée...

Le lendemain, très tôt le matin, ma mère me réveilla.

- Pamela, je dois partir maintenant. Prends ces vingt francs pour ton transport.

Sans autres explications, elle sortit de ma chambre et se rendit dans la chambre de Michel. Elle lui dit quelques mots et lui donna aussi de l'argent de poche.

Je les rejoignis dans le couloir.

- Je préfère aller prendre le premier autobus, nous dit-elle.

Et après nous avoir embrassés tous les deux, ma mère nous quitta – je ne devais pas la revoir pendant plusieurs semaines.

Aussitôt que la porte se referma, l'absence de ma mère me pesait déjà. Seulement son parfum ondoyait dans toute la maison. Avant de prendre ma douche, je m'étais assise au salon – pensive. Ma mère était partie sur un coup de tête – ou bien..., était-ce vraiment un coup de tête ? Non, quelque chose s'était passé entre mes parents – mais quoi ? Je n'allais pas résoudre cette question en restant assise sur ce divan, me dis-je.

Une fois que j'étais prête, je suis allée à l'hôpital. L'infirmière me fit attendre jusqu'à huit heures trente pour recevoir mes résultats. Bien sur, je suis arrivée à l'école en retard. J'ai ensuite donné la justification de mon retard au provisorat – sans problème.

Je me suis alors rendue à ma salle de classe. Avant de frapper à la porte, j'hésitai – c'était le prof de math qui donnait son cours. Lorsque je me suis finalement décidée à frapper à la porte, j'étais un peu appréhensive à cause de la note que j'avais écrite au prof le jour précédant.

Après quelques minutes, je m'étais enfin décidée d'entrer.

- Oui entrer ! S'il vous plaît.
- Bonjour, monsieur !
- Vous êtes en retard, mademoiselle…
- Je sais, monsieur, mais j'ai une justification du provisorat.
- Croyez-vous que je dois admettre ça ? me rétorqua-t-il avec véhémence.
- Je ne sais pas, monsieur.
- Vous blaguez, n'est-ce pas ? Allez ouste ! Dehors, je vous dis !

Il rugit comme un lion. Evidemment, il était furieux. Il n'y avait plus de doutes – ma note avait fait de l'effet.

- Monsieur, j'ai une justification. Je suis allée voir l'infirmière, je me sentais un peu mal et je…
- DEHORS, je vous dis!

Me montrant la porte du doigt, il ajouta :

- Je vous dis de sortir de ma classe ! Où vous croyez-vous ? Idiote, imbécile…

Mamie, qui connaissait bien la situation, intervint.

- Monsieur, c'est vrai ce qu'elle vous dit là. Vraiment, elle ne se sent pas bien depuis quelques jours, une consultation était importante pour elle…

Avant que Mamie n'achève même sa phrase…

- Taisez-vous, mademoiselle, répliqua Mr. George. Etes-vous son avocat ? Vous a-t-elle payé pour cela ? Vous, vous jouez de moi, ou quoi ? Dehors, vous aussi. Vous commencez tous à m'énerver.

Mamie sortit de la classe sans rien dire.

A part ça, M. George avait un autre problème avec la direction, il avait vendu des formulaires d'examens aux élèves. Le préfet et le corps professoral était au courant de cela, bien avant que son problème sexuel n'émerge.

Lorsque j'étais sortie de la classe, Mamie m'avait suivi.

- Qu'est-ce qu'il y a, Mamie ? Pourquoi n'es-tu pas restée en classe ? demandai-je, surprise de la voir à mes côtés.
- J'ai seulement voulu prendre ta défense – et voilà, il m'a aussi expulsée.
- Allons voir le préfet, suggérai-je calmement.

A la direction, j'y trouvai mon père.

Le préfet était furieux – hors de lui ! Il gesticulait, lançait des gros mots à l'adresse de M. George.

- Heureusement, voilà votre fille... murmura-t-il à mon père, quand il me vit apparaître au bas de la porte.
- Pourquoi n'êtes-vous pas en classe comme les autres ? nous demanda-t-il, visiblement étonné de nous voir.
- M. George nous a mis à la porte.
- Venez, entrer ! nous dit-il plus calmement.
- Bonjour, Pa' !
- Bonjour, Pamela...Mamie..., qu'est-ce qui se passe encore ?

Comme le préfet était très agité, il interrompit mon père.

- Non, pas si vite ! Commençons par le début. D'abord le professeur vend les manuscrits des examens aux étudiants ; au lieu de se maîtriser, il cause encore d'autres problèmes. Et maintenant vous me dites qu'il voulait faire de votre fille sa petite amie.
- C'est vrai ! dit mon père.
- Eh bien ! Comme votre fille est ici, elle pourra peut-être nous raconter ce qui s'est passée. Ok, jeune fille, peux-tu nous expliquer cela brièvement ?

- Oui, sans problème, M. Le préfet. Il m'a fait la cour... commençai-je placidement. Et, je n'ai pas accepté. Cela m'a vraiment bouleversé et j'ai préféré dire à mes parents ce qui s'était passé avant de venir vous trouver. Hier, le professeur m'a envoyé un garçon avec une note... J'y ai répondu à ma façon... Et aujourd'hui, malgré que j'avais une justification pour mon retard, il m'a mit à la porte. Mon amie, ici, avait seulement intervenu pour expliquer à M. George que j'avais été à l'hôpital, et il l'a aussi expulsée. En plus, il a aussi poursuivit mon amie, Rachel... Mais je crois qu'il vaut mieux qu'elle vous raconte sa mésaventure elle-même.
- C'est dégueulasse, c'est dégoutant, c'est humiliant tout cela, grogna M. le préfet. Venez avec moi, vous devez rentrer en classe. Nous allons en finir avec ce professeur. Et, Monsieur, ajouta le préfet, se tournant vers mon père, laissez moi vous assurer que votre fille ne manquera aucun cours aujourd'hui et que ce professeur ne fera pas long feu dans notre école.
- Je vous remercie, M. le préfet, dit mon père en serrant la main du préfet. Je te verrai à la maison, ce soir, Pamela, ajouta-t-il avant de s'en aller.
- Oui, Papa – A ce soir.

Quand mon père prit donc congé, nous allâmes, avec le préfet, dans ma classe. Celui-ci, sans même frapper à la porte, s'exclama :

- Monsieur George...
- Oui, Monsieur le préfet.
- Qu'est ce qui vous a pris ? Qu'est-ce qui vous pousse à agir de la sorte ? Vous êtes fâché, malade ou quoi ? Hein ! Pourquoi ? Pourquoi avez-vous chassé ces deux filles du cours ? Surtout celle-ci... il me pointa du doigt. Que vous a-t-elle fait ? Selon elle, il y a eu un problème

entre vous. Pouvez-vous nous expliquer, à quoi c'était dû ?

- Oui, M. le préfet, dit-il d'un air agacé, il y a eu une équivoque entre nous. Je suis vraiment désolé... et il se tut.
- Très bien, venez dans mon bureau, nous allons en discuter calmement.

Quand ils sortirent de la classe, Mamie et moi regagnâmes nos sièges. Nous devions attendre quelques minutes avant que le prof de français n'arrive. Pendant ce temps là, la classe bourdonnait – tout le monde savait que ça bardait à l'école ce jour là. Et je savais que j'étais à la base de tous ces troubles. Mais je n'étais pas la seule à m'en rendre compte.

- Qu'est-ce que tu as fait Pamela ? demanda Jojo. Toi, tu crées toujours des problèmes aux gens. Qu'as-tu fait encore à ce pauvre prof ?
- Rendre justice ! lui répondis-je froidement. Je ne veux pas exercer ma liberté comme je l'entends, hein ? Et d'ailleurs je ne veux plus en parler, surtout pas avec toi, Jojo.
- Tu es dégoûtante, poursuivit-il. Qu'est-ce que tu as raconté à Mamie ?
- TOUT. J'ai tout raconté. C'est vrai ou c'est faux ce que j'ai raconté ? Ne suis-je pas libre de parler avec elle ? N'est-elle pas mon amie ? Combien de temps te faudra-t-il pour prendre la vie au sérieux ? Car en ce moment tu n'es qu'un hypocrite et un menteur !

Il ne savait quoi répondre quand Mamie et Rachel vinrent près de mon bureau.

- De quoi est-ce que vous parlez ? me demanda Mamie, et puis, se tournant vers son ancien alter ego, elle enchaina :
- Jojo, je t'ai dit que c'est fini entre nous. Je suis sérieuse maintenant, il faut que je me fasse une autre vie, une meilleure vie, quoi ! Je vois

maintenant l'avenir. D'ailleurs, laisses-nous, nous avons des choses à nous dire.

- Mais, Mamie on s'était dit que l'on devait en parler, mais surtout pas de cette façon ! s'étonna Jojo.
- Non, mon cher Jojo ! Nous n'en parlerons plus. Ce n'est plus la peine ; maintenant je vois clair... J'ai compris ton jeu ! D'ailleurs, débarrasses moi le plancher... Au revoir !

Se tournant alors vers moi, d'un air fâcheux, il me dit :

- Tu es une enfoirée, une pourriture, je t'aurai, je te ferai mal, et il alla se rasseoir sur sa chaise.

Sur ces entres faits, la fin de la deuxième heure sonna.

Le prof de français, M. Gaston, entra en classe, affichant sa bonhommie habituelle.

- Euh ! Pamela, on t'attend à la direction, dit-il sans préambule.

Sans commentaire, je sortis de la classe sous un silence implacable.

M. Gaston s'en étonna et essaya de poser quelques questions sans que nulle ne réponde.

Se demandant bien se qu'il se passait, il approcha Rachel.

- Pourquoi ton amie a-t-elle convoquée à la direction, Rachel ? Y a-t-il un problème ?
- Mais monsieur, c'est vous qui êtes venu avec l'avis d'appel. Que voulez-vous que ça soit ?
- Non, Rachel, ne me prends pas pour un imbécile – qu'est-ce qui se passe ici ?

C'est à ce même moment que je frappai à la porte.

- Ah ! Te revoilà..., un problème ?
- Non, rien de grave ; juste un petit problème avec Monsieur George.

Avant que ne j'achève mon explication, le préfet entra brusquement en classe et commença sa palabre.

- Monsieur Gaston, qu'avez-vous maintenant, vous les professeurs? Devons-nous maintenant suivre des petites filles ou soit nos élèves pour qu'elles soient nos petites amies ? Il faut que le lycée garde son honneur. Le père de cette fille..., il me pointa du doigt. Comment vous appelez-vous encore ?
- Moi, Monsieur?
- Oui, vous, mademoiselle.
- Pamela Mwad... dis-je.
- Bien, Pamela Mwad. Son père m'a raconté des histoires, elle, aussi a dit des choses concernant, bien sur, Monsieur George, le prof ne savait quoi dire pour s'excuser. Qui s'excuse s'accuse dit-on ! Ma fille, tu as également mentionné ton amie que le prof avait aussi poursuivi..., qui est Rachel ?
- C'est moi, Monsieur le préfet, répondit-elle. Elle me regarda avec un air étonné, comme si j'en avais trop dit.
- Peux-tu nous raconter cela ?
- Vous racontez quoi, Monsieur ?
- Vous savez bien, mademoiselle, de quoi il s'agit. Je voulais seulement avoir un compte-rendu de votre propre bouche.
- Oh ! Ce n'est pas grave, monsieur, il m'a fait la cour, euh ! Bien sur, j'ai accepté. Il m'avait promis des choses, « Oh ! Tu vas réussir à l'école, et, si tu as un problème dans n'importe quel cour, j'interviendrai etc. » Comme j'étais naïve, que je manquais d'information – pas de cours d'éducation sexuelle, etc. – comment voulez-vous qu'on dise non ? Surtout aux choses que l'on ne connaît pas. Heureusement pour moi, je n'ai pas cédé. Mais il faut faire quelque choses pour vos élèves, monsieur, sinon vous ferez face à des problèmes inconcevables – il y va de notre réputation et de celle de l'école. N'est-ce pas vrai ?

Rachel s'arrêta là. Sa franchise et son courage touchèrent le préfet. Il se tut un moment avant de continuer son petit discours.

- Merci pour ta franchise, ma fille. Crois-moi je comprends par où tu as passé, et je suis désolé que tu aies du passé par là.

  Se tournant vers toute la classe, il enchaina :

- En tout cas soyez sage. Vous êtes en sixième secondaire. Bientôt vous serez à l'université. A vrai dire, vous avez grandi. Prenez votre temps et pensez à ce que vous faites et aux conséquences qui pourrait en découler. Même dans la Bible il est dit que tout est permis, mais tout n'édifie pas.[9] Vous êtes libre, bien sûr, mais soyez conscient de votre liberté, écoutez ce qu'on vous dit et même ce que vous disent vos parents.
- Mais, Monsieur le préfet, intervint Rachel, comment voulez-vous que nous écoutions nos parents, s'ils sont eux-mêmes un mauvais exemple ? Ils arrivent même à nous encourager à exercer notre liberté comme nous l'entendons et comme nous le voulons – sans penser aux conséquences de nos actes.
- Rachel, ce n'est pas une conférence, peux-tu te refreiner de faire des discours ? dis-je, un peu frustrée de ce au mon amie affiche tous ses problèmes à la classe.
- Pamela, poursuivit-elle, j'exprime ce qui me fait mal au cœur. J'ai bien le droit, je crois de m'exprimer clairement et nettement aux gens qui m'éduque, ou bien... ?
- Ça va, ça va, mes filles, coupa le préfet. Ecoutez-moi tous, je convoquerai une réunion des parents pour que l'éducation sexuelle soit apprise dans les familles tout comme au lycée. C'est un sujet très vaste et très important qui ne doit pas rester

---

[9] 1 Corinthiens 10:23

tabou. Encore une chose qu'il ne faut pas oublier ; faites attention à votre indépendance. Je veux dire par là que vous êtes libre, bien sûr, mais il ne faut pas que vous abusiez de cette liberté. Soyez prudent dans votre droit d'expression, dans le choix de votre conjoint ou conjointe en vue de mariage. Il y a beaucoup de choses que vous devez encore apprendre. Comment aimez-vous ? Sachez que Dieu a créé l'homme et la femme à son image. Nous entendons dire souvent que la femme est l'image de l'homme mais ce que nous devons retenir là dessus est que l'homme et la femme ont été créés à l'image de Dieu ; il mit l'amour parfait dans le sexe. Plus les jeunes abusent de leur liberté sexuelle avant le mariage, plus ils déçoivent leurs sensations, plus les possibilités d'avoir un mariage heureux diminuent et plus les divorces viennent en tête de liste. Il y a ceux qui ont des relations sexuelles avant le mariage, il y en a d'autres qui commettent l'adultère avec la femme ou le mari d'autrui – en dehors du mariage – pour ces gens là, il n'y a pas beaucoup d'espoir, mais pour vous qui êtes jeune et aux portes de votre avenir, vous avez le choix de faire ce qui vous apportera le bonheur – alors, n'abusez pas de cet amour et de cette liberté que Dieu lui-même vous a conféré.

La classe était sidérée – il y avait longtemps que nous avions tous besoin de ce genre de sermon. Après une longue pose, le préfet reprit :

- Nous allons mettre au programme tous ces topiques pour savoir comment exercer votre liberté – pas comme un libertinage mais pour engendrer une réussite dans toute une vie, et ensuite pour apprendre comment exercer et contrôler votre amour dans tous les sens. Nous étudierons aussi les problèmes de chasteté – que ce soit pour les garçons ou pour les filles – nous sommes tous coupable du pêché originelle, ne l'oublions pas.

- Et finalement, je vous demande d'étudier. Ne négligez rien, s'il vous plaît. Dans notre pays, malheureusement, beaucoup de choses se voient détruites par complaisance, mais surtout par manque de main-d'œuvre qualifiée – mais vous, vous êtes l'avenir, vous êtes à la base de la reconstruction de votre pays – ne l'oubliez pas ! Et vous les filles, soyez sage, ne vous laissez pas tromper par n'importe quoi, gardez-vous pour vos maris, un point c'est tout. Vous les garçons soyez sérieux, ne passez pas votre temps à mentir aux filles. Si vous voulez les prendre en mariage, à quoi bon les toucher ?

A ces mots, le préfet fut acceuillit d'une volée d'applau-dissements et de hurlements qui avaient, je suis sûre, fait vibrer tous les murs du lycée.

Une fois le calme revenu, M. le préfet conclu :

- Monsieur Gaston, vous les professeurs, vous devez être sérieux avec les jeunes filles. Faites votre travail, je vous en prie, cela ne vous apportera que le respect de la part des enfants, des parents et du professorat tout entier.
- Oui, Monsieur le préfet, soyez sans crainte, nous veillerons à redresser tous problèmes sans délai, répondit Monsieur Gaston.

Sur ce, le préfet sortit sous les applaudissements de la classe.

M. Gaston sur ses talons, ferma la porte derrière lui et se tourna vers la classe.

- Il ne reste que cinq minutes... ! Mes amis, c'est la vie, elle est très compliquée, je vous demande seulement de faire attention ; ce que le préfet nous a dit, c'est bien vrai. Il faut savoir ce que la liberté veut dire et comment l'exercer. Savoir quelles sortes d'amours nous cherchons et comment le détenir et le conserver. C'est très important. Bon, prenez une feuille de papier ; nous allons faire une interrogation.

- Hum ! Hum ! Hum ! bourdonna la classe.

Le petit test une fois complété, la cloche sonna, annonçant le début de la récréation. Mamie vint me trouver, et nous sortîmes ; Rachel nous rejoignit un peu plus tard.

- Mamie, dis-moi, comment ça s'est-il terminé avec Jojo? J'ai oublié de te demander ça hier.
- Pamela, tu sais, moi quand je prends une décision, je ne reviens pas là-dessus. Je suis allée le voir et je l'ai d'abord giflé devant sa mère. Ensuite, je l'ai tiré, comme un mouton, jusque dans sa chambre. Je lui ai dit qu'il était un menteur, et que toi, Pamela, tu m'as dit que tu l'avais vu. Vous, vous étiez croisés à vingt trois heures, dans votre quartier. Il était avec les da Mwinzi et patati, Patata ! Je l'ai encore giflé et je lui ai dit que c'était fini entre lui et moi, ce qu'il a profité de moi c'était suffisant. Il faut qu'il aille voir un médecin, pour l'examen du VIH. Il était furieux, il m'a giflé à son tour, il m'a battu, et puis comme je pleurais, sa mère vint nous séparer.
  « Qu'est-ce qui se passe, Jojo ? »
  Son père n'était pas encore là.
  « Maman, ce n'est rien », répondit-il.
  « Menteur », je criai en pleurant. « Il ment, il ment toujours. Pendant tout ce temps il n'a fait que me mentir. Il m'avait promit le mariage. Maintes fois il a couché avec moi, et maintenant il a le culot de fréquenter les putes, les da Mwinzi ! Mes amies l'ont vu. Et j'ai perdu ma virginité à cause de lui, je le déteste ».
  Sa mère était très gentille. Elle me calma, elle gronda son fils et le força à me demander pardon, ce qu'il fit. Elle me lava le visage. Quand je me suis ressaisie, elle me donna quelques conseils – de bons conseils. Elle m'a dit de lui demander ce que je voulais.

« Maman », lui ai-je dis, « Je vous respecte beaucoup et surtout pour ce que vous venez de faire pour moi. Je ne vous demande rien, seulement, je ne veux plus que Jojo me touche et me fréquente, il peut me saluer simplement à l'école, mais je ne veux plus le voir ».
« Ma fille, tu es très intelligente, acceptes ce peu que je te donne ». Elle me tendit deux cent francs.
« Non, maman, je ne peux accepter cela c'est bien trop pour moi. Je ne prendrai que cinq francs pour mon taxi ».
« Ma fille, je voudrais que tu viennes me voir ce dimanche, tu veux ? »
« Je verrai, peut-être je passerai vous voir. »

- Et voilà, nous nous sommes séparées comme ça. Dis-moi, ai-je mal agi, ou bien ? Mais j'avais dit à Jojo qu'on aura le temps d'en parler calmement, mais maintenant il n'en est plus question.
- En fait, tu n'as pas du tout mal agi. Mais il aurait fallu te calmer avant de partir, parce qu'on ne sait jamais..., et si sa mère n'avait pas été là, il aurait pu te faire du mal, lui dis-je.
- Mais, une bonne nouvelle..., poursuivit-elle, lorsque j'avais raconté à ma mère mon aventure, elle était très heureuse de ma décision. En fait, elle m'a promis des choses incroyables... Elle va aussi changer de manière à bien vivre, pour être une bonne mère, sérieuse et respectueuse. Elle m'a conseillé de ne pas souhaiter de divorcer, de ne pas non plus souhaiter d'être une femme libre pour me satisfaire égoïstement. « Avoir des hommes différents, c'est bien, mais avoir son propre conjoint, son mari, c'est mieux ; tu sauras te contrôler dans ta liberté et être une même chair selon la parole de Dieu, c'est encore mieux ».[10]

[10] Genèse 2:24

Nous causâmes longuement sur d'autres choses. Nous nous promîmes de devenir des modèles dans ce monde, en tout ce que nous devons faire – en foi, en parole, en actes...[11]

---

[11] 1 Timothée 4:12

En Famille

Aussitôt que je franchis la porte de la maison, je sentis le vide – maman était absente. Je fis le ménage et je préparai le repas, sans problème.

Mais de l'autre côté, chez Rachel, tout ne semblait pas aller. Papa Philip était au salon plongé dans ses pensées. Il pensait à plusieurs choses qui semblaient le tourmenter.

- Euh ! Dis, Berthe ! Berthe !
- Une minute, répondit-elle. J'arrive !
- Dépêches toi, veux-tu... ?
- Voilà, je suis là, dit-elle en ce précipitant au salon – son torchon à la main.
- Mais, assieds-toi quand même, grommela Papa Philip en toisant sa femme. Tu n'es pas mon garde de corps...

  Elle s'assit et regarda son mari.
- Bien, j'ai réfléchi à tous les problèmes qui te tracassent, je trouve que c'est toi qui stimule les enfants à dire et à faire n'importe quoi.
- Hein ! Quoi ? Philip...
- Alors, pourquoi toutes les cochonneries de l'autre fois ?
- Les cochonneries ? Tu sais, je te plains, Philip. Et, malgré tout, je te supporte – mais les enfants ? Sais-tu du moins qu'ils sont en train de te plaindre aussi ? Et des fois, ils sont gênés et...
- Quoi ? Berthe, mais s'ils sont gênés, ils n'ont qu'à disparaître de chez moi. Toi aussi, si tu vois que je t'emmerde, tu n'as qu'à te foutre le camp.
- Tu ne comprends donc rien à rien ? Oh, Philip, je suis tellement malheureuse ! gémit-elle. Tu es

déplorable. Tu sais ça ? Combien j'ai supporté toutes les bêtises que tu as faites ? Combien de fois as-tu vomi sur moi au lit, lorsque tu étais bourré ? Tu n'es qu'un soulard. Quel père de famille ! Quelle sorte de mari que tu es ! J'en ai marre ! Et si je mentais, tu mourras sur place. Que crois-tu faire ? Hein !

- Berthe, tu m'emmerdes ! Dieu nous a créé libre, il nous demande seulement de choisir ce que nous voulons, alors pourquoi s'en prendre à moi ? Vous mangez chaque jour, et vous n'êtes pas nu, non ? Si tu es accablée, tu n'as qu'à te chercher l'homme qui t'enchantera. Tu blagues ou quoi ? Que veux-tu que je fasse ? Hein ! Où est-ce que les études les amèneront, hein ? Tes enfants ? Toi-même, tu te ventes d'avoir un certificat, et qu'en fais-tu ? Tu es folle, Berthe, une patraque, une vraie dolente. Qui est-ce-qui vous nourrit tous ici ? Le certificat ? Quand bien même moi je ne l'ai pas eu, je suis capable de tout faire, et même de dire aux enfants de rester à la maison et de ne plus aller à l'école ; aux filles de rester attendre le mariage, rien que cela. Tu as compris ? Que me feras-tu ?
- Philip ! Philip ! Tu n'es qu'un ivrogne, je ne te ferai rien du tout, mais tu ne raisonnes pas. Je suis d'accord avec toi, alors es-tu ravi de ça ? Es-tu satisfait avec toutes tes balivernes ? Après tout, ça te va très bien toi d'agir toujours à l'aveuglette sans vouloir regarder ce qui te mort le nez. Misérable ! Pouilleux ! Déshérité ! Vraiment, tu me dégoutes.
- Ne m'énerve pas Berthe, rétorqua-t-il.
- T'énerver ? Tu as quand même du culot, nom de Dieu. Pitoyable ! Oui, c'est tout ce que tu es – pitoyable !
- Ne m'énerve pas, je te répète. Ne m'harcèle pas, bordel !

- Insultes-moi comme tu veux, tu ne me fais pas peur. Enerve-toi, bon à rien, tu ne m'effraies pas, je te dis, rétorqua-elle courageusement tout en fuyant lentement les approches de son mari.

Celui-ci s'était levé et se dirigeait d'un air menaçant vers sa femme, qui elle s'était esquivée derrière le fauteuil.

Ils faisaient tant de bruit que lorsque les enfants étaient arrivés à la maison, Philip et Berthe ne les avaient même pas entendus rentrer.

- Pa', qu'est-ce qu'il y a ? Vous jouez maintenant à cache-cache avec Ma' ? demanda Rachel. Une remarque qui irrita encore plus son père.
- Impolie ! Malapprise ! Vous êtes tous les mêmes. Vous ne changerez donc pas, hein !
- Mais Pa', je voulais tout juste...
- Ta gueule ! Tu voulais tout juste quoi ? Est-ce que j'ai l'air de plaisanter, moi ? Hein ! Espèce des gavials sans crocs.
- Pa', vraiment tu exagères ! On ne peut jamais avoir la paix ici – comme dans les autres familles. Sachez que vous nous faites terriblement honte !
- Rachel ! Je te dis que ça suffit.
- Mais, Philip, où est-ce que tu veux en venir avec toutes tes histoires ? intervint Maman Berthe. Avec moi ça ne va pas, avec les enfants ça ne colle pas ; alors qu'est-ce que tu veux ?
- Ce que je veux que tu me foutes la paix. Que vous me foutiez tous la paix, vous avez compris ? D'abord je ne sais pas d'où vous venez. Je ne suis au courant de rien dans cette maison. Est-ce que vous allez vraiment à l'école !
- Pa', répliqua Patrick, est-ce que tu crois que nous avons l'habitude de nous promener en uniforme et de nous balader avec nos cartables pour aller au Zoo peut-être ? Tu nous vois tous les jours avec nos livres et tout ce qui s'en suit, et tu nous dis que tu ne sais pas d'où nous venons !

Dans sa rage, Papa Philip attrapa un vase et le lança à la figure de son fils. Patrick l'évita de justesse et se tenu debout, défiant, devant son père.

- Petit sot, je t'apprendrais à me répondre. Débarrassez-moi le plancher ! Déguerpissez tous. Je ne veux plus vous voir. Vous m'emmerdez !

Les trois enfants tournèrent les talons et s'en furent dans leur chambre, sous le regard effaré de Maman Berthe qui poursuivit :

- Mais tu déconnes, Philip, qu'est-ce qu'il y a au juste ? Tu dois avoir eu un problème avec ton chef ou encore tu as trop bu ou je ne sais quoi... Dis-moi simplement ce qui t'a mis dans un état pareil. On en discutera calmement et on résoudra le problème sans que tu doives lancer des choses à la figure de ton fils....
- Cela t'importe peu, enfoirée. Rien d'important, quand bien même j'ai eu un problème avec mon patron ; cela ne t'intéresse pas de toutes manières. J'ai mal de tête... c'est tout...
- Laisses-moi t'aider Philip et...
- Eh ! Ne me touche pas... ! Tu n'écoutes jamais. Recules, à moins que tu veuilles que j'te donne une bonne raclée...

Rachel, qui, en descendant de sa chambre, avait entendu les menaces de son père, intervint immédiatement.

- Pa', voyons, soyons sérieux ! Je sais que vous me considérez comme une donzelle dégoûtante. Mais, actuellement, je vais changer, et j'ai déjà changé. Je veux devenir une bonne fille, respectée et responsable. Vous savez, j'ai une amie, une grande amie à moi, qui m'aide beaucoup. Sa famille est un chef-d'œuvre comparé à la notre ; ils sont bien organisés. Mais quand je regarde la nôtre, c'est toujours le branle-bas de combat ! Vous ne vous rendez même pas compte que vous nous faites du mal. Je suis devenue une autre

Rachel, une fille qui raisonne, qui se respecte et qui a maintenant un avenir. Maman cause souvent avec Maman Susanne ; je crois qu'elle sait de quoi je parle. Maman Susanne, son mari et leurs enfants s'entendent très bien. Ici, chez nous, c'est comme s'il y avait un démon, un diable, ou je ne sais quoi..., comme s'il y avait un incube qui vivait dans l'âtre de notre foyer. Nous avons un père qui n'écoute personne, même pas sa propre compagne ! Quel amour allez-vous nous apprendre dans notre avenir ? Des batailles, des combats, la haine, l'égoïsme, les blasphèmes, l'ingratitude, les intempérances, l'hypocrisie et que sais-je encore ; dans tout cela il n'y a pas d'amour. Je crois que l'amour est doux. C'est bien malheureux ! Si toi, Papa, tu mourrais un jour, que deviendrions-nous ? Tu y as déjà pensé ? Vous nous faites vraiment mal. Ce que tu veux est que nous soyons libres de faire ce que nous voulons. Comme ça tu pourrais te débarrasser de tes responsabilités – est-ce que c'est ça que vous voulez ? Croyez-vous que c'est simple ça ? Aidez-nous à faire notre chemin, à savoir comment nous pourrions exercer notre liberté comme il se doit, et surtout dans ce siècle. Le mariage c'est tout que vous nous chantez. Comment voulez-vous qu'on aille se marier, avec ce que nous vous enseignez ? Tout ce qu'on aura – comme vous d'ailleurs – c'est un ménage de malheur. Personnellement, je ne sais pas ce que l'éducation sexuelle veut dire. Il paraît que les parents doivent enseigner ça à leurs enfants de manières à ce que les enfants ne soient pas pris au dépourvu s'ils faisaient face à des malotrus ou des filles dévergondées. Et cette éducation sexuelle n'est pas du tout tabou... Et je vais vous dire autre chose – c'est à cause de votre ignorance, de votre égoïsme que je viens même de perdre mon pucelage. Si vous m'aviez mise en garde, je serais encore vierge aujourd'hui. Sachez que vous nous faites du mal, trop de mal...

A ces mots, elle sortit et elle alla s'enfermer dans sa chambre en claquant la porte.

Papa Philip resta figé sur place – pour une fois il n'avait plus rien à ajouter – il regarda Maman Berthe d'un air piteux.

- Qu'en penses-tu, toi ? Est-ce que c'était vraiment Rachel qui parlait ?
- Mais, voyons, Philip, bien sûr que c'était elle, et elle a parfaitement raison. Elle a totalement raison, tu nous fais beaucoup de mal. C'est insupportable, ne connais-tu pas cette histoire « La famille et le sang » où les enfants, à cause de la souffrance que leur infligeait leur père, le tuèrent ? N'as-tu pas constaté que Rachel, ces derniers temps, à commencer à prendre ses responsabilités ? Elle ne sort plus, elle se concentre sur ses études. Elle aime et elle veut étudier. Sa liberté n'est pas mise en jeux – elle fait ce qu'elle veut, oui, mais elle le fait en raisonnant clairement et en pensant aux conséquences de ses actes. Elle sait quoi, quand et comment faire telle ou telle chose. N'as-tu pas remarqué quelque chose d'important ? D'habitude, elle rentrait seule de l'école, mais maintenant elle revient avec son frère et sa sœur. Nous sommes libre de faire notre vie comme nous l'entendons, mais sachons qu'il faut prendre exemple sur autrui pour mieux faire, voir comment l'autre est habillé où soit, comment l'autre arrange son logis, sa parcelle. Comment il gère son ménage pour que nous fassions de même et peut-être d'avantage. L'homme se découvre aux dépends des autres.
- Berthe, je me sens mal, c'est comme si mon cerveau était vide. Je ne comprends rien du tout. Pardonnes-moi, j'ai été insensé en tout, je crois, je

ne comprends rien du tout... Vraiment rien du tout. Je crois que les enfants ont totalement raison.

- Phillipo !
- Non ! Je m'appelle Philip, Philip... je te répète cela tous les jours, que ce n'est pas Phillipo mais Philip.
- OUI, je sais, Philip, mais n'en fait pas un plat. Je changerai avec le temps. Tout de même tu vois l'importance des études maintenant ? De notre temps nous ne voyions pas cette importance là, c'était ça ou rien parce que nous avions tout, et ça avec ou sans brevet. Ils sont libres de faire leur choix dans leurs études, parce qu'avec les études, nos enfants peuvent devenir ingénieurs, médecins... tout ce que tu veux. Il ne faut pas les en empêcher parce que si les enfants aiment faire quelque chose de bien il faut les encourager et ils le feront bien et avec cœur.
- Evidemment, tout ira bien, Berthe, faut pas en faire un drame toi non plus. Mais je voudrais que tu me pardonnes, est-ce que tu peux faire ça pour moi ?
- Moi, je t'aime Philip. Comment est-ce que je ne peux pas te pardonner ? Le gros problème, ce sont les enfants, il faut leur parler. Ils te diront ce qu'ils pensent eux-mêmes.
- Crois-tu qu'ils m'en voudront? Bien, fais-les venir.
- Rachel ! Rachel ! Venez tous...

Les enfants entrèrent, mais Rachel n'était pas descendue avec son frère et sa sœur.

- Alors, est-ce que Rachel vient ou pas ? demanda Berthe à sa fille, Odile.
- Elle ne veut pas venir parce qu'elle dit qu'elle ne veut pas être encore plus ennuyée qu'elle ne l'est, répondit-elle. Et je crois qu'elle a parfaitement raison, c'est mieux de vivre ailleurs qu'ici.

- Non, ma chérie, vas l'appeler, contredit sa mère. Nous voulons arranger les choses en famille. Nous voulons avoir une conversation de façon que vous ayez aussi la chance de dire ce que vous voulez – personne ne vous arrêtera.
- Odile, vas chercher Rachel et venez tous ici, répéta Papa Philip avec l'air autoritaire qu'on lui connaissait bien.

Odile alla et revins avec sa sœur – plus récalcitrante que jamais.

- Ne vous étonnez pas de ce que votre papa a à vous dire, dit Maman Berthe quand ses enfants s'assirent sur le divan en face d'elle et de leur père.

Philip regarda ses trois enfants à tour de rôle et commença à parler.

- Mes enfants, je suis très désolé pour tout. Rachel tu m'as dit des choses qui m'ont énormément touché et ça m'a tranquillisé un peu. Je suis certes navré. Il faut que je vous dise que vous avez fondamentalement raison. Je préfère m'attacher à vous qu'à la bière ou qu'aux embarras. Je dois vous aimer comme un papa digne de l'être et faire de vous des bons enfants. Faites votre vie, je vous en prie, mais venez chaque fois à nous pour boire un peu du lait maternel ; parce que je crois que vous en aurez toujours besoin. En attendant, je vous demande une grande clémence pour ce que je vous ai fait... Me pardonnez-vous ?

Malgré que les enfants fussent très étonnés par le changement presque brutal de l'attitude de leur père ils répondirent tous positivement.

- Pa', je m'excuse aussi, ajouta Rachel, pour avoir utilisé des gros mots devant toi, aujourd'hui ou pendant tout le temps que j'étais inconsciente de ce que je faisais.
- Ne t'en fais pas, ma fille, oublie seulement tout ça. Beaucoup de ça était de ma faute et il faut que je

me rachète pour tout ce que j'ai détruit en toi. Allez, viens dans mes bras vite, petite sotte.

Rachel était très heureuse d'entendre son père parler de la sorte. Pour la première fois il la serra très fort dans ses bras et la couvrit de bisous.

Sans attendre leurs restes, Odile et même Patrick se jetèrent dans les bras de leur père – ils l'étouffèrent presque. A son tour Papa Philip les étreignit avec un amour paternel qu'il avait oublié existait en lui.

Ce fut vraiment une bonne soirée pour la famille de Rachel, pleine de joie et d'amour familiale.

- Bien alors, j'ai compris tout ce qui vous fait mal et je veux bien arranger cela. Soyez tranquille, j'essayerai à changer de vie et à vivre calmement – sans boire ! Papa Philip conclut. Allez maintenant vous reposer, il leur dit avec un sourire satisfait.

Une fois que les trois enfants étaient remontés dans leurs chambres, Maman Berthe et Papa Philip se regardèrent avec un mélange de satisfaction et de crainte – ils venaient de réaliser que leur vie avait tourné le coin, qu'elle allait changer, et ils étaient un peu inquiets de savoir comment faire maintenant que tout allait être différent.

- Berthe, que faisons-nous maintenant ? Je veux dire, nous avons réparé les dégâts – alors qu'est-ce qu'on fait maintenant ?
- Oui, comme tu l'as dit, nous avons réparé les dégâts – pour le moment de toutes manières. Et je suis très heureuse de voir un peu de joie dans notre foyer. Il y a si longtemps depuis que nous étions heureux…
- Tu sais, Berthe, ça fait bien longtemps aussi depuis que je t'ai prise dans mes bras et que je t'ai embrassée. Pourquoi ne viens-tu pas t'asseoir à côté de moi pour un petit câlin ? Je pense que nous avons, nous aussi, besoin d'un peu d'affection.

Berthe alla s'asseoir sur le bras du fauteuil, un peu timide, étant donné que le couple n'avait eu de contacts sensuels depuis très longtemps. Elle se glissa sur ses genoux aisément.

- C'est tellement bon d'être dans tes bras, Philip, murmura-t-elle à l'oreille de son mari entre deux baisers.

Ce soir là, Papa Philip embrassa Maman Berthe avec ferveur et amour – il était heureux, comme il ne l'avait jamais été depuis que l'alcool l'avait séduit.

Oui, cette nuit là fut une nuit mémorable pour la famille de Rachel. Ils s'étaient retrouvés et ils avaient retrouvé ce qu'ils avaient perdu aux mains de l'égoïsme et de la mésentente – l'amour ! Parce que *Celui qui poursuit la justice et l'amour trouve la vie, la justice et la gloire.*[12]

[12] Proverbes 21:21

La désolation

*M*on père n'était pas là, et comme ma mère était déjà partie à Lubumbashi, je me sentis seule. Pendant que je faisais la vaisselle et le ménage après avoir servi le repas, je pensais à nos conversations, les questions, les répliques, les réponses de mon père, et aussi celles d'Alain. Et j'avais rendez vous avec Alain... Je me fis belle, alors très belle, à vrai dire, je n'en croyais même pas ma réflexion dans le miroir.

- Michel, je vais voir Alain. Si on me cherchait, je suis là-bas, chez eux, j'ai déjà fait à manger pour toi et c'est servi, lui dis-je avant de sortir.
- Pamela, donnes-moi d'abord cinq francs veux-tu ?
- Mais, Michel, Maman t'avait donné vingt francs ce matin ! Qu'en as-tu fait pour que tu me demandes encore cinq francs?
- Si je te les demande, c'est parce que j'en ai besoin, Pamela. Si tu n'en as pas, ce n'est pas grave.
- Vas dans ma chambre, sur la petite tablette, il y a dix francs. Tu n'en prends uniquement que cinq, tu as compris ?
- Ne t'alarme pas, ma chère !

Je pris un taxi. Le jeune chauffeur avait des yeux ronds qui lui donnaient un regard effaré. Il avait une moustache mal soignée et des cheveux gras – une allure plutôt malsaine. Avec ses pantalons crasseux et une chemise souillée, il ne m'inspirait aucune confiance.

Assise sur le siège arrière, je dis :

- Monsieur, sur l'avenue de l'indépendance, dix-huitièmes numéros, je vous prie.

Il m'examina dans le rétroviseur.

- Demoiselle, vous savez que vous êtes très jolie.

- Je vous en prie, monsieur, répondis-je un peu étonnée de son comportement.
- Puis-je vous demander une chose, demoiselle ?
- Allez-y, monsieur.
- Comment vous appelez-vous ?
- Est-ce que ça a vraiment de l'importance, monsieur ?
- Je vous aime ! déclara-t-il sans aucun gène. Je veux vous baiser à en mourir. Si cela vous plaît, il y a un hôtel en face je vous donnerai cinquante francs !
- Monsieur, êtes-vous fou ou quoi ? Est-ce que j'ai l'air d'une pute, moi ? Faites votre travail et limitez-vous là. Vous courez n'importe qui, parce que vous conduisez un taxi ? Arrêtez cette voiture ! Je dis, arrêtez-vous, tout de suite ou j'appelle la police.

La menace d'appeler la police avait du faire son effet, car il s'arrêta immédiatement.

- Prenez, et gardez la monnaie, lui dis-je en sortant de sa voiture. Ne recommencez plus, je préfère marcher qu'entendre vos sottises.

Heureusement, je n'étais qu'à cinq cents mettre de chez Alain. Il faisait très chaud. J'enlevai mon pull-over et je continuai mon chemin jusque devant la porte de mon fiancé. J'arrivai chez eux, fatiguée et essoufflée. Je repris mon souffle et frappai à la porte. Ce qui m'attendait après ça fut très difficile à digérer !

- Où est-il parti ? demandai-je à sa petite sœur, Rosine, lorsqu'elle m'accueillit et me dit qu'Alain était sorti.
- Je n'en sais rien, il ne m'a rien dit. Je crois qu'il ne tardera pas à rentrer, dit-elle. Elle semblait très sûre de son grand frère.
- Entres, Pamela, tu peux l'attendre si tu veux ?
- Oui, si ça ne dérange pas. Mais donnes-moi à boire, s'il te plaît. J'ai marché depuis la rue des manguiers et je te dis, avec cette chaleur...

- Pas de problème. Vas t'asseoir au salon..., j'arrive.

Elle me donna une bouteille de Coca Cola bien fraîche et me mit un film, *Delta force II* avec Chuck Norris. Nous regardâmes le film jusqu'à la fin – et Alain n'était toujours pas de retour ! Un fait qui m'agaça de plus en plus. Rosine voulut me mettre un autre film mais je refusai.

- Ne te fatigue pas, Rosine, je vais rentrer à la maison. Alain m'a fait faux-pas. S'il rentrait, tu lui diras que je suis désolée mais il fallait que je rentre. Et dis lui aussi que j'étais venue comme convenu.

Avant que je ne sorte, je vis Alain venir, par la fenêtre.

- Attends, Pamela, je crois l'avoir vu venir, me dit Rosine.

Mon cœur faisait tellement mal que je ne savais pas quoi dire. Instinctivement, j'avais peur de ce qu'il allait m'annoncer.

- Pamela, ma chérie, est-ce que ça fait longtemps que tu es ici ? dit-il d'un air désinvolte.

J'étais furieuse ! Je ne répondis pas à sa question.

- Ne te fâche pas, Pamela, j'étais tout près ici. J'arrangeais une petite affaire. Eh bien, racontes, ça va ?
- Que veux-tu que je te dise ? Je vais bien. Seulement je me sens mal à l'aise, ensuite j'ai peur.
- Tu as peur de quoi ? Tu as fait une idiotie ou quoi ?
- Qu'est-ce que tu crois ? D'ailleurs ce n'est rien, n'en parlons plus, je t'en prie.
- Pamela ! Pamela ! Pamela ! Viens, suis-moi.

Je le suivis jusque dans sa chambre. On s'assit tête-à-tête.

- Pamela, parles-moi de ton père. Qu'est-ce qu'il en tête à propos de toi et moi ?

- Ecoutes, Alain, mon père doute de toi. Il ne te veut pas.
- Mais pourquoi ne veut-il pas de moi ? Et ta mère ?
- Elle dit que... Euh ! C'est comme je te l'avais dit hier, non ? Ma mère t'aime bien..., elle est partie à Lubumbashi.
- Que t'a-t-elle conseillée à propos de ça ?
- Elle m'a dit que je suis autonome et de faire mon choix. L'amour ne concerne que les deux personnes en jeu. Mais, Alain...
- Mais, Alain, quoi ? Que veux-tu dire ?
- Non rien.
- Alors, toi, Pamela, qu'elle-est ta décision ?
- Je t'aime, Alain, mais mon père...
- Très bien, Pamela. Ecoutes-moi bien maintenant. Je ne comprends rien à ton attitude. Quelqu'un t'aime, que tu acceptes et après tu lui fous la nuque contre le mur parce que papa ne l'aime pas ! Ta vie ne doit pas être vécue par quelqu'un d'autre, ta vie doit être vécue par toi seule. Tu ne dois pas vivre pour une autre personne, tu fais ta vie seule. Bon, à partir de maintenant, ce n'est plus un fait que nous soyons fiancés. Tu es libre de me lâcher ou de patienter, où soit de dire carrément et sincèrement 'non', à ton père. Moi, je patienterai. Je verrai d'abord ce qui se passera avec toi. C'est vrai que je t'aime, Pamela. Pour beaucoup, l'amour n'est qu'un jeu. Tout le monde s'amuse et tout le monde joue pour quelques temps. Lorsque le jeu est fini, tout le monde s'en va. Il y a toujours eu un gagnant qui est heureux et réjouissant, et il y a aussi un perdant qui se lamente et pleure. N'est-ce pas ? Je te lâche simplement parce que tu veux qu'on fasse notre vie sous l'égide de ton père. Le jour où tu en décideras autrement, je te reprendrai. Il faut que ton père change son point de vue envers moi, d'abord. Et puisque tu veux jouer au jeu de

l'amour, je préfère être perdant que gagnant. Ton père n'aura qu'à se réjouir de ton malheur et du mien.

- Mais, Alain, tu sais que je suis en train de préparer mon baccalauréat ; nous allons débuter le mois prochain. Et toi tu veux casser nos fiançailles maintenant !?
- Pamela, je vieillis ! Ma vie est difficile, je ne sais pas m'en sortir, vraiment je ne sais presque plus ou aller et que faire, sinon me confier à l'Eternel. Je viens à toi te parler de mon amour, de mon affection primesautière et te donner totalement mon amour, et toi, tu me déçois – pour ton père ! Tu viens avec des « papa a dit ceci, papa a dit cela... » Non, Pamela ! Tu me laisses pour quelques semaines ou quelques mois. Le moment viendra ou je viendrai te voir, et si je t'intéresse encore, nous pourrons renouveler notre amour. Entre temps, essaies de convaincre ton père, je t'en prie. Ensuite... Attends une minute..., tu as dit que ta mère est partie pour Lubumbashi, non ?
- Euh ! Oui c'est ce que j'ai dit.
- Ah ! Voilà j'y suis. J'ai compris, ce n'est pas mal ça !
- Mais de quoi est-ce que tu parles ? Qu'est-ce qu'il y a ?
- Non, non – je viens juste de me rendre compte que ton père est très malin ; il est pire qu'un aventurier, lui.
- Alain, je ne te permettrai pas parler de la sorte de mon père.
- Je ne le moque pas, Pamela. Sauf que toi, tu es plus attachée à lui, et ça te touche plus vite. Si tu veux être ma femme, écoutes-moi. Ton père déconne avec une femme qui chante dans la chorale de l'église, tu sais cela, non ? Je n'en dirai pas plus. Tu dois faire attention à toi, Pamela. Je

crois que ta mère a compris son jeu et c'est pour ça qu'elle est partie à Lubumbashi. Tu lui poseras la question si tu veux.

- Alain, ne me sacrifie pas, ne me quitte pas, s'il te plaît !
- Je ne t'abandonne pas, Pamela, je te laisse seulement le temps de réfléchir. C'est notre vie à nous, *notre vie*, as-tu compris ? Viens, je te raccompagne chez toi.
- Mais, Alain, je ne tiens pas à partir comme ça... C'est comme si tu me chassais de chez toi. Je suis vraiment désolée....
- Ce n'est pas grave, mais tu dois quand même rentrer chez toi – il se fait tard.

Je ne voulais pas partir. Je ne voulais pas le quitter. Je pleurais, mes yeux étaient tout rouges.

- Alain, je t'en prie..., plaidai-je, donc tu veux m'humilier en me chassant ?
- Nooonnn ! Loin de là. Pourquoi te chasserais-je ?

Il me tint aux hanches, me caressa lentement. Il fit signe à Rosine de m'emmener.

- Allons, on va prendre un taxi, dit-il, me prenant le bras fermement et m'emmenant vers la porte.
- Non, je préfère marcher et je ne veux pas que ta petite sœur nous accompagne.
- Pourquoi pas ? Rosine doit venir avec nous...

Nous étions déjà dehors, et sans demander mon avis ou ne même pas écouter ce que j'avais dit, il appela un taxi.

- Non, Alain, je ne prends pas de taxi, répliquai-je, haussant un peu la voix. Il me regarda curieusement mais il dit à sa petite sœur de rentrer à la maison. Nous partîmes seuls.
- Je préfère que tu me serres très fort. C'est qu'il fit sans discussion.

Il m'inspira encore comme d'habitude. Il m'ouvrit le cœur et maintenant il me le refermait. C'est à ce moment là que je sentis mon cœur s'alourdir. J'eus tellement mal que je ne savais même plus pleurer.

- Qu'est-ce qu'il y a, Pamela ? demanda Michel lorsque je franchis la porte.
- Rien, Michel. Est-ce que papa est là ?
- Hum ! Non, Il n'est pas encore là, répondit-il. Mais, Pamela, on dirait que tu as pleuré ! Que me caches-tu ? Un problème ?
- Michel, papa ne veut pas d'Alain. Tu as compris ça, je crois.
- Qu'a-t-il fait ? Il ne l'aime pas ?
- Non, je ne sais pas très bien ce que papa insinue à son égard. Mais ce n'est pas grave, ça ira..., je crois.
- Mais toi, qu'en dis-tu ? Si papa ne veut pas de ton fiancé, c'est à toi de lui tenir tête, parce que tu sais, en matière d'amour...
- Michel, n'est-ce pas la Bible qui dit que les enfants doivent obéir leurs parents pour avoir une longue vie et une grande bénédiction ?[13]
- Pamela, ne me racontes pas ces histoires là ! La même Bible dit que les parents n'ont pas le droit d'irriter leurs enfants mais de les instruire avec considération. Te rappelles-tu de ce que maman nous enseignait lorsque nous étions petits ? Toi, ton problème, c'est que tu écoutes papa plus qu'autre chose. Montres-lui que tu aimes vraiment ton fiancé, tel qu'il est. Mais il faut que tu te battes pour cela. Je crois que ton souci est que tu veux que papa vous dirige toi et Alain – parce que il te semble que les choses seraient plus faciles comme ça. Non, ma sœur, papa a sa vie, toi tu as la tienne.
- Tu as fini, Michel ! Je ne veux plus rien entendre !

---

[13] Ephésien 6:1-4

- Tu vois, c'est ça ton problème avec moi. Lorsque je te dis quelque chose, même si c'est important, tu veux toujours mettre tous mes conseils de côté parce que c'est plus facile de ne pas m'écouter. Mais, je crois que tu sais que j'ai totalement raison et...
- Tais-toi Michel, c'est fini. Allons manger.
- Laisses-moi finir ma phrase, Pamela ! Pourquoi ne veux-tu jamais écouter ce que je te dis ? Dis-moi d'abord que j'ai raison.
- Oui, oui, tu as raison, mon Dieu ! Juste arrêtes d'en parler, je t'en prie.
- Merci de m'avoir écouté, Pamela. Mais ce n'est pas tout d'écouter il faut aussi que tu réfléchisses à ce que je t'ai dit.
- Michel, s'il te plaît! ARRETES, nom d'un chien !
- Bien, bien, à vos ordres, princesse.
- Je haussai les épaules.

Apres avoir mangé, Michel et moi devions aller dormir, mais je voulus attendre le retour de mon père. Il était une heure du matin et il n'était toujours pas rentré. J'allai au lit sans trouver du sommeil. Vers quatre heures, je pris un cachet pour dormir et je me réveillai le lendemain à dix heures du matin. Mes yeux étaient gonflés de larmes, et j'étais très fatiguée. Je pris ma douche froide, et décidai de m'absenter des cours ce jour là – il me fallait une détente.

Une fois habillée je m'étais allongée sur le sofa et je regardai un film comique pour me changer les idées.

C'était seulement vers la fin du film que mon père apparut pour interrompre mon repos.

- Pamela pourquoi n'es-tu pas aux cours?
- Pa' je me sens mal, répondis-je en le fixant.

A ma surprise la sœur Hortense, était là aussi – plantée à ses côtés ! Sans mentir, Hortense était une très jolie femme ; grande, mince, bien habillée, mais c'était ses yeux qui me donnaient la chair de poule. Ils étaient froids, hypnotisant comme ceux d'une vipère. Et sa voix, pour le peu qu'elle eu dit, était glaçante.

- Qu'est-ce qu'il y a ? Il n'y a pas cours aujourd'hui ? Qu'est-ce que tu as ?
- Pa' je veux te parler seul, s'il te plaît.

Nous quittâmes le salon pour se retrouver dans son bureau.

- Pa', j'aime Alain tel qu'il est, déclarai-je sans attendre.
- Mais comment ? Et c'est pour ça que tu n'es pas partie à l'école ?
- Mais non, mais non...
- Alors ?
- C'est parce que je t'ai attendu toute la nuit.

En me regardant d'un air à la fois étonné et agacé, il me dit :

- Je m'excuse, Pamela. J'aurais du t'avertir. J'étais sorti..., j'étais quelque part. C'est tout ?
- Non, Pa' ! A propos d'Alain, pourquoi veux-tu me l'arracher ? Nous avons eu une discussion hier et c'est fini entre lui et moi. Mais pourquoi me faire ça ? C'est là où je ne te comprends pas. Je t'ai toujours écoutée et obéie. Il m'a beaucoup aidé en tout, pourquoi devais-je rompre avec lui de la sorte ? Ça m'a fait vraiment mal de devoir casser mes fiançailles...
- Calmes-toi, Pamela. Essaies d'oublier cet homme... D'ailleurs, on verra..., quand ta mère reviendra. Ensuite, saches que j'ai des projets pour toi. Je veux que tu ailles en Afrique du sud. Tu es très jolie, tu as toutes les qualités d'une bonne épouse et d'une femme qui aura un très bon avenir. Il y aura toujours quelqu'un pour toi, mais ce ne sera pas ce fameux Alain. Nous attendrons ta mère et à son retour on en reparlera – nous prendrons une décision.

Attendre ma mère..., prendre une décision..., aller en Afrique du Sud..., un autre homme que ce « fameux »

Alain... C'en était trop ! Mes pensées se bousculaient – tout cela n'avait pas de sens. Mais mon père me sorti des ténèbres en disant :

- Prend cet argent... Il me tendit un billet, et achète de bonnes choses pour nous faire à manger.

Je le regardai, époustouflée. Comment était-il possible que mon père soit aussi calleux ?

Mais j'avais une autre question qui me brûlait les lèvres.

- Pa', c'est qui cette femme avec toi ?
- Mais tu la connais, non ? Elle chante à la chorale dans l'église.

Sans ajouter un autre mot, j'allai à la cuisine. J'y trouvai Collette, la femme de ménage. Je lui tendis l'argent que mon père m'avait donné pour qu'elle aille chercher ce qui manquait dans le frigo.

Lorsque Collette rentra, on se mit à faire la cuisine et nous leurs servîmes un excellent repas.

Je m'assis à part et je les observai. Ils mangèrent de bon appétit en parlant bruyamment – cela me dégoûtait. Je vis mon père toucher cette femme tout au long du repas et je remarquai des choses qu'il ne faisait même pas avec ma mère.

Une fois rassasié, et sans un mot de remerciement, mon père se tourna vers moi et me dit :

- Pamela, je m'en vais maintenant et je ne pense pas revenir avant demain soir – je dois faire un saut à Likasi.

Je lui tournai le dos, et sans un mot je les laissai partir.

Lorsqu'on entendit la porte se refermer, Collette intervint.

- Pamela, il faut prendre soins de ton père. Parce que je crois que c'est un danger qu'il apporte là.
- Tu as raison, Collette, mais que veux-tu que je fasse moi ? C'est mon père, et je ne suis que sa fille. Il m'a arraché mon fiancé et maintenant il veut m'arracher ma mère.

- Si ça continue comme ça, il faudra que je parte aussi.
- Quoi ? Qu'est-ce que tu dis là, Collette ?
- Rien de spécial, c'était seulement une façon de parler.

Et elle alla finir son travail.

Plus Hortense venait à la maison, plus je commençais à m'intéresser à elle. Des fois elle dormait à la maison et prenait les habits de mon père pour les lessiver.

En fin de journée, Michel revint de l'école.

- Pamela j'ai très faim, m'annonça-t-il en passant la porte.
- Sers-toi, Momat, tout est à la cuisine, lui répondis-je.
- Momat ! Pamela, ne m'appelle jamais comme ça. Tu sais bien que je n'aime pas ce nom là. D'abord, pourquoi n'étais-tu pas allée à l'école ?
- J'étais trop fatiguée, et en plus, je me suis réveillée vers dix heures du matin, je ne savais plus y aller. Vas manger, moi je mangerai après.
- Est-ce que papa est rentré la nuit dernière ?
- Hum ! Oui..., ce matin !
- Quoi ? Ce matin ? Il est encore ici ?
- Non, il vient de sortir encore avec une dame.
- Une dame ? Tu veux blaguer !
- Non, je suis sérieuse. Tu connais la femme qui chante à la chorale dans l'église ?
- Tu veux dire que Pa' sort avec elle ?
- Je ne sais pas, mais cette femme, c'est une vipère, je te dis.
- Oui, je vois maintenant comment les parents, eux, exercent leur liberté et jouent avec leur affection. Dis-moi un peu, Pamela, pourquoi Ma' est-elle partie comme ça ? Tu crois qu'elle avait soupçonné quelque chose de la sorte ?

- Je ne sais pas, Michel, j'ignore autant ce qui s'est passé que toi. Mais vas donc manger maintenant – ça me donnera l'occasion de me reposer un peu...

Je me mis une musique en sourdine et je m'endormis. Soudain, Michel me réveilla.

- Michel, pourquoi me réveilles-tu ? Laisses-moi me reposer, veux-tu ?
- Mais, Pamela ! Ce n'est pas moi. Il y a quelqu'un pour toi.

Je me ressaisis et je me redressai. Là, devant moi, se tenait un homme aux yeux foncés, barbus, bien soigné – heureusement. *Je crois avoir vu cette tête à l'église,* me dis-je, en toisant l'intrus.

- Oh, bonjour, frère ! dis-je en essuyant les derniers vestiges de sommeil de mes yeux.
- Bonjour ma sœur, comment allez-vous ? me répondit-il en souriant amiablement.
- Euh! Très bien merci et vous..., c'est... frère ?
- Frère Sylvain... Et me regardant d'un air moqueur, il ajouta, vous oubliez facilement... Ca vous arrive souvent d'oublier comme cela ?

Oui, j'oublie toujours le nom de gens qui ne m'intéresse pas et qui s'introduise chez moi sans invitation, allai-je répondre grossièrement, mais à la place, je dis :

- Oh ! Non... pas du tout....
- Je crois qu'on avait fait connaissance à l'église, si je ne me trompe pas. Je m'appelle Sylvain...
- Oui, je vous ai entendu la première fois, frère Sylvain. Et si vous, vous n'oublier pas les noms aussi facilement que moi, vous devez vous rappeler que je m'appelle Pamela... Et maintenant dites-moi pourquoi vous êtes ici.
- C'est simplement, euh ! ... juste une petite visite. J'étais avec ton père cet après-midi et il m'a dit que je pouvais passer te saluer..., que tu étais là de toutes manières.

Donc mon père donne maintenant la clé à tout le monde, « elle est là, passez seulement ! » *C'est ridicule !*

Je n'aime pas – en fait, je déteste – les gens qui veulent s'infiltrer dans ma vie, même si mon père n'y voit pas d'inconvénient.

- Oui, je suis là ! Et maintenant que vous m'avez saluée, qu'est-ce qui vous amène ici ?
- Rien du tout, non... c'est-à-dire que votre père... non, je lui ai demandé si vous étiez là et...

Mais qu'est-ce qu'il a derrière la tête, ce type ?

- Ah ! Vous avez là une bonne musique... Qui chante ?
- Mais de quoi est-ce que... n'importe quoi... c'est Whitney Houston.

Il commençait vraiment à m'énerver. J'étais prête à lui cracher toutes sortes de mots à la figure tellement il m'agaçait.

Houston ? J'aime ça... Savez-vous danser ?

- NON, je ne sais pas danser.
- Allons, viens ! Je vais t'apprendre à danser.
- Frère Sylvain, vous êtes vraiment sans gène ! Je n'ai jamais dansé, même pas avec Alain ! Alors, qu'est-ce qui vous fait penser que je vais commencer par vous ?
- D'accord, d'accord, pas de problème. À propos, Alain, comment va-t-il ?
- Il va très bien. Que voulez que je vous dise ?
- Pamela, ma sœur, sais-tu que ton fameux Alain te ment ? C'est un écumeur, un intrigant, un flibustier, un corsaire... et je ne sais quoi encore. Euh ! C'est un plagiaire, un détrousseur de haute renommée. Ne l'écoute pas, même s'il veut te persuader. Je sais tout ce qui s'est passé, ton père ne veut pas de lui, et même toi, tu ne l'aimes pas trop, alors, je t'en prie, sois raisonnable et vois les choses en face.

- Bien... Mais vous, vous êtes un frère en Christ, vous priez avec lui, que me suggérez-vous, dans pareilles circonstances ?
- C'est très simple, dit-il, la solution, c'est moi !

  Lui ! Ce barbu, ce malotru ! Il est bourré ou quoi ?
- Je t'aime ! Je t'ai toujours aimé et j'en ai parlé à ton père. Il m'a dit que c'était mieux de t'en parler seul-à-seul. Tu sais, j'étudie et je réussis déjà dans ma vie – pas comme Alain.

  Et culotté en plus !
- Tout ça c'est très bien, frère, mais qu'est-ce que vous voulez au juste ? ... Non, ce n'est pas la peine de me répondre... Je sais déjà où voulez en venir... Et donc mon père est derrière tout ceci ! Et croyez-vous, pour un instant, que je pourrais vous épouser ? Vous vous foutez le doigt dans l'œil ! Croyez-vous que j'ai pris Alain pour l'argent ou les études ? Je sais qu'il réussira dans sa vie, et d'ailleurs, je n'ai pas à de compte à vous rendre à ce sujet. C'est vraiment honteux !
- Et moi, par contre, je veux moi te prendre en mariage, il insista, je veux être ton mari, ton époux, Pamela !
- Frère Sylvain vous êtes sage à louer, lui dis-je en souriant. *Il va voir de quel bois je me chauffe !* Venez, suivez-moi, ajoutai-je en le prenant par la main.

Il me suivit, et lorsqu'on était dehors – il croyait que peut-être que nous allions faire une petite promenade – je lui dis ce que j'avais sur le cœur.

- Un frère en Christ comme vous me dire des choses comme ça à propos d'Alain ! Votre ami a des problèmes, et au lieu de l'aider vous ne faites qu'aggraver son cas avec des mensonges. La Bible dit : « Portez les fardeaux les uns pour les autres, et vous accomplirez ainsi la loi de Christ. » [14]

---

[14] Galates 6:1:6

N'est-ce pas ? dis-je, le fixant. Vous venez chez moi ! Vous le détruisez juste en espérant prendre sa place ? Non seulement vous avez un culot monstre mais vous êtes méchant. Dieu n'aime pas des serviteurs comme vous. Allez vous-en, que je ne vous revoie plus ici. Vous me dégoûtez, allez-vous-en !

Je ne me rappelle plus ce qu'il avait répondu – ça ne m'intéressait d'ailleurs pas. Je lui refermai la porte au nez et allai m'asseoir au salon – effondrée.

Alain est sérieux, je le sens, si on s'est séparé, c'est parce que mon père y a mis la main dessus. Mais pourquoi mon père ne voulait-il pas d'Alain ?

Comme j'étais une trouillarde, une pusillanime, une fainéante, j'acceptais n'importe quoi de mon père. Pendant que mon père, lui, s'éclipsait avec Mademoiselle Hortense ; des fois il dormait chez elle, parce qu'elle était célibataire, les autres jours ils allaient à l'hôtel. Presque tout le monde sut que mon père s'était fait de Mademoiselle Hortense, sa maitresse. Et mon père répondait aux critiques, disant qu'il aimait qui il voulait, et comme il voulait ! N'était-il pas libertin donc, avec ses sentiments ? Il oubliait, que ce fut le même cas pour moi. Comment se faisait-il que les parents ne laissaient pas aux enfants la liberté de faire leur choix – d'aimer qui ils voulaient, comme ils voulaient ?

Bien sur, ma mère eut vent de ce qui se passait à Lubumbashi ; elle fut très touchée.

Entre temps, nous eûmes de sérieux problèmes pour manger. Mon père ne nous donnait plus l'argent pour le ménage comme avant. Il changea sa manière de vivre, il ne s'inquiétait plus de nous, ses enfants ; tout ce qu'il faisait était pour la rivale de ma pauvre mère. Cela jusqu'au point où il eut encaissé des dossiers au service à l'OCC, et pour éviter les répercussions, il planifia de démissionner.

Vers dix-sept heures, Rachel vint me voir.

- Pamela, pourquoi n'étais-tu pas venue à l'école aujourd'hui ? Tu es malade ?
- Non, Rachel, j'ai un problème de cœur.
- Un problème de cœur ? Mais...
- Oui, un problème de cœur... Tu sais, Rachel, si tu aimes quelque chose et qu'on te l'arrache... tu vois ce que ça donne ? Et si tu t'engages dans l'amour, il ne faut pas le décevoir, sinon tu piques des crises. Si tu veux t'engager, engages-toi sérieusement, sinon arrêtes. Tu peux même mourir... C'est compliqué cette histoire.
- Pamela, jusque là, je n'ai rien compris de ce que tu me dis. Ce que tu me racontes là, c'est ce qui t'a empêché de venir à l'école ou quoi ?
- Non, Rachel, je me suis réveillée tard ; j'attendais le retour de mon père, voilà.
- Alors ? Ton père a voyagé ou quoi ? Et il fallait vraiment que tu l'attendes ?
- Pas trop vite, Rachel. Pourquoi tant de questions ? C'est comme si tu étais une de ces journalistes qui cherchent à tout savoir ? Tout va comme ça peut aller, sauf que je pense beaucoup à Alain. Il s'est décidé à me mettre à la porte après que nous ayons échangé des paroles et que nous ayons cassé nos fiançailles ; disons que c'est lui, qui a arrêté notre engagement.
- Mais, pourquoi ? Qu'as-tu fait ?
- Oh ! Rachel tu le sais bien, j'ai rien fait. Mais mon père, lui, ne veut plus entendre parler d'Alain, voila tout. Ne t'avais-je pas tenu au courant ? On le soupçonne et même l'incrimine de n'importe quoi, et on dit que c'est un écumeur, un fanfaron, etc. Moi, je ne suis pas d'accord avec tout ça, je te dis, Rachel, il y a anguille sous roche. Tu te rappelles lorsque je suis allée chez lui avec des excitants sexuels pour le séduire ?
- Oui, et alors, que c'est il passé ?

- Rien du tout ! C'est ça, Rachel ! *Il ne s'est rien passé !* Si Alain était l'aventurier ou le coureur de jupons dont on le qualifie, ne m'aurait-il pas prise sur le champ ? Crois-moi, il n'aurait pas manqué l'aubaine. Je n'arrive pas à croire tout ce qu'on raconte de lui. Je sais qu'on l'aime de partout, tout le monde veut s'attacher à lui, sympathiser avec lui, quoi. Moi, je l'aime bien et je sais qu'il me reviendra, mais...
- Pamela, quand toi, tu parles avec conviction, après tu ajoutes toujours des 'mais', alors je doute de toi. Il ne faut pas le faire souffrir. Chaque fois tu m'enseignes comment prendre une décision, aimer selon son choix, ainsi de suite. Pourquoi toi, tu m'enseignes des choses que tu n'appliques pas ?
- Je sais, mais toi et moi, nous avons besoin d'enseignement ; il n'y a pas d'experts dans ce domaine. Mais ensemble nous allons faire l'effort de tenir ferme. Alain m'a toujours dit qu'on apprend en enseignant. Comprends-moi, Rachel, je ne veux pas perdre Alain.
- Mais comment peux-tu me dire que tu ne veux pas perdre Alain ? Tout ce que je constate c'est que tu es plus attachée à ce que ton père te dit qu'à ton amour pour Alain. Si tu prenais une décision ferme, tu ne souffriras pas. En plus, tu sais qu'Alain t'aime et qu'il te donne encore une autre chance, alors vas et prends ta chance avec lui. Tu sais que tu es responsable de tout ce qui se passe ?
- Comment ça ?
- Parce que tu ne sais pas prendre une décision devant ton père à propos d'Alain, et je vois que c'est ton père qui décide à ta place, n'est-ce pas ?
- Je ne sais pas, que veux-tu que je te dise ? Je sais qu'Alain me reviendra, c'est tout.

- Pamela, parlons d'autres choses veux-tu ? Où est ta mère ?
- Tu dis des choses comme si tu ne savais rien ! Tu sais qu'elle est partie à Lubumbashi. D'ailleurs, elle revient d'ici la fin du mois, je crois...
- Pamela, tu sais que Michel sort avec Odile ?
- Je les soupçonne seulement, mais je n'ai pas des preuves.
- Moi, si. Tu sais, je nettoyais et arrangeais la chambre d'Odile l'autre jour et j'ai trouvé des lettres d'amour signées 'Michel' et quelques brouillons signés 'Odile'. Je lui ai posé la question, elle m'a dit que c'est vrai, ils ont des projets. J'ai essayé de la conseiller pour qu'elle examine dans quel pétrin elle allait se mettre si les choses allaient trop loin, elle m'a répondu insolemment, « Comment se fait-il qu'un fruit pourri peut mûrir les autres fruits pourris ? Vas au diable avec tes conseils, laisses-moi aussi aimer », avait-elle dit.
- Rachel, si tu veux conseiller quelqu'un, il faut y aller avec douceur, sinon personnes ne t'écoutera. Et tu sais, le problème d'Alain..., Oh, je m'excuse..., ça te dérange qu'on parle encore de...
- Non, non, vas-y.
- Tu sais, malgré que je croie en ce que mon père raconte, il y a aussi des gens qui parlent de ça. Alors, est-ce que tout le monde ment ? A peine trente minutes avant que tu ne viennes, un frère en Christ, qui prie avec Alain, frère Sylvain, est venu me parler d'Alain...pour te dire..., je te dis, je ne sais plus à qui me fier. Tout ça c'est louche, ne trouves-tu pas ? Je sens qu'Alain m'aime et me veut.
- Alors, qu'est-ce que ton père préconise maintenant ?
- C'est difficile à savoir. Mais je lui ai parlé aujourd'hui, il m'a dit qu'on attende le retour de maman.

Nous restâmes à parler toute la soirée. C'était réconfortant de pouvoir parler à cœur ouvert avec mon amie, Rachel. Elle me comprenait très bien.

Nous devions présenter les examens d'état. Pour moi c'était difficile de me concentrer – je n'avais qu'Alain, les racontars, la demoiselle Hortense et mon père en tête. Mais avant de passer les examens, Alain vint me voir à la maison. Il y trouva Michel, il parla un peu avec lui et celui-ci vint me chercher dans ma chambre. Je l'avais vu déjà et même lorsqu'il parlait à Michel, j'étais très contente d'entendre sa voix. Mon cœur battait à la chamade... Mais je me demandais pourquoi était-il venu? Qu'est-ce qu'il était venu m'annoncer ? Avant de descendre, je me suis maquillée, j'ai arrangé mes cheveux....

- Pamela, Alain est en bas, Michel me dit. Que fais-tu encore là-dedans ?
- Je sais, Michel, je viens dans deux minutes. Occupes-le en attendant.

Je ne fis qu'aller de gauche à droite, de la chambre à la salle de bain, sans pouvoir me décider... Je me décidai enfin d'y aller.

- Salut Alain !

Il était encore debout et me regarda lui lancer un bisou, sans bouger. Je ne savais pas s'il était étonné de me voir, de recevoir un bisou ou pourquoi il avait cet air surpris.

- Pourquoi n'es-tu pas assis ? Je t'en prie, assieds-toi.
- Pamela, j'espère que ça ne te dérange pas que je sois venu te voir ?
- Oui, un peu, répondis-je.

Parce que je devais maintenant me méfier. Il fallait que je réponde avec prudence et un peu d'indifférence. C'était la seule façon et la meilleure stratégie, à mon avis. Pourquoi doit-il venir me voir en ce moment ?

Qu'est-ce qu'il veut encore ? Est-ce qu'il me reprendra ? Tant de questions pareilles qui me tourmentaient.

- Oui, tu as raison de dire que je te dérange un, peu répliqua-t-il. Tu n'as pas confiance... Euh ! Ce n'est pas grave, Pamela, je suis venu pour te remonter le moral et te donner du courage. Tu dois commencer tes examens bientôt, et si tu es distraites, tu vas échouer, alors sois prudente, sois calme et tranquille. Je t'ai amené une Bible. C'est pour toi, lis-la de tout cœur, médites sur les écritures saintes jour et nuit pour agir fidèlement selon tout ce qui y est écrit. C'est alors que tu auras du succès dans tes entreprises. C'est alors que tu réussiras. Prends courage. Sois comme Alain qui dit que la parole de Dieu est une lampe à mes pieds, et une lumière sur mon sentier.[15] Aimes la parole de Dieu plus que toute fortune. La parole de Dieu est juste, il faut haïr toutes voies mensongères. Il ne faut pas que l'iniquité domine en toi. Pamela, affermis tes pas dans la parole de Dieu. Si tu es méprisée, n'oublies pas les ordonnances divines, parce que la justice de Dieu est une justice éternelle. Dieu nous donne l'intelligence pour que nous vivions. Embrasses le de tout cœur, il te donnera ce que ton cœur désire. Invoques-le, il te défendra. Et observes ses statuts, et ses préceptes. Pamela, si tu veux la quiétude, aimes la loi de l'Eternel. Voilà, je t'offre cette Bible qui représente toute ma vie. Je te jure que moi aussi j'observerai les lois de la justice de Dieu. Je suis bien amoindri devant toi – moi qui n'ai pas réussi mes examens –vraiment, je ne sais pas quelle est la volonté de Dieu en ce qui concerne mon destin. Pourquoi doit-il échouer s'il est engagé dans l'œuvre de Dieu ? Beaucoup des

---

[15] Josué 1:8, Ps 119:105

gens se posent cette question. Pour ma part, je suis très calme, j'accepte tout ce qui m'arrive...

Il arrêta de parler un instant puis il continua...

- Pamela, je prie Dieu pour qu'il me rende la vie selon sa parole, et selon sa volonté. C'est tout ce que je peux te dire. Une chose encore, il faut réussir tes examens... Euh... J'espère que je ne t'ai pas ennuyée avec tout ce que je t'ai dit ? Hum !
- Non, non, Alain, je te remercie d'être passé me voir, je n'y croyais vraiment pas.
- Ou est ton père, Pamela ?
- Euh ! ... il est parti à Likasi.
- Ok, c'est bien. Je dois partir maintenant, mais après tes examens, et si tu veux bien, tu pourras peut-être m'aider à encadrer quelques enfants ; je t'expliquerai au moment opportun..., veux-tu ?
- Euh ! Je... Mais pourquoi moi, Alain ?
- Tu veux m'aider oui ou non ?

Cet ultimatum, et sa manière de m'inviter à l'aider me semblait un peu sèche, mais j'acceptai.

- Je veux bien, mais je te ferai signe après la fin des examens.
- Très bien, au revoir.

Il partit, me laissant là, sans que je ne puisse dire un mot.

Vous savez, j'aimais Alain. Je me refreinais de dire n'importe quoi, pour ne pas déconné. Et en plus, il savait bien que mon père était en ville et non à Likasi. J'avais lu ça dans ses yeux. Il savait que j'avais menti. Que voulez-vous que je lui dise? C'est ce que mon père m'avait dit : « Je dois faire un saut à Likasi... » Toujours pour aller coucher avec sa donzelle.

La concubine de mon père

Ma mère tarda à rentrer de voyage. Tant et si bien qu'Hortense s'intégra de plus en plus dans notre demeure. Personne, y compris Michel et moi, ne savait grand-chose à leur propos ou les va-et-vient de mon père.

Entre-temps, Maman m'écrivit une lettre – j'en fus extrêmement heureuse !

Pamela, ma chérie,

Je sais que tu m'attends, mais je ne saurai pas rentrer la semaine prochaine comme prévu. Je viendrai dans deux semaines ou un mois. Néanmoins, prépares-toi sérieusement pour ton bac. Je pense beaucoup à vous là-bas. Comment va Momat ? Est-ce qu'il prépare bien aussi ses examens de fin d'année ? Comment va Alain ? Comment va votre père ? J'ai entendu qu'il vous a trouvé une marâtre ? Bon, ce n'est rien, je viendrai moi-même sur place et on verra quoi.

Salue tout le monde de ma part !

Gros bisous,

Ta maman.

Ce soir là, je devais parler à mon père. Il vint avec la demoiselle Hortense – cette sœur en Christ !

- Mwad, je suis là. Veux-tu venir ?

J'entrai au salon, mais lorsque je vis cette femme, mon cœur frémit. Je me rappelai de ce qu'Alain m'avait dit à son propos.

- Parles, je t'écoute, dit mon père d'un air ennuyer – comme si de m'écouter en était de trop pour lui.

- Mais, Papa..., je voulais te parler seul...
- Quoi ? Hortense est de la famille ! Parles.
- Mais Pa'...
- Mwad, écoutes-moi bien, si tu n'as rien à me dire, tu n'as qu'à t'en aller dormir.

C'était la première fois que mon père me répondit de la sorte.

- Bien, dis-je. Papa, j'aime Alain, alors, ne me pousse pas à faire des bêtises.

Je ne savais quoi dire d'autres. Bafouiller devant cette femme? Il n'en était pas question. Lui parler de Maman ? Non, je ne peux pas me mêler de ça – donc, je préférai me taire.

- Pamela, c'est tout ce que tu avais à me dire ?
- Euh! ...Oui c'est tout.
- Bien, va dormir. Je parlerai à Alain. Après tes examens tu le feras venir, d'accord ?
- En fait, Pa', je veux moi-même lui parler de ce que je veux. Et d'abord de quoi est-ce que tu veux lui parler ?
- Mwad, je te dis que je vais lui parler – point, c'est tout. D'accord ? Alors, laisses-nous et va dormir.

Ils restèrent ensemble toute la soirée. Je ne sais pas si elle partit ou si elle dormit là avec papa. Pour moi, ça me dépassait ! Mon père avec une concubine ! C'était tout à fait incompréhensible à mes yeux – un homme marié depuis plus de vingt ans, avec des grands enfants, une épouse dévouée qui l'adore – mon père trahissait ma mère sans remords, sans gène, comme s'il était totalement inconscient du mal qu'il causait !

Le matin venu, j'allai vite vérifier la chambre des visiteurs – La marâtre n'avait pas dormi à la maison. Ils étaient déjà partis.

Les examens se passèrent sans problème. Quelques semaines plus tard, nous reçûmes nos résultats. Rachel, Mamie et moi avions obtenu notre baccalauréat !

Et comme prévu, après mes examens, je fis venir Alain pour qu'il parle avec mon père.

- Michel, vas, prends cet argent pour un taxi, et fais venir Alain. Tu lui diras que papa veut le voir.

Sans discuter, il partit chercher Alain. Celui-ci lui dit qu'il passerait le dimanche suivant. Ce jour là je m'étais absentée de l'église pour faire un peu de ménage et préparer une table apéritive. J'étais à la cuisine quand soudain mon père arriva seul, pour une fois, et demanda à manger.

- Est-ce qu'Alain est passé ?
- Non, pas encore. Il viendra cet après midi, je crois.

Quoi qu'il en soit, je ne voulais pas entendre cette conversation. Alain lui, ne se contrôle pas, il parle comme il respire. Il était très difficile. S'il disait quelque chose il en restait là et il s'appuyait souvent au passage biblique qui dit, « que votre oui soit oui, et que votre non soit non, tout ce qu'on y ajoute vient du malin. »[16] De ce fait, j'avais peur de ce qu'il allait dire à mon père. Peut-être allait-il parler de la demoiselle Hortense. Je vous dis, Alain ne mâchait pas ses mots. Surtout quand il s'agissait de faire la morale. Encore une fois, mon cœur battit la chamade... je ne voulais même pas savoir si Alain était là. Je voulais tout simplement qu'on me raconte qu'il était venu, avait parlé avec Papa et puis était reparti.

Après avoir mangé, mon père vint frapper à la porte de ma chambre. J'ouvris et il entra.

Sans préambule, il me posa la question :

- Pamela, comment se fait-il que tu ne sais pas parler lorsque Hortense est là ?
- Si, je sais parler... dis-je. Mais...

---

[16] Jacques 5:12

Je n'avais pas eu le temps de finir ma phrase que Michel frappa à la porte.

- Pamela, est-ce que Papa est avec toi ?
- Oui, il est ici. Entres donc.
- Que veux-tu, Michel ?
- Rien, Père, je voulais seulement te parler.
- Bien, Pamela veut me parler, toi tu veux me parler, donc c'est sérieux ! Bon allez y je vous écoute.
- Pa', il y a quelque chose qui cloche, dis-je.
- Hum ! Quoi ?
- C'est à propos de mademoiselle Hortense, répondis-je avec hésitation. Chaque fois que tu nous dis qu'elle est de la famille, c'est difficile à accepter... Tout le monde en parle.
- Tout le monde en parle ? De quoi est-ce que tout le monde parle? Qu'avons-nous fait Mademoiselle Hortense et moi ?
- Mon Dieu, Pa', qu'est-ce que tu veux que je te dise? Tous parlent de vous. Ils parlent de toi personnellement, parce que tu es marié et tu as des grands enfants; comment se fait-il que tu dois t'afficher n'importe où avec une femme célibataire ? Quelle sera la conclusion de tous, crois-tu ? « Regardez moi ça ! Sa femme est absente et il se permet de faire n'importe quoi ». Rends-toi compte de ce que tu fais, quand-même, Pa, c'est comme si tu étais un autre homme. Tu as complètement changé. Quel exemple veux-tu que nous ayons ? En plus tu es entrain de m'arracher l'homme que je veux et tu le traites d'écumeur, et je ne sais quoi encore. D'ailleurs maman m'a écrit, elle voulait savoir ce qui se passait entre toi et Mademoiselle Hortense. Moi, personnellement je ne comprends pas. Tantôt c'est elle qui passe la nuit ici ou c'est toi qui disparais pendant deux ou trois jours. Nous ne savons que penser, vraiment ! Je ne sais pas. Tu n'as qu'à nous dire la vérité...

Je m'excuse, Pa', si je ne peux pas ouvrir la bouche quand Hortense est là, mais c'est difficile...c'est parce que je ne veux pas qu'elle entende ce que je pourrais dire à son propos. Pour te dire la vérité, Pa', j'espère que maman revienne vite, parce que Michel et moi on voit que les choses ne font que s'empirer....

- Ecoutez, interrompit mon père, il n'y a rien qui se passe entre moi et Hortense. C'est seulement les racontars des gens. Michel que voulais-tu dire aussi ?
- Non, Pa' ! Je le coupai à mon tour. Avant que Michel dise quelque chose, je voudrais ajouter ceci : Pa', ne nous considère plus comme des bébés, nous avons grandi et nous voyons et comprenons tout facilement. Les racontars n'émergent que si vraiment il y a quelque chose de déshonorant dans la famille. S'il n'y a pas de liaison entre vous, gloire à Dieu, mais je te dis que je vois comme tu caresses cette femme et même comme tu l'embrasses. Ce sont des choses qu'on ne peut pas digérer ! C'est infect !

Je me tus pour quelques secondes, permettant à Michel de poursuivre.

- Père, dis-nous seulement qu'elle est ta deuxième conjointe, un point c'est tout. J'ai des fois honte quand j'entends les gens en parler. Nous avons droit à la vérité, n'est-ce pas ? En plus chaque fois tu nous demande de suivre ton exemple..., mais dans de telles circonstances, comment pouvons nous ? Euh ! Que veux-tu qu'on fasse ? Et maman donc ? D'abord quand est-ce qu'elle reviendra ? Parce que ça fait maintenant presque deux mois qu'elle est partie....

A ce même moment, nous entendîmes frapper à la porte. C'était Collette. Je lui demandais souvent de venir le dimanche pour m'aider à faire un peu de ménage ou à préparer à manger.

- Que veux-tu, Collette ? demanda Papa.
- Rien, monsieur. Il y a quelqu'un pour Pamela.
- Pour moi ! m'exclamai-je. Pour moi tu dis, Collette ?
- Oui, c'est Alain.
- Pa', c'est Alain...
- Et bien, fais-le entrer au salon, Collette, j'arrive. Pour tout ce que vous avez à dire, nous en reparlerons après, ajouta-t-il.

Je tremblai en voyant mon père pâlir. Peut-être ce n'avait pas été le bon moment pour lui dire toutes ces choses. Mais, après tout, les parents ne doivent pas irriter leurs enfants, ils doivent les élever en les corrigeant et en les instruisant selon le Seigneur, sans leurs donner des exemples désastreux, comme Michel me l'avait dit un jour, lorsque nous discutions d'Alain.[17]

Néanmoins, j'avais peur de ce qui allait se passer entre mon père et Alain. Je me précipitai pour aller le voir. Je le trouvai encore dehors en train de jouer avec le petit chien. Je le regardai, et le fit entrer.

- Entres, Alain, s'il te plaît.
- Salut, Pamela ! Ton père est là ?
- Oui, il est là. Mais, de grâce, ne sois pas trop bavard.
- Mais, Pamela, je ne sais même pas pourquoi ton père m'a fait venir ici ! Comment veux-tu que je sois bavard ?
- Je te connais. Moi non plus je ne sais pas pourquoi il t'a appelé. Mais, limites-toi tout de même. Attends ici, je vais l'appeler.

Je trouvai mon père dans son bureau. Il semblait abattu. Sans doute ce que nous lui avions dit l'avait choqué. Il ne paraissait pas très enthousiaste, mais il alla trouver Alain.

- Bonjour, Alain !
- Bonjour, Papa Vano !

---

[17] Ephésien 6:1-4

- Assieds-toi, je t'en prie. Je t'ai fait venir parce que ma fille m'embête toujours à propos de toi. Dis-moi, pourquoi les gens racontent-ils toutes ces histoires à ton propos ? Saches que je ne veux pas que ma fille souffre. Cependant, en ce qui concerne l'amour, chacun doit faire son choix. Maman Susanne et moi, nous t'aimons bien..., oublies donc tout ce qui s'est passé. Recommences une autre vie. Je te demande seulement de remonter le moral de ma fille. Je crois qu'elle t'aime. ...Voilà, c'est tout ce que j'avais à te dire. As-tu quelque chose à ajouter ?

Après un moment de silence, Alain répliqua.

- Papa Vano, je vous respecte beaucoup, je vous aime bien, j'aime vachement votre fille, mais si je comprends bien que, parce qu'elle vous ennuie, vous me faites venir seulement pour que je lui remonte le moral ? Ce qui m'avait un peu déranger c'était ce dont Justin, mon ami, m'avait fait part. Il m'avait donné un message de votre part disant que j'étais un aventurier, un écumeur et un détrousseur et que tout ce que j'attendais c'était d'aller sous les jupes de votre fille. Alors, pourquoi n'ai-je pas fait cela jusqu'à présent ? Je prends Dieu à témoin en tout ce que je fais. Il reste le seul juste juge de mes actions, et il est omniprésent. Si j'ai échoué mes examens d'état pendant des décennies, ce n'est pas l'intelligence qui me manque, ni même pas une malédiction; je crois que c'est une grâce de Dieu... Bon..., c'est bien n'en parlons plus. Et en ce qui concerne votre fille, je verrai. J'ai énormément de respect pour elle...

Sur ce, Alain se tut.

- Je ne te demande pas de remonter le moral de ma fille seulement mais de vous aimer comme vous aviez commencé. Prenez courage, tout s'arrangera.

Sans ajouter autres choses, mon père se leva et alla s'enfermer dans son bureau. Alain resta seul avec Michel, je les rejoignis.

- Pamela, je dois partir maintenant, déclara Alain.
- Tu es bien pressé ! Bien, donnes-moi le temps de prendre mon gilet.

Je mis mon polo et mes sandales. Alain était déjà dehors. Je ne savais pas de quoi ils avaient parlé lui et mon père. Il m'expliqua succinctement toute leur conversation.

- Ton père était très froid, comme d'habitude. Une chose qui m'a impressionné, toutefois ; il m'a dit qu'il m'avait fait venir parce que toi, tu le tannes, ou disons que tu l'agaces jusqu'à ce qu'il doive lâcher prise. C'était étonnant... Mais, dis-moi pourquoi tu m'avais demandé de ne pas être bavard ?
- Parce que moi je t'aime bien, Alain, et je l'embêtais, bien sûr, pour que tu me reviennes... malheureusement !
- Pourquoi 'malheureusement', que veux-tu dire ?
- Oh ! Oublies ça. Bon, à propos de son calme, nous l'avions réprimandé pour son attachement à la demoiselle Hortense. C'est tout.
- Ce n'est rien... A propos, la semaine qui vient, si tu veux venir chaque jour à quinze heures pour une séance de répétition avec à peu près cinquante enfants d'âges différents..., ça se passera dans les bâtiments de l'école primaire.
- Mais, Alain...
- Quoi encore ? Dis-moi simplement si tu veux venir oui ou non, et je chercherai quelqu'un d'autre.
- Non, non, ne t'énerves pas, je viendrai.
- Je ne m'énerve pas ! Mais tu n'es pas obligée de venir...
- Ce n'était pas pour ça, je voulais simplement savoir ce dont vous aviez parlé....

- Je te répète chaque fois que, dire la vérité, c'est très important. Si tu ne veux pas venir – c'est bien... Je crois qu'on commencera à se revoir là-bas. Des fois je t'aiderai aussi avec les enfants. Mais maintenant il faut que je parte... Bonne fin de soirée !
- Alain...
- Que veux-tu, Pamela ?
- Mais, je t'ai posé une question, pourquoi ne veux-tu pas me répondre ?
- Tu ne m'as pas posé de question, tu m'as seulement fait savoir ce que tu voulais entendre. Au fait, que veux-tu savoir à ce propos, ne t'ai-je pas tout expliqué ?
- Mais, je ne parle pas de *m'expliquer* tout ce dont vous aviez parlé... Oui, tu m'as tout expliqué mais je veux simplement avoir une confirmation... Euh ! Je ne sais pas comment te le dire..., je voulais savoir ce que tu penses... D'ailleurs, ce n'est pas grave, oublions ça.
- Est-ce que ça va, toi ?
- Euh ! Oui, oui ça va.
- Bien alors, on se rencontre demain à...
- ...à quinze heures dans les bâtiments de l'école primaire, je sais ça, inutile de me le répéter.
- Donc c'est clair, au revoir !

A ces mots, il sauta dans un taxi et partit.

Quand je suis rentrée et j'ai fermé la porte derrière moi, je ne savais que penser. D'une part Alain me forçait à aller l'aider avec sa chorale d'enfants – contre moi, j'avais accepté – et d'autre part il était parti sans même me donner un bisou. C'était un fait indéniable que j'aimais Alain, mais c'était aussi clair que malgré qu'il semblait avoir encore de l'affection pour moi, il ne voulait pas me le démontrer. Je ne savais plus à quoi m'en tenir. Ma mère m'avait dit que l'amour est patient – dès lors il fallait que je sois patiente.

Après le départ d'Alain, mon père nous appela dans son bureau pour continuer notre conversation. Sans attendre, nous nous retrouvions devant papa, Michel et moi.

- Bien, dit-il. Vous avez quelque chose à ajouter à tout ce que vous aviez dit ? J'aime mieux vous entendre euh! ... Pamela... ?
- Euh ! Non... Euh ! Oui, c'était à propos de la nourriture à la maison..., on ne mange pas comme il faut. Les stocks sont presque épuisés. Je croyais que... peut-être que... il faut voir aussi le salaire de Collette. Il y a un mois qu'elle n'a pas touché sa solde. Parce qu'elle m'a dit qu'elle quittera d'ici la fin de ce mois pour se chercher peut-être un autre boulot. Bien, je crois que c'est tout.
- Bon, il faut que vous sachiez la vérité; c'est-à-dire que j'ai démissionné du service il y a de cela deux mois. Votre maman est partie parce que nous nous étions disputés là-dessus – elle m'avait conseillé le contraire. C'est alors qu'elle m'avait dit qu'elle préférait aller se reposer dans sa famille. Pour ma part, je veux commencer à faire des voyages en Afrique du sud, à Nairobi... etc. pour chercher du travail... Alors, ne vous en faites pas tout s'arrangera ; on s'en sortira.

Les larmes coulaient le long de mes joues, j'étais humiliée. « Pourquoi a-t-il démissionné ? » Je voulais lui poser la question mais je me tus. Lui continua.

- À propos d'Hortense, n'en parlons plus. Je vous demande simplement de la respecter et de l'aimer comme une amie. N'est-ce pas l'autre fois je vous avais dit qu'elle était de la famille ? Pour ton fameux Alain, Pamela, tu es libre de recommencer avec lui ou pas, mais saches que je suis en train de préparer un voyage pour toi vers le sud Afrique... Bon, on verra. Et, Mwad, cesse de geindre tout le temps, il faut que tu sois forte pour tenir.

- Non, je ne veux pas pleurer tout le temps ; mais Pa', il y a quelque chose que je ne comprends pas à propos de la demoiselle Hortense, donc maman savait ça et...
- Ta maman savait quoi ? Tu causes trop, Pamela, qu'est-ce que tu veux savoir encore ? Bien, ta mère savait et elle était très désolée à ce propos. D'ailleurs je ne voulais pas en parler du tout. Pas d'autres questions sur ça !

Michel et moi, on s'est regardés et sans un mot, nous sortîmes de son bureau.

- Michel, est-ce que j'aime vraiment pleurer?
- Hein ! Tu aimes murmurer tout le temps et sangloter ; ton souci c'est Alain. Mais maintenant tu as sa permission de l'avoir, que vas-tu faire ?
- Ta gueule, Michel ! C'était une question raisonnable, mais j'étais tellement énervée que je m'emportai contre mon frère sans raison. Tu n'y connais rien en amour ! Ce n'est pas le jeu de cache-cache. En plus, toi, tu devrais faire attention avec Odile. Je sais déjà ce que tu fais avec elle. Et si tu as l'intention de l'introduire chez nous, je te dis tout de suite, il n'y a pas de place pour une troisième enfant ; on a déjà assez d'une concubine, on n'en a pas besoin d'une autre.

Michel me fixa comme s'il ne me connaissait pas. J'avais semé la rage et j'allais en récolter les fruits.

Comme si le démon attisait les feux de ma colère, j'ajoutai :

- Moi je sors, je dois aller voir Rachel. Et rappelles-toi ; pas de sexe avant le mariage !
- Pamela ! Qu'est-ce qui te prends ? T'as pas besoin de crier comme ça, je ne suis pas sourds ! Tu sais que tu énerves tout le monde maintenant. Tu as énervé papa avec toutes tes remontrances ; tu lui

parles comme si c'était ton copain. Et ça, ma chère sœur, tu vas le payer – je te le jure !

Il avait un verre d'eau sur la table du salon, et d'un mouvement rapide et inattendu, Michel le prit et me le lança à la figure. Sur ce, il ajouta :

- Si tu en veux encore, je peux t'en donner – gratuitement... Si toi ou papa veuillent savoir où je suis, je ne suis nulle part !

Il me regarda d'un air dégouté – il y avait de quoi, je l'avoue – et sortit en claquant la porte.

Dégoulinant de partout, je restai clouée sur place. Du coup, je n'avais même plus envie de sortir. Au même instant j'entendis qu'on frappa à la porte – c'était Rachel – heureusement !

- Mais... Pamela ? Tu transpires ou quoi ? Pourquoi es-tu toute mouillée ?
- Ce n'est rien... J'étais prête à aller te voir, mais tu as bien fait de venir. Assieds-toi, je t'en prie. Je vais mettre un peu de musique, si tu veux ; Maria Carey ?
- Non, je préfère que tu mettes Céline Dion... si ça ne te déranges pas.

Une fois que j'avais mis le disque, je me rassis en face de mon amie, qui, elle, me regardait d'un air époustouflée.

Sans préambule, je lui dis ce qui me rongeait le cœur depuis le départ d'Alain.

- Mon père a invité Alain ici chez nous aujourd'hui, ils ont parlé de moi, bien sûr, mais Alain en est resté froid à mon égard, chose que je ne comprends pas... quand bien même mon père nous a autorisés à poursuivre nos relations. Après leur conversation, Alain m'a simplement donné un boulot... Il est parti sans même m'embrasser !
- Tu veux dire que Alain est venu ici et que patati, patata ?

- Oui, il est venu ici et ils ont discuté, mais mon père semble toujours ne pas vraiment aimé Alain. Alain en m'expliquant ce dont ils avaient parlé n'a même pas fait allusion à nos relations. Que ferais-tu à ma place?
- Si c'était moi, je refoulerais loin de moi toute pensée contraire et j'attendrais que l'homme que j'aime me montre qu'il m'aime aussi. C'est mieux de patienter que de précipiter les choses. En plus, ton problème à toi est que tes relations avec Alain dépendent de ton père. Tu ne sais pas prendre de décisions à propos de ton avenir – ou de ton futur avec ton fiancé.
- C'est vrai, Rachel, tu as raison, mais je ne sais pas quoi faire; je sais du moins qu'Alain m'aime et me veut bien.
- Pamela, mon amie, ça ce ne sont que des rêves, « oh! Je sais qu'il m'aime, oh! Je sais qu'il me veut, bla, bla, bla. » Mais il faut lui prouver que tu l'aimes aussi et qu'il ne te pousse pas à le faire. Moi, je vois qu'il est plus attaché à toi que tu ne l'es à lui.
- Que veux-tu dire par-là ?
- Je veux dire que, lui, ne dépend pas de sa famille, il sait ce qu'il veut, t'avoir toi ou pas. Et toi, par contre, dans tout ce que tu me racontes, tu me dis toujours que, « papa a dit que, papa veut que ». Quand, en fait, tout dépend de toi. Moi, je ne suis qu'une amie, mais, toi, c'est ta vie qui est en jeu. Mon conseil est que tu attendes qu'Alain, seul, te dise ce qu'il a sur le cœur, sinon, c'est ça ou rien.
- Tu sais, Rachel, je n'avais jamais pensé qu'un jour tu me parlerais aussi sagement. Tout ce que tu viens de me dire est non seulement raisonnable, mais je crois que je vais suivre ton conseil.
- Pamela, la vie change et lorsqu'elle change, elle change incontestablement.

Je pris ma décision ; je devais patienter jusqu'au moment opportun où Alain allait finalement se déclarer. Oui, il m'avait dit qu'il m'aimait, mais ça c'était avant notre séparation ; maintenant les choses avaient changé, comme Rachel venait de me le rappeler.

Sur ces entres faits, mon père vint nous trouver au salon.

- Bonjour, Rachel ! dit-il en souriant.
- Bonjour, Papa Vano !
- Comment vont tes vacances ?
- Il n'y a vraiment rien à se plaindre, tout va comme d'habitude.
- Pamela je dois voir quelqu'un qui me doit quelque chose, me dit mon père. Je reviens tout de suite. Si Hortense venait, tu la fais attendre.

Sans plus, il nous quitta et sortit.

Une fois que nous entendîmes la porte se refermer sur mon père, je repris la conversation...

- Rachel, j'aime Alain, je ne sais pas comment l'exprimer. Il est comme mon ombre dans la nuit, et il se distingue toujours parmi tant d'hommes... J'irai l'aider tout de même. Tu sais, c'est une cinquantaine d'enfants – apparemment il dirige la chorale. Veux-tu venir avec moi ? Ça commence demain à quinze heures.
- OK, je verrai, je te dirai quoi dans la matinée.
- A propos de Michel et d'Odile – qu'est-ce qu'on fait ?
- Ne précipite pas les évènements, Pamela. Je comprends très bien ce qui se passe, et eux aussi comprendront un jour. Il y a un adage qui dit que si l'enfant veut jouer avec un couteau, il ne faut pas lui arracher. Le jour où il se coupera, il le jettera lui-même. Je t'avais dit qu'Odile m'avait répondu bêtement lorsque je lui avais posé des questions à ce propos – alors pourquoi s'en faire ?
- D'accord ! Mais, si tu n'es pas libre demain..., je demanderai à Mamie.

- Ce n'est pas grave, Pamela, je t'ai dit que je verrai dans la matinée et ça ne me dérange pas. Nous irons même à trois, si cela t'arrange ?
- Bien ! Bien ! Tu gagnes toujours toi, d'abord as-tu vu Mamie depuis qu'on a fini les examens ?
- Han, han ! Je pensais même aller la voir demain matin. On peut y aller ensemble, si tu veux ?
- Oui, c'est une bonne idée...

Sur ce même moment, nous entendîmes la porte d'entrée s'ouvrir et se refermer. Rachel et moi pensions que c'était mon père qui rentrait – mais non ; c'était la demoiselle Hortense...

- Salut Pamela ! Où est ton père ?
- Il vient de sortir, répondis-je sans lever les yeux.
- Bon, ce n'est pas grave. Il ne t'a pas laissé de messages pour moi ?
- Non rien... ! Lorsque je répondis, Rachel me fixa d'un air étonné. Je lui fis un clin d'œil.
- C'est drôle, il m'avait dit qu'il ne sortirait pas aujourd'hui.
- Peut-être, Hortense, mais le fait est qu'il vient de sortir.
- Ça va, ça va... Lorsqu'il reviendra, tu lui diras que je suis passée. Voici ses habits, me dit-elle, en me tendant des vêtements pendus sur des cintres. Veux-tu les mettre dans sa chambre ?
- Mais, Hortense, tu connais bien la maison, lui rétorquai-je en repoussant les vêtements ; tu y viens assez souvent, et c'est aujourd'hui que tu veux commencer à jouer à l'invitée ?
- Pamela ! Qu'est-ce qui te prends ? Tu as un problème avec moi ou quoi ? Pourquoi me répondre de cette manière ? Elle se demandait probablement qu'elle mouche m'avait piquée.
- Ce n'est pas important... ! lui répondis-je en haussant les épaules. Donnes-les-moi, j'irais les mettre dans sa chambre...

Sans rien ajouter, je lui arrachai les vêtements de ses bras. Me regardant d'un air affronté, Hortense tourna les talons et sortit sans mot dire.

- Pamela, pourquoi as-tu agi de la sorte ? me demanda Rachel quand je redescendis d'avoir mis les vêtements de mon père dans sa chambre.
- Je ne sais pas, Rachel. Je la déteste. Elle est odieuse et sans gène. Je suis vraiment désolée... mais j'aime ma mère...
- Depuis quand dois-tu t'intéresser aux affaires des parents, Pamela ? Ce que ton père fait ne te concerne pas. Ça concerne peut-être ta mère, mais pas toi.
- C'est archaïque ce que tu me dis là, Rachel. Est-ce que tu veux que tes parents soient ce qu'ils étaient ? Je ne peux pas le laisser faire. Tu veux peut-être que je suive son exemple ? D'ailleurs, je n'ai même de temps à perdre avec cette idiotie de femme.
- Alors, pourquoi ne lui as-tu pas donné le message de ton père?
- Oh ! Pour rien... et je viens de te dire pourquoi, non ? Je déteste cette femme.
- Et en plus, pourquoi tu la tutoies, tu l'appelles par son nom ?
- Rachel, mon père ne voulait pas nous dire la vérité à propos du départ de ma mère, et aujourd'hui Michel et moi, nous lui avons dit ce que nous avions sur le cœur... et il s'est fâché ! Je ne sais pas ce qu'il va faire quand il verra Hortense et qu'elle lui dira ce qui s'est passé, mais je m'en fiche... Il doit savoir que ce qu'il fait ne nous plait pas – c'est tout !
- Mais, Pamela, tu n'as jamais traité les gens comme ça ! Depuis qu'Hortense est venue ici, tu es devenue vraiment quelqu'un d'autre...

- Mon Dieu, Rachel ! Je te dis que je la déteste, je la méprise. Je ne sais pas la voir en peinture ! Mais, parlons d'autres choses, veux-tu ?
- Pas de problème..., je m'excuse si je t'embête avec mes questions..., je vois que tu commences à t'énerver.
- Je suis désolée, mais cette femme me dégoûte, c'est tout. Mais tu dois savoir que si je te parle aussi franchement, c'est parce je me sens toujours bien en ta compagnie – n'oublies jamais ça.
- Oui, je sais, me répondit-elle en souriant. Bien, je vais rentrer chez nous... Donnes-moi ce CD de Céline Dion, je vais l'écouter. Je te le ramènerai plus tard dans la semaine.
  Rachel prit le CD et partit.

Entre temps, mon père croisa la demoiselle Hortense.

- Mais pourquoi es-tu sorti puisque tu savais que je devais venir te voir ? Avais-tu oublié notre rendez-vous ?
- Mais non ! Comme tu me vois là, je rentre à la maison. Mais, n'as-tu pas trouvé Pamela avec son amie là-bas ? Je lui avais dit que si tu venais que tu m'attendes ; que cela ne me prendrait pas long...
- Si, je les ai vues, mais elle ne m'a rien dit du tout. En plus elle était d'une grossièreté que je ne lui connaissais pas. Elle m'a humilié devant son amie. Et quand je lui ai donné tes habits pour qu'elle les mette dans ta chambre, elle m'a répondu, « Hortense, tu connais bien la maison, ce n'est pas ta première fois que tu viens ici, non ? » et elle avait ajouté: « Laisses les habits là, je le mettrai dans sa chambre moi-même ». Pourquoi est-elle devenue comme ça ? Y a-t-il quelque

chose que je devrais savoir à propos de tes enfants ?

- Ne lui en veut pas, Hortense, c'est peut-être à cause de son soi-disant fiancé qui est venu me voir cet après-midi. Je ne sais pas qu'est-ce que ce garçon lui a dit. Et je crois aussi que c'est à cause du fait qu'aujourd'hui je lui ai dit la vérité à notre propos.
- Mais, Vano, tu m'avais dit que tout irait bien avec elle, alors ?
- Elle m'a posé tant des questions que je ne savais quoi dire que la vérité. Viens, on va arranger cela.

Ils me trouvèrent sur la véranda. J'avais les écouteurs de mon CD-portable dans les oreilles et je n'avais pas entendu mon père s'approcher de la clôture ; je lui tournais le dos et je ne l'avais même pas vu. Il me parlait.

Visiblement crispé de rage, il passa devant moi. Lorsque je le vis je retirai les écouteurs de mes oreilles.

- Salut Pa', il y a longtemps que tu es-la ? lui demandai-je sans me rendre compte qu'il était furieux.

Il me gifla tellement brutalement que je tombai par terre. Je laissai échapper un cri de désarroi – je n'y comprenais rien.

- Mais... Papa, qu'est-ce qu'il y a ? Pourquoi m'as-tu giflé ? Puis-je savoir la raison ?
- Savoir quoi ? Tu es une méchante, tu es devenue une mauvaise fille. Hortense est venue ici, et au lieu de la faire attendre comme je te l'avais dit, tu ne lui as rien dit. Tu l'as traitée comme une femme de rue. En plus..., j'arrive, je t'appelle, et tu ne me réponds même pas ! Tu es devenue une effrontée sans manières et même impolie...
- Mais, Papa, tu te trompes – pourquoi me gifler ? J'écoutais la musique. Je n'ai pas entendu ce que tu disais parce que j'avais les écouteurs dans les oreilles et j'avais le volume au huit... D'ailleurs, si

tu veux écouter toi-même – mets les écouteurs à tes oreilles et tu verras si tu peux m'entendre...

Je lui tendis le Walkman, qu'il m'arracha des mains et lança par terre violemment – le CD-portable se cassa sur le coup.

Ce fut pour moi une mauvaise journée et une mauvaise fin de soirée.

Sur le choque de voir mon Walkman démoli, je ne me contrôlai plus.

- Pourquoi me fais-tu ça ? Pourquoi ? Veux-tu que je te dise une chose ? Je vous déteste tous les deux et je vous plains. Je te hais, Papa. Tu veux que je me révolte, comme les autres filles, hein ?
- Mwad, tais-toi !
- Non, je ne me tairai pas ! En plus, cette putain n'est pas tienne ! Souviens-toi de ton premier amour avec maman, c'est maman seule qui t'aime, et la seule qui t'a donné deux beaux enfants ; deux enfants dont tu étais fier. Et maintenant, à cause de cette femme du diable, tu es en train de tout perdre ; ta famille, ton boulot, et même ta dignité. Tu te fous pas mal de ce que les gens disent de toi ! Et n'oublies pas que cette putain est célibataire, elle ne cherche qu'à avoir un mari ! Me gifler, moi ? Pourquoi me gifler ?
- C'EST ASSEZ PAMELA !
- Pa', ce n'est pas ton genre. J'ai grandi ne l'oublie pas. Je suis libre de faire tout ce que je veux, mais à cause du respect que je te dois, je me réserve, et je t'écoute parce que je t'aime et tu es mon père. Mais maintenant tu es en train de me perdre, parce que tu t'es fait entourlouper par une intruse, une malfamée. Je ne savais pas que j'étais impolie et désobéissante... J'ai des amies qui ont perdu leurs virginités, parce qu'elles ont désobéi...

Il s'approcha de moi, me fixa tout droit dans les yeux et dit:

- Pamela, ta gueule ! Tais-toi maintenant. Je te dis, assez !
- Papa, lui dis-je tout-bas, c'est à cause de cette femme que tu as chavirée de la sorte ; tu es un pauvre type.

Il me repoussa et me gifla à nouveau. Je tombai par terre. Je me relevai, et je poursuivis :

Je te hais. Je ne suis plus ta fille ! J'irai, je ferai ce que tu fais aussi ; je boirai, je me prostituerai, je fumerai et je me droguerai – tu m'as donné un tellement bon exemple pour me dévergonder que je n'aurai aucun mal à te ressembler – ce sera « tel père, telle fille », pour changer !

- Nom de Dieu ! Pamela, tais-toi !

La fureur qui brûlait dans ses yeux était pratiquement insoutenable. Il me gifla une troisième fois et me laissa tomber. Mais cette fois ci, je ne pouvais plus me relever. Je l'aperçu prendre son ânerie de femme par le bras et s'éloigner, avant de m'évanouir.

Il était environ dix-huit heures quand cette scène s'était déroulée. Et ce ne fut que vers vingt trois heures, que je me réveillai à la voix de Michel.

- Pamela ! Pamela, que fais-tu là allongée comme une je ne sais quoi ? Qu'est-ce qui s'est passé ici ? Bordel ! Tu as du sang dans le nez. Mais qu'est-ce qui s'est passé ? On t'a attaqué ou quoi ?

Je me redressai et je regardai mon frère, ébahie.

- Tu, tu viens juste d'arriver ?
- Oui, à peine...
- Oh ! Merde ! T'es avec qui ici ? demandai-je.
- Je suis seul, qu'est-ce qui s'est passé ? Dis-moi donc !
- Allons..., rentrons..., et donnes-moi une éponge.

Je me lavai la figure et j'essuyai le sang autour de ma bouche. J'avais les deux yeux gonflés et une coupure sur la joue. Je n'étais vraiment pas belle à voir !

Une fois rafraichie, j'expliquai tout ce qui s'était passé à Michel. Tout au long de mon récit il se rongea les ongles avec anxiété. Il commençait à réaliser que la situation dans notre foyer allait de mal en pire. Il partit se coucher sans manger. Nous n'avions rien préparé ce soir là.

Pour ma part mes pensées se tournèrent vers une revanche personnelle. Je pensais à me révolter. Je pensais à Alain. Je pensais à devenir une pute, chose qui n'était pas difficile, mais ma pudeur, ma chasteté me l'empêcha. Je pris ma douche comme d'habitude, bus mon jus d'orange et je me mis au lit – sans pouvoir fermer l'œil.

Le lendemain, il fallut que j'aille voir Rachel chez elle pour qu'ensemble nous allions voir Mamie.

Pardonner

Ce matin là, Collette arriva à son heure habituelle.

- Mon Dieu ! s'exclama-t-elle lorsqu'elle vit mes yeux enflés et la griffe sur ma joue. Mais qu'est-ce qui s'est passé ici ?
- Pas grand-chose, répondis-je en baissant les yeux.
- « Pas grand-chose ! » Tu appelles ça pas grand-chose ? me dit-elle en pointant ma figure boursouflée du doigt. Qui t'a fait ça ? demanda-t-elle, visiblement outrée.
- Papa et moi, nous avons eu une petite dispute hier soir, je lui répondis sans plus d'explications.
- « Une petite dispute ! Une petite dispute ! » répéta-t-elle en levant les bras vers le plafond. Je dirais plutôt qu'il t'a battue ! Fou à lier, c'est ça qu'il est cet homme là – je te dis ; *fou à lier !*
- Bien..., c'est pas grave... laissons ça passer, dis-je me levant de la table. Fais juste le nettoyage comme d'habitude et peut-être fais un petit déjeuner pour Michel quand il se lèvera, si ça ne te dérange pas ?
- Non, non, pas de problème. Vas-t-en faire ce que tu dois faire, me dit-elle gentiment, ...je m'occuperai du gamin. (C'était comme ça qu'elle appelait Michel depuis tout le temps que je la connaissais.)

Avant d'aller chez Rachel, je passai au petit magasin pour m'acheter quelques cigarettes. Je n'avais jamais fumé. Commencer aujourd'hui ? Pourquoi pas ? « Tel père, telle fille ! » N'est-ce pas ? Je fourrai le paquet dans ma poche.

Arrivée chez Rachel, je la trouvai encore en chemise de nuit.

- Oh, Mon Dieu ! elle s'exclama quand elle ouvrit la porte. Qu'est-ce qui t'est arrivé ?
- Pas grand-chose, lui répondis-je en haussant les épaules.
- Qui t'a battue ?
- Laisses tomber, veux-tu !
- Non, Pamela ! Je suis ton amie et je ne laisserai pas tomber ça. Qui t'a fait ça ? elle insista, pointant ma lèvre enflée du doigt.
- J'ai dit à mon père ce que je pensais de lui, c'est tout !
- Et il t'a battue, n'est-ce pas ? Il est devenu complètement fou, ou quoi ? ...Viens, viens, rentres. Vas au salon, je serai prête dans quelques minutes.
- Ok, mais tu veux me donner le numéro de Mamie ? Je vais l'appeler pendant que tu t'habilles.
- Oui, vas-y. Le numéro est dans le bouquin d'adresses à côté du téléphone...

Je composai le numéro aussitôt que je l'aie trouvé. Mais sans que je m'en rende compte, en tirant la main hors de ma poche, mon paquet de cigarettes tomba de ma poche. Rachel le ramassa et me regarda bouche bée. Mais comme je lui tournais le dos, je n'avais pas remarqué son geste.

- Oui, allô! A qui ai-je l'honneur s'il vous plait ?
- Bonjour, Maman Kamin ! C'est Pamela, puis-je parler à Mamie je vous prie ?
- Mamie ? Elle prend sa douche. Attends quelques minutes, le temps de lui dire que tu es au bout du fil.
- Bien sûr, Maman Kamin.
- Mamie ! Téléphone ! C'est pour toi, je l'entendis crier, c'est ton amie, Pamela.

Au bout de quelques instants, j'entendis le déclique d'une extension et la voix de Mamie.

- Allô ! Allô ! Pamela ?
- Allô ! Oui, Mamie, salut ! Ça va toi ?
- Bien, merci. Mais dis donc, pourquoi te fais-tu rare ?
- Les circonstances de la vie, dis-je en blaguant. Bien, je suis chez Rachel, nous avons l'intention de venir te voir chez toi – si ça ne te dérange pas ?
- Non, non, pas du tout. Venez, je vous attends.

Pendant que je parlais à Mamie, Rachel avait été prendre sa douche et s'habiller. Quand elle redescendit de sa chambre, elle vint me trouver au salon.

Me levant du sofa, je lui demandai :

- Tu es prête ?
- Oui, je suis prête, Pamela, mais avant qu'on y aille, veux-tu bien m'expliquer ce paquet de cigarettes qui est tombé de ta poche ? Quand est-ce que tu as commencé à fumer ? Vraiment, tu m'étonnes. Tu nous as aidé à quitter une mauvaise vie pour que toi tu t'y engouffres ?
- Allons-y maintenant, je t'expliquerai en cours de route, dis-je en la prenant par le bras.

Etant donné que Mamie vivait à une heure de marche de chez Rachel, nous décidâmes de prendre un taxi.

Une fois que nous étions assises sur le siège arrière, Rachel se tourna vers moi et me demanda :

- Ok, Pamela, qu'est-ce qui s'est passé ? Et ne me dis pas « pas grand-chose » parce qu'une lèvre enflée et deux yeux au beurre noir ne sont pas « grand-chose » en ce qui me concerne !
- Mon père et moi, on s'est disputé hier soir à propos de sa donzelle.
- Tu dois faire attention à toi, Pamela. Je t'avais déjà prévenue – tu dois laisser ton père tranquille. Sa donzelle, comme tu l'appelles, ce n'est pas ton problème. C'est l'affaire de ta mère, pas la tienne.

- Mais ce n'est pas moi qui ai commencé ! Au contraire, c'est lui qui est venu me trouver quand il est rentré à la maison. Je ne sais ce que cette femme lui a raconté, mais m'a battu, il a cassé mon CD-portable, et bien sûr après ça je n'ai pas su dormir. Mais avant cela il m'avait laissée évanouie de dix-huit à vingt-trois heures. C'est Michel qui me trouva et m'aida à rentrer dans la maison. Tu sais, Rachel, comme ça fait mal ? Et je ne veux pas dire physiquement, mais si Alain me rejetait, je ferai une bêtise, j'en suis sûre. J'ai pensé à me prostituer, à me droguer, à fumer, et tant d'autres choses de ce genre. Vraiment, Bon Dieu ! Mais, tu sais, je ne suis pas faite comme ça. En fait, je ne sais même pas ce que je vais devenir.
- Pamela, si du moins tu avais donné le message de ton père à Hortense, tout ça ne serait pas arrivé. Mais je te comprends. Et si tu parlais à Alain de ça, tu ne crois pas que ce serait une bonne idée ?
- Non ! Je veux qu'Alain reste en dehors de tout ça. Et en ce qui concerne cette foutue Hortense, il faut qu'elle sache que je ne l'aime pas. Ensuite, ce n'est pas seulement parce que j'ai mal répondu à cette insociable que mon père s'est fâché, mais c'est parce que j'ai découvert leur jeu.

  Nous étions arrivées chez Mamie.
- Arrêtez-vous là, monsieur, s'il vous plaît ! Eh ! Pamela tu paies ou je le fais ? Oh ! Ne t'en fais pas...je ne sais même pas pourquoi je te l'ai demandé.
- C'est rien, Rachel, merci quand même.

Lorsque nous descendîmes du taxi, nous entendîmes quelqu'un nous appeler. Je vis une silhouette, qui ne m'était pas inconnue, s'approcher de nous. C'était Monsieur George, notre ancien prof de math.

- Rachel, tu vois ce que je vois ?

- Mais oui, mais oui... qu'est-ce qu'il nous veut encore celui là ?
- Voyons voir...
- Bonjour, Monsieur ! Nous le saluâmes.
- Salut les filles, comment vont les vacances ?
- Rien à signaler, répondis-je tout naturellement.
- Félicitations pour vos réussites aux examens d'états.
- Merci, monsieur, c'est bien gentil de votre part. Et vous, comment allez-vous ?
- Ça peut aller.... C'est vraiment une coïncidence de vous trouver ici toutes les deux. Je cherchais comment vous atteindre... Et ce n'est pas de toutes ces anciennes histoires dont je voulais vous parler, non. En fait, j'espérais que vous puissiez me pardonnez du tort que je vous avais causé.
- Monsieur, c'est mieux d'oublier cette histoire là, c'est une chose classée, terminée, répondit Rachel, haussant les épaules.
- Et ensuite, ajoutai-je, nous sommes de grandes filles maintenant, nous voyons loin. Mais dites-nous, à propos, que faites-vous de ces temps ci, vous continuer à donner cours ?
- Non, pas en ce moment. J'ai fait un voyage en Afrique du sud. Maintenant, je suis en train d'aider d'autres élèves qui devraient passer leurs examens d'états prochainement.

  Ah, bien, je vois, poursuivit Rachel, ce sont des filles si je ne me trompe pas ?
- En fait, oui..., trois filles et un garçon.
- Vous les avez déjà touchées, comme vous l'aviez fait avec nous?
- Rachel ! Tais-toi, au nom d'Hortense ! Ce n'est pas gentil ce que tu dis là.
- Ce n'est pas grave, Pamela, dit-il en me fixant, laisses-la parler, ce fut tout de ma faute et vous ne saurez jamais combien je me reproche cela.

- Il n'y a rien à vous reprocher, Monsieur, rétorquai-je, je crois que vous n'êtes plus comme avant. Et j'ai bien m'impression que vous savez ce que je veux dire, n'est-ce pas ?
- Oui, je ne suis pas le même qu'avant; c'est pour cela que je voulais vous voir, et pour que vous ne gardiez pas une dent contre moi. Néanmoins, je vous conseillerais quand même de ne pas exercer votre liberté à faire des bêtises et des sottises...

Et il continua à nous raconter toutes sortes de choses sur la liberté et l'amour. Nous étions très heureuses de l'entendre parler de la sorte. Dès lors il nous fut facile de lui pardonner ses torts, sachant que la vie a toujours des embûches.

Quand nous nous quittâmes, Rachel se tourna vers moi et me demanda :

- Pamela, est-ce que tu vas continuer à te promener avec ce paquet de cigarettes dans ta poche ? Ou bien tu le jettes à la poubelle; ou bien tu l'ouvres et tu les fumes toutes !
- Oh ! J'avais déjà oublié que je l'avais. S'il te plaît, Rachel, tu crois que je fumerai ces cigarettes ? Je les ai parce que je me sens seule et déprimée, et en plus... Ça n'a pas d'importance.
- Je n'avais pas l'intention de te faire du mal, Pamela. Je sais dans la situation où tu es, mais saches que je suis là pour toi. Dis-moi, pourquoi m'avais-tu fait taire « *au nom d'Hortense* » ? Tu sembles vraiment haïr cette femme.
- Je te l'avais dis et redis – je la déteste. Mais je croyais que j'ai dit « nom d'un chien ! » Mon Dieu, cette impureté doit être au fond de moi, je la...
- Pamela, je t'en prie, assez maintenant ! Aies quand même un peu de respect pour elle, ok ?
- Oui, comme le vent qui est toujours inaperçu et l'eau de l'océan toujours salée. Comment veux-tu ? C'est une femme qui baise mon père ; tu te rends compte de ça ? merde !

- Ok, Ok, Ok, Pamela, oublions cette histoire. Mais, jettes ce paquet de malheur.

Je jetai le paquet de cigarettes à la poubelle devant la maison de Mamie. Sa mère nous accueillit à bras ouverts. Une seconde plus tard, Mamie apparu à la porte, joyeuse et souriante.

- Comment allez-vous les filles ?
- Oh, comme d'habitude... Mais, dis-donc, regardes moi-ça..., comme tu es bien habillée et ce parfum..., mon Dieu, que ça sent bon ! s'exclama Rachel quand nous vîmes Mamie toute fraiche et pimpante.
- Oh ! N'exagères pas, Rachel. Je viens tout juste de prendre ma douche, comme je vous l'avais dit au téléphone.
- Mais, c'est vrai ce que Rachel te dit là, tu es vraiment plus rayonnante que de coutume.
- Bien, je vous remercie pour tous vos compliments. Mais dites-moi quel bon vent vous amène ?
- Rien de spécial. Depuis que nous sommes devenues *des femmes* maintenant, nous avons pensé rendre visite à une *amie d'enfance* ! Ah, Ah, Ah ! ... Nous nous étions mises à rire de bon cœur. Le bonheur visible de Mamie était vraiment contagieux.

Sur ce, Mamie nous invita à aller à la terrasse et à nous asseoir sur des chaises longues.

- A propos, Mamie, comment va Maman Kamin ? Comment t'en es-tu sortie avec elle ?
- Tu sais, Pamela, tu es une merveille ! Maman a bien changé – maintenant, elle se dédie entièrement à notre vie pour que nous passions le reste du temps, le reste de notre vie, quoi, ensemble dans la paix et la tranquillité. Une chose merveilleuse est que mon petit frère, Jimmy, est revenu à la maison. Il a promis à maman qu'il sera sérieux et qu'il rentrera à l'école l'année

prochaine. Ma mère lui a donné une voiture toute neuve et tout ce qu'il voulait...

- Oh, mon Dieu ! m'exclamai-je, une voiture toute neuve, tu dis ? Il doit être aux anges...
- Ah ça oui ! Vraiment... Mais je vous dis, c'est presqu'incroyable comme il a changé. Il est redevenu le garçon impassible qu'il était. Vous savez, il y a à peu près sept ans que mes parents ont divorcé, mais un fait prodigieux et inattendu s'est produit. Hier, à vingt heures, mon père a téléphoné, il a causé avec maman. En fait, papa veut rentrer à la maison parce qu'il a entendu dire que maman est redevenue la femme qu'il avait connu quand ils se sont mariés, et qu'elle a changé sa manière de vivre. Il lui a dit qu'il l'avait aimée. Ma mère en était folle de joie ! Moi aussi, d'ailleurs. Vous savez ce n'est pas amusant de vivre dans une famille divisée où il n'y a pas de paix. Pour sa part, mon père, vivait à Kinshasa. Il s'était cherché une femme en vain – toutes furent des coyotes. La dernière qu'il s'était trouvée fut malheureusement, une sorcière quoiqu'elle soit très adorable. Et il a demandé à maman de faire des tests médicaux. Voila, brièvement, toute mon histoire. Vous savez, je suis tellement heureuse maintenant...

Lorsque Mamie finit cette phrase au moment où le téléphone sonna à l'intérieur du patio.

- Attendez une minute, le temps de répondre, nous dit Mamie.
- Allô ! Allô ! A qui ai-je l'honneur ? S'il vous plaît !
- C'est toi, Mamie ?
- Oui, bonjour, Papa !
- Est-ce que ta mère est là ?
- Oui.., attends, je vais l'appeler... Maman ! C'est pour toi, c'est Papa !
- Ça va, Mamie, j'ai entendu. Je le prends dans la chambre raccroches si tu veux bien.

- Tu sais, Mamie, à te voir aujourd'hui c'est presque impossible de se rappeler la fille que tu étais l'an dernier, dit Rachel calmement.
- Il y a presque quatre mois que j'ai totalement changé et ma famille se renoue, petit à petit. Et pour toi, Rachel, t'en sors-tu aussi bien chez toi ?
- Sans commentaire... Tout va très bien comme je l'avais dit l'autre fois au téléphone. Ma mère et mon père se sont réconciliés maintenant et tout est tranquille. Et se tournant vers moi, elle ajouta ; mais il faut que je le dise : c'est grâce à toi, Pamela, que nous avons changé nos vies et que nos familles se sont renouées, et que nous sommes devenues des jeunes femmes respectables.
- Je vous en prie, répondis-je un peu gênée. Je n'ai fait que vous conseiller mais ce sont vos efforts qui vous ont aidés à vous remettre dans la bonne voie.
- Oui, peut-être... Mamie répliqua, n'ayant pas l'air très convaincue. Et puis en me fixant, elle me demanda : pourquoi ne retires tu pas tes lunettes de soleil ?

Je le fis. Mamie me fixa. Je baissai les yeux et j'évitai le regard de Rachel.

- Mon Dieu, Pamela, qu'est-ce qui t'est arrivé ? Tu es toujours celle qui est heureuse et joyeuse. Mais aujourd'hui, depuis que tu es arrivée, j'avais remarqué que tu n'étais pas la Pamela que je connaissais. Mais j'étais loin de penser que quelque chose comme ça aurait pu t'arriver.
- Vraiment, ce n'est rien de grave...
- « Rien de grave... ! » Mamie explosa. Nous sommes des amies, Pamela, ou bien n'est-ce plus le cas... ?
- Non, non, vraiment... C'était juste une petite altercation entre moi et mon père, c'est tout. Je m'en remettrai, n'aies craintes.

- Tu t'en remettras, hein ? Mamie semblait être sur le point de réprimander quelqu'un – dans ce cas, moi.
- Rachel ? Mamie se tourna vers elle. Est-ce que tu sais ce qui se passe ?
- Oui, je connais toute l'histoire, mais je préférerais que Pamela te raconte ça elle-même.
- Oui, tu as raison. Alors, Pamela, qu'est-ce qui se passe ? Et rappelles-toi, je suis ton amie – tu me dois de me parler franchement !

Je ne voyais aucune possibilité d'éviter la question. Je devais dire ce qui se passait à Mamie.

- Ok. Premièrement, j'ai eu des problèmes avec Alain. Mon père ne le voulait pas pour moi, à cause des racontars que les gens faisaient sur lui. Ensuite, ma mère est partie, il y a de ça trois mois maintenant, après que mon père décida de quitter son boulot, ce qu'il fit contre le conseil de ma mère. Troisièmement, mon père s'est trouvé une pute. Et maintenant la maison est vide parce que la prostituée s'est installée chez nous comme si elle était de la famille. Et parce que j'ai dit à mon père ce que je pensais de lui et de sa donzelle, il m'a battue. Et maintenant rien ne va plus chez nous. Voilà – c'est là mon histoire en bref.
- Je suis vraiment désolée, Pamela, vraiment, je suis désolée, merde ! Merde !
- Calmes-toi, Mamie..., tout s'arrangera avec le temps.
- Non ! C'est injuste, tu vois ? Pour Rachel et moi, c'était pire et grâce à toi, maintenant, tout va bien. Et toi qui étais bien... Ça ne marche pas, merde ! Pamela, je ferai tout ce que tu me demanderas de faire pour réconcilier ta famille... ! Vas-y dis-moi ce que je peux faire.
- Je ne sais pas quoi te dire de faire pour moi, sinon, de rester avec moi comme ma meilleure amie, c'est tout. Ma mère rentrera bientôt et nous

essayerons de remettre tout en place. Vraiment, j'apprécie ton amitié..., et celle de Rachel, ajoutai-je en jetant un sourire minable à mon amie.

Le reste de la matinée se passa en faisant des plans, en bavardant de choses et d'autres, et puis, Maman Kamin nous prépara un déjeuner délicieux que nous mangeâmes avec beaucoup d'appétit et en bavardant encore.

Quand je regardai l'heure, il était déjà 2hr30. Je sautai de ma chaise en disant :

- Rachel ! Nous avons un boulot qui nous attend, tu te rappelles ?

Rachel fit signe de la tête, la bouche pleine encore d'un dernier biscuit.

- ...et Alain aime la ponctualité.

Rachel fit signe de la tête à nouveau, avala son biscuit et se leva finalement de sa chaise.

- Mais attendez quand-même une petite minute, Mamie s'exclama surprise de notre hâte. Je ne vous ai pas vues depuis si longtemps et maintenant vous me quittés comme s'il y avait le feu à la maison !
- Je suis désolée, Mamie, mais il faut vraiment que l'on parte. Alain va nous attendre...
- Mais vous ne m'avez même rien dit de ce qui se passe avec lui...
- Ça va comme-ci, comme-ça. Je ne suis pas sûre que je veuille le reprendre maintenant. Il a été très capricieux de ces derniers temps. Je ne sais pas sur quel pied danser avec lui la plupart du temps. De toutes manières on te tiendra informée, dis-je précipitamment.
- D'accord, c'est bien... D'ailleurs, je dois aller chez ma grand-mère avec Maman cet après-midi... Elle est malade, parait-il.

Dans ma hâte d'aller nous trouver un taxi, je n'avais pas regardé où je courrais – tout droit dans les bras d'un jeune-homme !

- Oh, mon Dieu ! Je m'excuse, monsieur ! Vraiment, je suis désolée.
- Pas de problème, mademoiselle, me dit-il affablement avec un gentil sourire.

Mamie et Rachel, étant restées sur le bas de la porte avaient vu toute la scène et riaient de bon cœur. Moi, pour ma part, je ne savais pas où me mettre. J'aurais voulu rentrer dans un petit trou de souris et disparaître.

Finalement, remarquant mon embarras, Mamie et Rachel s'approchèrent du garçon et moi en disant :

- Pamela, permets moi de t'introduire à mon petit-frère, Jimmy. Jimmy, la jeune-femme qui vient de te tomber dans les bras, c'est mon amie, Pamela, et celle-ci c'est Rachel.
- Enchanté, mesdemoiselles ! répliqua-t-il d'un ton charmeur – d'ailleurs c'était un charmeur – mais gentil quand-même.
- Ok, Jimmy, une faveur..., s'il te plait, peux-tu les emmener en ville ?
- Pas de problème – donnes-moi juste le temps de me mettre quelque chose sous la dent...
- Non, Jim ! Elles sont en retard ; elles ont un rendez-vous dans quinze minutes ! Tu prendras ton casse-croute quand tu reviens, s'écria Mamie sur un ton autoritaire.

Sans répliquer, Jimmy lança un sourire complice à sa sœur et nous fît monter dans sa BMW ! Rachel ne put s'empêcher de glousser en passant sa main sur les sièges en cuir et en admirant le stéréo. Pour ma part, je ne faisais que penser à arriver à l'heure. La beauté de la voiture m'importait peu. Nous partîmes ensemble, sans Mamie, bien sur. La route fut moins longue qu'à l'aller car Jimmy nous tint éveillées avec son bavardage incessant.

A l'approche de l'école, où nous devions rencontrer Alain, je me tournai vers Jimmy en disant :

- Nous sommes arrivées ! Peux-tu nous déposer là ?

- Et merci pour tout, nous te sommes très reconnaissantes, ajouta Rachel.
- Sans importance, bourdonna-t-il avec un sourire moqueur.

Ce fut à une école primaire où nous devions faire nos répétitions. Alain était déjà là. Il nous attendait, visiblement impatient.

- Ah ! Vous voilà enfin. Suivez-moi. C'est par ici, Est-ce que vous allez bien ?
- Hum ! Hum ! Rien que des crocs en jambes, répondit Rachel en le regardant, un peu étonnée de son attitude désinvolte à notre égard – surtout à mon égard.

Sans même nous donner le temps de souffler, il ajouta :

- Rachel, assieds-toi là, tu assisteras Pamela à surveiller les enfants si nécessaire. Toi, Pamela, prends ces documents. Il me tendit un dossier épais et ajouta, je serai avec toi de temps à autre. Je t'assisterai aussi et je t'aiderai si tu en as besoin. Cela vous arrange ?
- Je ferai de mon mieux, ne t'en fais pas, répondis-je. Rachel, vas t'asseoir au fond de la salle, s'il te plaît. Tu vas m'aider à surveiller les enfants... Et sur ces listes..., je lui donnai les listes d'appel, ...il y a leurs noms et l'âge qu'ils ont; tu les classes selon leurs âges.

Rachel me fit signe de la tête et alla se mettre au fond de la salle.

Pendant que j'enseignai les enfants, Alain se mit près des fenêtres et me contempla. C'était comme si on ne se connaissait plus. Cela me surpris et ça me plu – sans me plaire. Comme je le disais à Mamie ce matin même, je ne savais parfois pas sur quel pied danser avec lui. Il vint à mes côtés et dit :

- Pamela, tu es très mignonne, tu sais.

Je fus très flattée, mais je me tu – n'avait-il donc pas remarqué ma figure bouffie ? Sans rien ajouter d'autre il alla s'asseoir aux côtés de Rachel.

- Comment la trouves-tu? Il lui demanda.
- Pas mal ! répondit-elle, mais un peu malheureuse.
- Pourquoi tu dis ça, en quoi est-ce qu'elle est malheureuse ? demanda Alain, réellement surpris de la question.
- Tu dois être vraiment sourd et aveugle, tu sais, Alain ! Ce que Pamela traverse en ce moment est vraiment dur.
- De quoi parles-tu ?
- Non, Alain, ne joues pas à l'ignorant avec moi ! Tu sais très bien ce dont je parle. Pamela n'est pas heureuse parce que tu l'as quittée, ensuite sa mère est partie et en plus son père s'est pris une concubine pour remplir ses nuits. Est-ce que tu vois maintenant la situation dans laquelle elle se trouve ? Après tout ce qu'elle a fait pour moi et Mamie – elle a remis nos vies sur le bon chemin – Pamela ne mérite pas tout ça. Maintenant, comprends-tu pourquoi elle est malheureuse ?
- Je suis désolé, Rachel. Je n'avais aucune idée de ce qui se passait.
- Et bien, la prochaine fois, tu n'auras qu'à ouvrir tes yeux et tes oreilles – si tu l'aimes.
- Mais, je l'aime ! Elle devrait le savoir !
- Comment ? Comment devrait-elle le savoir ? Tu l'as pour ainsi dire abandonnée, et maintenant tu piétines autour de tes sentiments. Alors, comment veux-tu qu'elle sache que tu l'aimes encore ?
- Rachel ! Premièrement, laisses-moi te dire que je n'ai jamais abandonné Pamela – comme tu le dis – je l'aime, et j'ai besoin d'elle. Mais elle devrait être libre de me choisir parce qu'elle me veut. J'ai besoin qu'elle m'aime pour elle-même ; pas pour son père, pas pour sa mère, pas pour qui que ce

soit, mais pour elle-même ! Et j'aimerais parler d'autres choses, si ça ne te déranges pas ?

- Non, ça ne me dérange pas, mais pourquoi es-tu toujours embarrassé quand il s'agit de parler de Pamela ?
- Je ne suis pas « embarrassé ». Je ne veux pas parler d'elle – c'est simple – tu comprends ça ?
- Oui, c'est très clair !

Pendant qu'ils étaient en train de parler, je fus distraite et je manquai une ou deux notes au piano – Alain l'avait entendu.

- Vas te reposer, me dit-il. Il n'eut besoin de me le dire deux fois. Je me levai et le laissai à sa répétition.
- Mon Dieu, Rachel, je suis fatiguée..., lui dis-je lorsque je vins m'asseoir à côté d'elle.
- Oui, tu as besoin de te reposer... Attends une minute. Je reviens tout de suite.

Sur ce, elle se leva et alla rejoindre Alain sur l'estrade.

- Alain, je suppose, tu n'as pas remarqué... Je dois te dire une autre chose...
- Quoi ? Tu ne vois pas que je suis occupé ?
- Oui, oui, je sais que tu es occupé..., mais c'est à propos de Pamela...
- Je t'ai dit que je ne voulais pas parler d'elle..., pas maintenant !
- Pourquoi est-ce que tu crois qu'elle porte des lunettes de soleil, hein ? Dis-moi ; est-ce que tu me dire pourquoi ? Parce que son père l'a battue ! Tu feras bien de la reprendre, et aussitôt que possible, Alain, autrement elle est capable de faire des bêtises.
- Attends une petite minute ; est-ce que tu viens de me dire que son père l'a battue ? Alain répliqua, laissant tomber sa feuille de musique et tournant toute son attention vers Rachel.

- Oui, c'est ce que je t'ai dit. Et même si tu ne l'a veux plus, fais quelque chose pour elle, s'il te plaît – elle a besoin de toi !

A ces mots, Rachel quitta l'estrade et vint me rejoindre.

- Qu'est-ce qu'il se passe, Rachel ?
- C'est très simple. J'ai simplement ouvert les yeux d'Alain et étant donné qu'il ne voulait pas voir ce qui est évident, je lui ai dit que ton père t'avait battue !
- Pourquoi lui as-tu dit ça ? Tu parles de trop, tu sais ça ?
- Je suis désolée, Pamela, mais il me semble que tous les deux vous êtes aveugles aux besoins de l'autre. Je ne voulais pas me mêler de ça, mais je déteste de te voir comme-ça...
- Mais, Rachel, tu sais que je n'aime pas les bavardages. Tu n'aurais rien du lui dire – rien du tout !
- Désolée, Pamela... !

Au même moment, nous entendîmes Alain rappeler les enfants à l'ordre.

- Très bien ! Vraiment vous avez fait du bon travail. Mais maintenant que c'est la fin de la journée, je vais demander à votre monitrice de venir sur l'estrade et de vous donner le programme pour la répétition de demain.

Je savais que c'était à moi qu'il s'adressait – « votre monitrice ». Et au même instant les enfants explosèrent en une harangue joyeuse de « Pamela ! Pamela ! Pamela ! »

Je souri, et me frayai un passage parmi eux pour aller sur l'estrade. Ces enfants, tout innocents qu'ils étaient, n'avaient aucune idée du drame qu'était ma vie à ce moment là. Et leur enthousiasme était du plus grand réconfort pour moi.

Je leur donnai leur programme du jour suivant, et je leur demandai de baisser la tête pour faire la prière de clôture, que je prononçai avec beaucoup de chaleur – j'avais le cœur gros ce jour là.

Quand je descendis de l'estrade, Alain fut assailli par des jeunes frères de La Jeunesse Pour Christ (JPC) qui lui posèrent des questions à propos de leurs projets avenirs. Il se débarrassa d'eux rapidement et couru après moi...

- Pamela ! Pamela, attends..., je t'en prie, me dit-il en me rejoignant et se plantant devant moi. Je t'en prie, calmes-toi. Quand tu viendras demain, on parlera...
- *Hors de mon chemin*, Alain ! rétorquai-je en le poussant de côté. Ne t'occupes pas de moi... Et je le laissai planté là, bouche bée.

J'avais besoin de lui, c'est vrai, mais il me semblait qu'il voulait seulement me venir en aide quand ça lui convenait. Et j'en avais assez d'être à sa disposition pour le servir et d'attendre qu'il soit prêt à me parler.

- Est-ce que tu as entendu ce qu'il m'a dit ? demandai-je à Rachel lorsque je la rejoignis au fond de la salle. Il est tellement indifférent... Il m'a juste demandé d'attendre jusqu'à demain pour qu'on parle.
- Ne sois pas trop rapide à le juger, Pam. Il m'a dit qu'il t'aimait et qu'il t'aimera toujours. Est-ce que ça ne te dit pas quelque chose de l'homme qu'il est ? Et je t'ai entendu le renvoyer balader à l'instant... Qu'est-ce qui te prends ?
- Je ne sais pas, Rachel. Je suis très fatiguée ; je ne sais plus ce que je dis, lui répondis-je tout en nous frayant un passage au travers la foule d'enfants qui semblaient, tout-à-coup, sortir de partout, et tout en nous dirigeant vers la sortie.

Néanmoins, cet incident réveilla mes doutes envers Alain. Depuis que mon père m'avait averti à son propos, j'avais un manque de confiance à son égard logé au fond du cœur, et son attitude envers moi, cet après-midi là, n'avait qu'amplifié mes doutes. Alors, comment renouer nos relations ? Me demandai-je. *Il faut vraiment qu'il se prononce...*

Comme si Rachel avait lu mes pensées elle me dit :

- Pamela, renouer vos relations n'est pas difficile, il faut juste savoir pourquoi tu aimes et pour qui tu aimes... euh ! Pamela ! Regardes, de l'autre côté de la rue, je crois que c'est ton père qui te fait signe d'aller le rejoindre.
- Non ! Je n'y vais pas, Rachel ! Partons d'ici.
- Non, Pamela, pas question... ! Il reste ton père en dépit de tout. Il me semble que tu as oublié toutes les remontrances que tu m'as faites. Allons-y !
- Mais, Rachel, puisque je ne veux pas y aller ! Allons prendre un taxi.
- Pamela, tu lui dois du respect malgré tout, tu as compris ?

Sans pouvoir lui répondre, Rachel me pris par le bras et m'entraina de l'autre côté de la rue – nous allâmes rejoindre mon père.

Rachel devenait coriace avec moi et la plupart du temps ne voulait plus se plier à mes caprices.

- Je t'ai cherché partout ! Où étais-tu passée ? furent les premiers mots de mon père lorsque nous arrivâmes à ces côtes.

Je ne répondis pas. Je haussai seulement les épaules.

- Est-ce que tu vas garder ta colère encore longtemps ? Allons, viens, montes, on rentre ! ajouta-t-il.

Il ouvrit la porte de la voiture – avec chauffeur – et Rachel et moi montâmes sur le siège arrière. Tout le chemin se parcouru en silence. Nous déposâmes Rachel chez elle avant d'aller nous garer devant notre maison.

- Au revoir, Rachel, lui dis-je de la fenêtre.

- A bientôt ! Et prends bien soin de toi, Pamela. Merci pour m'avoir ramenée, Papa Vano, ajouta-t-elle avant d'ouvrir sa porte.

Une fois que nous ayons passé le bas de la porte, mon père me tendit un CD portable tout neuf, disant :

- Je suis vraiment désolé, Pamela, pour hier. Je t'en prie, essayes de me pardonner...

Je ne lui laissai pas terminer sa phrase et je couru m'enfermer dans ma chambre, en sanglots.

- Pamela ! Pamela ! il cria, montant l'escalier à ma poursuite. Il ouvrit la porte de ma chambre et me trouva le dos coller contre le mûr du fond.
- Pardonnes-moi ma chérie, je ne sais pas ce qui m'a pris, oublies cet incident et surtout n'en parles pas à ta mère. Je n'avais pas l'intention de te faire du mal...mais... dis-moi d'abord quelque chose, pourquoi ne dis-tu rien ? Tu es toujours fâchée ?
- Je veux être seule, dis-je, je veux être seule, laisses-moi s'il te plaît. Tu ne voulais pas me faire de mal, hein ? Mais tu l'as fait quand-même pour satisfaire ton bordel de femme, n'est-ce pas ? Tu m'as humilié et saches que tu m'as rendu malheureuse... D'ailleurs n'en parlons plus. Laisses-moi tranquille.
- Pamela, essaies de comprendre. Je n'ai pas divorcé ta mère et Hortense n'est qu'une concubine et...
- Et quoi, Papa ? Pourquoi me dis-tu ça ? Est-ce une façon de te justifier, ou quoi ? C'est honteux ! Mais, après tout, se sont tes affaires. Je m'excuse si je me suis mêlée de ça. Mais saches que je déteste Hortense et que je ne veux plus la revoir. Elle peut venir ici dans *ta* maison – ce n'est pas mon problème – mais je t'informe que tu as fait de moi une idiote. Je veux devenir comme les autres filles, je veux choisir ma vie personnelle et ma façon de vivre.

- Pamela, s'il te plaît, ne me fait pas ça ; je suis vraiment désolé pour tout, et ensuite...
- Oui, c'est simple de dire que tu es désolé... Je t'ai toujours obéis, Pa', mais comment se fait-il que tu me châties et que tu me laisses par terre évanouie pendant des heures – de dix-huit heures jusqu'à vingt trois heures ? Ce n'est que grâce à Michel que j'ai repris conscience. Comment peux-tu dire à tout le temps que je suis ta fille et que tu m'aimes ? Et tout ça pour une putain que tu veux satisfaire ?
- Pamela...
- Non, ne me touche pas... ! lui criai-je à la figure. Pa', je ne te comprends pas, tu me demandes de continuer avec Alain mais tu ne l'aimes pas vraiment et... Je n'en pouvais plus... Je continuai à sangloter.

Voyant mon désespoir, mon père me prit dans ses bras, me calma et me fit des petits bisous sur le front. Je me relaxai et je le serai aussi très fort.

- Pamela, pardonnes-moi, je t'en prie, me murmura-t-il à l'oreille. M'en veux-tu encore ?
- Non, Pa', je ne t'en veux pas... c'est fini, je t'aime, Pa'.
- Moi aussi je t'aime, ma fille. Et j'ai une bonne nouvelle... Ta mère a sonné ; elle revient demain ou après demain.

Cette nouvelle assécha mes larmes instantanément, comme le soleil qui assèche les pluies. Je regardai mon père – n'en croyant pas mes oreilles.

- PAPA ! Je criai, c'est absolument merveilleux !

Non seulement mon père m'avait demandé pardon, mais ma mère rentrait à la maison... Certainement, il y a avait un rayon de soleil que j'entrevoyais maintenant après l'orage de ma vie.

L'inattendu

Le lendemain après midi, comme promis, je me rendis à la répétition avant l'heure. Malheureusement, Alain n'était pas là. Je fus un peu déçue mais néanmoins, j'étais toute frétillante à la pensée de le voir... Je commençai le programme sans lui. Les enfants maîtrisèrent très bien toutes les scènes et les strophes de la chanson.

- Je m'excuse, mes amis, leur dis-je durant la pause, nous ne ferons pas beaucoup aujourd'hui, nous allons atteindre la fin de notre programme avant l'heure. Vous allez me promettre que demain vous viendrez à temps, n'est-ce pas ? Celui qui se présentera le premier, je lui donnerai un cadeau. Ça vous arrange ?
- Ouiiiii!!! répondirent tous les enfants joyeusement.

A la fin du programme et après une courte prière, nous sortîmes et nous fûmes déjà dehors quand un petit enfant vint se planter devant moi. Je ne savais pas qu'Alain était derrière moi. Le petit garçon me considéra avec curiosité, comme une grande personne.

- Parles, je t'écoute ! dis-je à l'enfant. Il me fixa sans répondre.
- M'oiselle Pamela, tu es belle et jolie... Euh ! Je voulais être ton ami, tu veux ?

Ce fut mon tour de le fixer, étonnée de sa déclaration – je ne savais quoi répondre à l'enfant.

- Réponds donc, l'enfant attend, rétorqua Alain de par-dessus mon épaule, un peu taquin.
  Je souris.
- Bien, comment t'appellent-ils chez toi ?

- Jean Claude Mande, mais mes amis m'appellent JCM.
- Et bien, Jean Claude, il faut que je te dise que tu es très beau toi aussi. Je te remercie pour ton compliment..., soyons amis, alors.

Le petit garçon, visiblement heureux de ma réponse, prit ses jambes à son cou et partit en courant vers ses petits copains pour leur annoncer sans doute la bonne nouvelle.

- Alors, Pamela, tu te trouves des petits amis maintenant ? me demanda Alain, d'un air moqueur.
- Oh ! Oh ! Circules, toi ! Ce n'est pas à toi de faire des interprétations. Dis-moi plutôt pourquoi n'es-tu pas venu à notre rendez-vous aujourd'hui, et pourquoi tu m'as laissée seule avec les enfants ?
- Pamela, tu es toujours fâchée ?
- Fâchée de quoi. En fait, je n'ai pas à me justifier envers toi. D'ailleurs je veux rentrer chez nous.
- Qu'est-ce qui se passe ? Tu sembles t'emballer pour un rien. Je voulais seulement blaguer pour voir ta réaction...
- Quoi ? Pour voir ma réaction ? Et bien, tu l'as eue « ma réaction » ! Au lieu que tu me dises posément ce que tu veux tout simplement, il faut que tu me fasses marcher ?
- Pamela, calmes-toi...
- Non ! Combien de fois tu veux que je me calme, hein ?
- Je te demande seulement, cette fois-ci, de te calmer..., et en plus je ne te fais pas marcher au contraire, c'est toi qui...
- Non, Alain ! Là tu m'énerves ! Ou bien je pars... si tu veux m'embarrasser.
- Attends une minute, dit-il. Ne t'emportes pas...

Il n'eut pas le temps de finir sa phrase, qu'il y eut deux frères et trois sœurs de la Jeunesse Pour Christ, qui vinrent nous couper la parole. Ces nouveaux venus m'énervèrent d'avantage. Ma patience était à bout.

Il causa avec eux à tour de rôle commençant par les garçons, puis les filles. Pendant qu'Alain causait avec les filles un des garçons s'approcha de moi et dit :

- Pamela, pourquoi es-tu aussi retirée comme ça aujourd'hui ? Tu n'as pas envie de compagnie ?
- Que veux-tu, frère ; cela te gêne-t-il que je ne parle pas ? En tout cas, il me semble que ça t'ennuie ! De toutes manières votre conversation ne m'intéresse pas ! Vous nous avez interrompus grossièrement, et maintenant vous voulez...
- Pamela, NON ! Je t'en prie, coupa Alain, entendant que j'étais sur le point de perdre patience.
- Laisses-là tranquille s'il te plaît, Gill, juste pour aujourd'hui et passes l'éponge sur tout ce qu'elle t'a dit. Elle ne se sent pas bien.
- Ce n'est rien, Alain. C'est déjà oublié, répliqua le Gill en question.
- Alain, je pars. On se revoit demain, dis-je, replaçant mon sac de livrets sur m'épaule.
- Euh ! Une minute, Joël, dit-il à la fille, et se tourna vers moi. Pamela, tu veux que nous allions à l'échec ? Tu pars, et tu ne me reverras plus jamais ! C'est ça que tu veux ?

Je ne lui répondis pas. Je baissai les yeux en signe de défaite.

- Alors, sois patiente et attends-moi, me dit-il.

Je restai taciturne et aphone pendant qu'il continua à bavarder avec ses amis. J'étais assise sur un bloc de ciment devant la barrière, en face de chez lui. Dix minutes plus tard, les filles partirent et il vint s'asseoir à mes côtés.

- Pamela, ma chérie, pourquoi es-tu si nerveuse ? Rachel m'a dit hier que tu avais eu un problème avec ton père ? C'était dû à quoi ?
- J'ai froid, Alain. Je veux rentrer à la maison.

- Tu veux rentrer à la maison ?

Je restai encore une fois muette. J'en avais par-dessus la tête de toutes ces balivernes. *Comme s'il ne savait pas ce qui me ronge le cœur en ce moment. Il est complètement aveugle ou ma vie l'importe peu...*

- Je t'ai posé une question, Pamela.
- Moi, j'ai froid et j'ai entendu ta question..., merde !

Sur le coup, il appela sa petite sœur, Rosine, qui était assise dans le jardin avec une de ses amies.

Rosine, amènes-moi mon manteau, si tu veux bien ?

Sans demander d'explications (il semblait avoir bien dressé les femmes de sa maisonnée), elle revint avec le manteau et le tendit à Alain.

- Merci ! lui dit-il, se tournant vers moi et me mettant le vêtement sur les épaules. Aussitôt, je me sentis beaucoup mieux.
- Merci, c'est gentil, lui dis-je avec un petit sourire de gratitude.
- Alors, dis-moi ce qui s'est passé entre toi et ton père...
- Pa' m'a flanqué une volée de gifles et... et il m'a laissée inconsciente sur la véranda pendant des heures.
- Mais pourquoi, Pamela ? Te battre ; à ton âge, ça n'a pas de sens ?
- Oh, que si ! Pour lui ça avait tout le sens du monde ! Tu vois, sa putain de femme était venue à la maison. Rachel et moi étions en train de causer et d'écouter la musique... Une chose que je n'ai pas eu encore l'occasion de te dire, maman m'a écrit une lettre. Elle m'a posé beaucoup des questions sur cette ignoble d'Hortense. Et aussi elle m'a demandé de te saluer. Enfin..., ce soir là cette infâme m'a demandé si papa était là, tout en me remettant des habits de mon père qu'elle avait mis au nettoyage à sec. D'autres parts, mon père m'avait dit de faire attendre Hortense si elle venait

– mais je ne lui ai pas donné le message ! Je ne sais pas ce qu'Hortense lui a raconté, mais quand il est venu me trouver sur la véranda, il m'arracha les écouteurs de mon CD-portable (je ne l'avais pas entendu venir) et me gifla tout en me criant, « Depuis quand est-ce que tu ne me réponds pas quand je te pose une question ? Grossière, impolie... ». Il me dit tellement de choses insolentes que je n'ai pu m'empêcher de lui faire savoir ce que je pensais de lui et de ses concubinages avec sa pute. Bien sûr cela m'a valu une autre gifle. Entre temps il m'arracha le CD et le flanqua de toutes ses forces au sol, le cassant complètement. Cette Hortense me dégoûte ! Et hier, il est venu m'attendre à la sortie de la répétition et nous sommes rentrés à la maison ensemble. Quand on est arrivé chez nous, il m'a donné un nouveau CD-portable et m'a demandé de le pardonner. Ce que j'ai fait. Mais, je crois que la raison pour laquelle il voulait que je le pardonne était seulement parce qu'il avait reçu un coup de téléphone de ma mère lui disant qu'elle avait l'intention de revenir dans quelques jours, alors il ne voulait pas que je lui raconte ce qui s'était passé entre nous... Et voilà, c'est mon histoire... Mais toi, maintenant tu viens me remettre tout ça sur le plateau avec ton attitude désintéressée...

- « Désintéressé ? » Non, Pamela, je ne suis pas « désintéressé » ! Au contraire, tout ce qui te touche me touche, et c'est pour ça que je remets « tout ça sur le plateau », comme tu dis... Euh, Pamela..., est-ce que tu m'aimes encore ?
- Qu'est-ce que tu veux que je te dise, Alain ? Que veux-tu ?
- Pamela, pourquoi me demandes-tu ça ? Tu m'aimes oui ou non ?

- Ne sais-tu pas que je t'aime, que je te veux ? Il faut que tu me le demandes encore ? OUI.
- Bien..., encore une autre question : as-tu confiance en moi ?
- Euh ! Oui, un peu... Alors pourquoi toutes ces questions ?
- Parce que je veux te reprendre, que tu sois ma fiancée, que tu sois ma femme.

Le pauvre Alain ! Il parlait bien, tout aveugle qu'il fut, il ne savait pas ce qui l'attendait. Mais toujours est-il que je fus très heureuse d'entendre cette déclaration – finalement !

- Alain je t'aime bien et je t'ai toujours aimé. Mais mon père n'est toujours pas enthousiaste à ton égard, mais je me battrai pour qu'on gagne son estime.
- Oublies ton père et viens dans mes bras.

Je me blottis dans ses bras, il me serra très fort et commença à me murmurer quelques mots d'amour tels que, « Que tu es belle, Pamela » et « Oh ! Pamela, mon amour ». Et il me récita des poèmes de toutes sortes.

Mettez-vous à ma place ; l'homme vous quitte, après quelques mois il vous revient en pleine forme, il vous dit des mots doux et vous serre dans ses bras ; que pouvais-je faire d'autre, que de retomber amoureuse de lui d'un amour sans borne.

Un des poèmes qu'il me récita était un chapitre de cantiques des cantiques dans la Bible :

Tu es belle, mon amie, comme l'or, agréable comme l'argent, Mais terrible comme des troupes sous leurs bannières.
Détourne de moi tes yeux, car ils me troublent,
Tes cheveux sont un troupeau des chèvres,
Suspendues aux flancs de galaad.
Tes dents sont comme un troupeau des brebis,
Qui remontent de l'abreuvoir!
Toutes portent des jumeaux, aucune d'elles n'est stérile.

Ta joue est comme une moitié de grenade,
Derrière ton voile...
Il y a soixante reines, quatre-vingts concubines,
Et des jeunes filles sans nombre.
Une seule est ma colombe, ma parfaite ;
Elle est l'unique de sa mère,
La préférée de celle qui lui donna le jour.
Les jeunes filles la voient, et la disent heureuse ;
Les reines et les concubines aussi, et elles la louent
Qui est celle qui apparaît comme l'aurore,
Belle comme la lune, pure comme le soleil,
Mais terribles comme des troupes sous leurs bannières.
Je suis descendu au jardin des noyers
Pour voir si la vigne pousse, si les grenadiers fleurissent.
Je ne sais, mais mon désir m'a rendu semblable
Aux chars de mon noble peuple. (Cantique du Roi Salomon)

Il me récita beaucoup de poèmes, qui me rendirent heureuse et pleine d'un amour tout nouveau. Même de ces jours ci, lorsque je suis en train de les écrire, je me rappelle de cet amour que nous nourrissions de tout notre cœur et âme.

Je me souviens d'un autre, un peu long :

Que tes pieds sont beaux dans ta chaussure, fille de prince !
Les contours de ta hanche sont comme des colliers,
Oeuvre des mains d'un artiste.
Ton sein est une coupe arrondie
Où le vin parfumé ne manque pas.
Ton corps est un tas de froment, entouré de lis.
Tes deux seins sont comme deux faons,
Comme les jumeaux d'une gazelle,
Ton cou est comme une tour d'Ivoire;
Tes yeux sont comme les étangs de Hesbon

Près de la porte de mon cœur
Ton nez est comme la tour d'une beauté divine
Qui regarde autour de tous les précieux !
Ta tête... Que tu es belle, que tu es agréable
Oh ! Mon amour, au milieu des délices
Ta taille ressemble au palmier et tes seins à des grappes.
Je me dis: Je monterai sur le palmier,
J'en saisirai les rameaux !
Que tes seins soient comme les grappes de la vigne.
Le parfum de ton souffle comme celui des pommes,
Et ta bouche comme un vin excellent,
Qui coule aisément pour ma bien-aimée;
Et glisse sur les lèvres de ceux qui s'endorment !
(Cantique du roi Salomon)

Après avoir récité ces poèmes il me dit :

- Pamela, saches encore que tous les jours comptent dans la vie. Il ne faut jamais se méprendre sur ce point. Il ne faut jamais négliger même une journée, car tu en paierais un prix exorbitant et ruineux dans l'avenir. Dès le matin nous irons aux vignes, nous verrons si la vigne pousse, si la fleur s'ouvre, si les grenadiers fleurissent. Là je te donnerai mon amour. L'amour est comme une fleur, il faut l'arroser sinon elle fanera et la plante mourra. Les mandragores répandent leur parfum, et nous avons à nos portes tous les meilleurs fruits, nouveaux et mûrs. Ma bien-aimée, je les ai gardés pour toi. Tout en moi est pour toi, je t'offre tout mon amour. Prends en soin et saches l'économiser. Et souviens-toi d'y mettre de l'eau tout le temps pour qu'il ne se flétrisse jamais.

Il s'arrêta là pendant quelques secondes et me regarda sans mot dire. Ensuite, il ajouta :

- Mais je sens que tu es toujours affligée, troublée.... Ton père ne me veut pas...

- Non, Alain, c'est faux ce que tu dis là, lui dis-je.
- Mais, puisque tu me l'as dit toi-même, Pamela...
- Oui, je te l'ai dit. C'est ce que je pense, et ce que j'ai remarqué.
- Bon, je ne le souhaite pas, et Gloire soit rendue à Dieu si c'est le contraire. Et que le jugement soit seulement divin. Je te disais seulement qu'il semble que tu es toujours troublée et ces pensées négatives sont comme un ver qui mange la jeune plante. Les termites viennent toujours aux racines pour détruire la plante, mais il faut y veiller sérieusement. Oh ! Je sais que n'es-tu pas ma sœur, allaitée des mamelles de ma mère ! Et quand je te rencontrerai dehors, je t'embrasserai, et l'on ne me méprisera pas. Donnes-moi tes instructions, et je te ferai boire du vin parfumé, du moût de mes grenades. Mais, je t'en conjure, Pamela, il ne faut jamais réveiller, jamais ranimer, ni même pas faire naître l'amour qui dort sans qu'il ne le veuille. Si tu vois que ce n'est pas le moment, dis-moi avec prévenance « Alain, arrêtons ! » Parce que je t'ai donné mon amour totalement, comme Dieu le voulait. Qui est celle qui monte du désert, appuyée sur son bien-aimé ? Je t'ai réveillée, Pamela, sous le pommier, là où ta mère t'a enfanté. C'est là où elle t'a donné le jour, et tu es devenue géniale et belle. ...Bon c'est une façon de parler.
- Alain, dis-moi si c'est un autre poème que tu m'as récité là ?
- Non, Pamela je te dis que c'est seulement une façon de parler. C'est peut-être parce que je lis beaucoup à propos du roi Salomon, et maintenant je parle comme lui. Alors mets-moi comme un sceau sur ton cœur, comme un sceau sur ton bras, car l'amour est fort comme la mort. La jalousie est inflexible comme le séjour des morts, ses ardeurs sont des ardeurs de feu ; une flamme

de l'Eternel. Parce qu'il n'y a que Dieu seul qui connaît les extrémités de l'amour. Et les fleuves ne le submergeraient pas, les grandes eaux ne peuvent éteindre l'amour. Quand un homme offre tous les biens de sa maison contre l'amour... Je crois t'avoir dit cela une fois. Bon je ne sais pas... Cet homme ne s'attire que le mépris. Il faut que tu sois vertueuse, Pamela, et tu auras plus de trésors que toutes les perles et les joyaux du monde pourraient t'offrir. J'aurai confiance en toi et les fruits de mes efforts ne te feront pas défaut. Tu me feras du bien et non du mal. Tous les jours de ma vie, tu me procureras du lin et du vin. Tu travailleras avec le cœur plein de joie et d'amour. Si tu es vertueuse, tu seras comme un navire marchand ; tu amèneras ton pain de loin. Il faudra être hospitalière, tendre la main au malheureux, tendre la main à l'indulgence. Si tu faisais tout cela, ton mari sera estimé dans l'enceinte des maisons de nos sages et de nos anciens du pays. Tu verras, tu seras revêtue de robustesse et d'une bonne réputation. Pour toi, l'avenir sera toujours bienveillant. Tu ouvriras ta bouche avec sagesse. Il faut qu'il y ait sur ta langue des mots aimables. La bonne femme, aimée par son mari, veille sur ce qui se passe dans sa maison. Elle ne mange pas l'agrume de la fainéantise, elle est enchantée pour ses fils, elle est magnifiée par son mari. Bon nombre de filles peuvent avoir une conduite chaste, mais toi, si tu retenais tout ce que je te dis, tu serais au-dessus de celles-ci et tu les surpasseras toutes.

- Pamela, tu es jolie et belle, n'est-ce pas une grâce de Dieu ? Saches que la grâce est trompeuse, et la beauté est vaine. Je te demande chaque fois de ne pas te fier à ta beauté physique mais de craindre Dieu et de l'écouter, parce que la femme qui craint l'Eternel est celle qui sera magnifiée et louée. Elle sera récompensée par le fruit de son travail. Celui qui acquière du sens aime son âme. Celui qui garde l'intelligence trouve le bonheur. Pamela, il ne faut jamais que tu sois querelleuse ou rancunière ; c'est une gouttière sans fin. Mais une femme sereine et juste est un don de l'Eternel. Pamela, j'aime te dire la vérité parce que c'est ce qui fait le charme de l'homme que je suis. Ce n'est pas sa bonté – et mieux vaut un pauvre qu'un menteur, dit-on. Je n'ai pas le temps de te mentir, ni de te flatter, je te dis tout ouvertement sans rien te cacher. Chaque fois je te dis que j'ai des projets... Euh ! Et tu sais que dans mon cœur, il y a tant de désirs, mais ceux-ci ne s'accompliront que si Dieu y met la main, car c'est le dessein de L'Eternel seulement qui s'accomplit. Parce que les desseins dans le cœur de l'homme sont des eaux profondes, mais l'homme intelligent sait y puiser, dit-on encore. Saches que la femme sage bâtit sa maison, et la femme insensée la renverse de ses propres mains.[18]

Il m'expliqua beaucoup d'autres choses qui m'éduquèrent d'une manière que je ne connus pas jusqu'à ce jour.

- Voilà, il est tard, dit-il. Je te ramène à la maison, tu veux ? Je t'aime, Pamela. Je t'aime tellement que je ne sais plus quoi dire.

Il en a tellement dit que le puits doit être à sec ce soir ! Je souriais sans répondre.

- ...si quelqu'un t'aime de la sorte, ce n'est pas de la démence, ce n'est pas une folie, ce n'est pas une aberration, ce n'est même pas une déraison, je pourrais dire encore que, ce n'est même plus une frénésie. Au contraire, c'est authentique, c'est indubitable et c'est réel, sache encore que c'est ordinaire et fréquent. Tu comprends ça ?

---

[18] Proverbes 31: 10-31

- Oui, Alain. Mais, maintenant emmènes-moi chez moi.
- Pamela, je crois que je t'aime plus que tu ne m'aimes.
- Je t'aime beaucoup aussi. N'aies crainte de rien, Alain. Mon souci était de te revoir dans mes bras et que moi je sois tranquille.

Nous partîmes de chez lui, nous prîmes un taxi. J'étais très contente qu'Alain me soit revenu, à moi toute seule !

- Etes-vous mariés, monsieur, madame ? demanda le taximan.
- Oh, non, monsieur, mais ça sera pour bientôt, répondit Alain très confiant.
- Peut-on savoir pourquoi ? demandai-je aussi.
- Gratis, ben ! La façon dont vous vous serrez dans vos bras, ça conclu que...
- Oh ! Ça va, ça va et merci pour votre appréciation, coupa Alain. Vous nous laissez au coin de l'avenue, s'il vous plaît ?

Le taximan nous déposa juste à la barrière. Nous vîmes un monde fou, Rachel, Mamie et un garçon que je ne connaissais pas – tout le monde était là !

- Salut !
- Bonjour !
- Nous sommes venus te chercher... s'écria Mamie.
- D'abord présentes-moi, coupai-je, qui est ce garçon ?
- Heu ! C'est Gilbert, peut-être tu ne me croiras pas, mais c'est mon futur époux ! On se parlait tellement au téléphone que je ne savais plus quoi lui dire ! Alors maintenant je me suis décidée à le prendre... Je l'adore...
- Pour une bonne nouvelle, ça c'est une bonne nouvelle ! Enchanté de vous avoir parmi nous, Gilbert, voici mon fiancé, Alain, et ma meilleure amie, Rachel... mais entrez donc !

- Non merci, Pamela. Je suis venue te dire que mon père est de retour à la maison. Il y a de ça deux jours. Et l'harmonie règne à nouveau dans la maison, grâce à toi.
- Non, Mamie, ne me jettes pas de fleurs ! Ton effort et ton courage furent à la base de tout. Mais la personne qu'on doit beaucoup plus remercier c'est Alain... je crois.
- Pamela, laisses moi en dehors de tout cela... Alain répliqua visiblement gêné.

Nous rigolâmes avec jovialité et gaieté à ces mots.

- Pamela..., maintenant, je voudrais te présenter à mon père. Il veut te voir, je crois ce week-end, veux-tu ? bredouilla Mamie.
- Oui... mais ... c'est-à-dire que..., je veux bien venir mais pas ce week-end. Le prochain week-end ce serait mieux, parce que... Euh ! Alain... Hum ! Tu vois...
- Mamie, interrompit Alain, ne t'en fait pas, Pamela viendra chez toi ce week-end.
- Mais, Alain, les enfants ?
- Je m'en occuperai, où bien on reportera ça. Mais sois sans crainte tout s'arrangera. Il faut que tu honores l'invitation de ton amie.
- Crois-tu que tu ne m'en voudras pas ?
- Pamela... ! s'écria-t-il étonné.
- OK, sans problème... Mamie, je passerai samedi dans l'après-midi.
- Je savais que tu serais d'accord, Pamela, ajouta Mamie. Vous viendrez vous toutes deux avec Rachel, n'est-ce pas ? Ça me fera un grand plaisir.

Après Mamie me dit tout bas :

- Pamela, je vois que ça marche bien avec Alain, si je ne me trompe pas.
- Oui, c'est juste un commencement... Je te raconterai tout ça au téléphone ou lorsque je viendrai te voir samedi.
- OK ! Bien, à samedi. Salut, Rachel ..., Alain...

Et ils partirent avec Gilbert.

- Mais dis donc, toi, pataugea Rachel. Où étais-tu passée toute la journée ? Je croyais que la répétition devait se terminer à seize heures trente.
- Rachel, tu le sais, non ! Alain et moi, nous avons beaucoup parlé et l'heure est passée inaperçue...
- Assez, les filles, je dois aussi partir, interrompit Alain. Pamela, demain on ne répète pas...
- Oh, non ! J'avais promis aux enfants que nous allions faire la répétition, et je leurs avais dit qu'il y aurait un cadeau pour celui qui arriverait le premier.
- Alors, tu y vas, comme tu l'as promis, mais moi je serai en réunion... A bientôt...

Il nous embrassa toutes les deux et partit.

Le retour de ma mère

Nous étions encore dehors, devant la maison, que Rachel me dit :

- Pamela, une autre bonne nouvelle : Maman Susanne est là ! Elle est arrivée, il y a de ça deux-trois heures.
- Quoi ? Maman ! Ce n'est pas vrai !

Rien ne put me retenir. Suivie de Rachel, je courrai pour sauter dans les bras de maman. Elle fut tellement heureuse de me voir qu'elle me prit dans ses bras et me murmura des mots enfantins – comme ceux que j'avais entendus quand j'étais toute petite. Pour ma part, je fus tellement émotionnée que je perdis conscience. Il paraît que lorsque je m'affalai, je balbutiai des choses incompréhensibles.

Je me réveillai quelques heures plus tard, dans mon lit avec seulement mon soutien gorge et mon bermuda sur moi. J'avais très chaud... Ma mère était assise à mes côtés, sur le bord du lit.

- Ah ! Tu es réveillée, me dit-elle avec un grand sourire. Ma chérie, tu m'as fait une de ces peurs, qu'est-ce qu'il y a ?
- Maman, je suis très heureuse de te revoir, d'être à tes côtés. Tu ne pourras jamais savoir combien tu m'as manqué. Pourquoi ne m'as-tu pas dis que tu arrivais aujourd'hui ?
- Je voulais juste te faire une petite surprise.

Heureusement, mon père était à la maison ce jour là, et maman n'eut pas à déniché la fameuse Hortense.

Je sortis du lit et j'embrassai ma mère une fois de plus. Je la serrai très fort, et pour la première fois depuis des mois je me sentis libre de tous mes ennuis.

Après m'être rafraichie, je descendis à la cuisine où ma mère me servit un repas délicieux – elle savait faire la cuisine, je vous le dit ! Et je me rendis compte que son retour avait apporté avec lui le retour de mon appétit. Je dévorai mon repas comme si je n'avais pas mangé depuis une semaine. Quelle joie ! Maman revenue, Alain revenu, le même jour ! Me dis-je en moi-même.

Après m'être rassasiée, maman me laissa le temps de dormir. Je sombrai dans un sommeil profond rempli de rêves incongrus. Je fis même un cauchemar dont je ne compris le sens que des semaines plus tard.

Je vis un homme très élancé, très arrogant et ses yeux attiraient tout le monde qui le fixait, à la perdition. Il était vêtu d'habits sanglants, pourpres, écarlates et cramoisis. Il avait des barres de fers dans les mains. A ses côtés, se tenaient des hommes animaux, des loups-garous qui avaient une tête de lion ou de loup et un corps d'homme ou bien le contraire. Ces créatures sont apparemment très rares dans notre monde, mais dans le monde occulte, Satan, le diable, les utilisent pour punir les gens qui désobéissent ses ordres, ou encore pour châtier les chrétiens qui troublent leurs messes noires par des prières puissantes adressées à Dieu. Ce sont des animaux féroces. Ils vous déchirent, vous foulent aux pieds sans que vous ne sachiez quoi faire. Ils sont pleins de haine, ils sont très malins. De l'autre côté de la montagne, il y avait des tigres, des lions, des chiens féroces, des oiseaux aux cris horribles, et d'autres créatures toutes aussi effrayantes.

Tout-à-coup, l'homme habillé de cramoisi m'adressa la parole d'une voix rogue et autoritaire.

- Pamela ! Pamela ! Viens avec nous. Tu vas nous dire où est allé ton bien-aimé.
- Oh ! La plus belle des femmes, ajouta une femme, habillée d'une robe blanche, tachetée du rouge de sang. De quel côté ton bien-aimé s'est-il dirigé ?

- Nous le cherchons, il ne doit pas vivre, cria encore l'homme en cramoisi.

Les créatures se rassemblèrent autour de moi. Elles furent tellement nombreuses que je ne su les compter.

- Mon bien-aimé est descendu dans son jardin, répondis-je. Il est descendu au parterre d'aromates pour faire paître son troupeau, et pour cueillir des lis. Je vous en conjure ; je suis à mon bien-aimé, et lui il est à moi. Je ne vous permettrai pas de le toucher. Il fait paître son troupeau dans les jardins de verdures.
- Pamela, tu es très chétive. Tu ne sauras pas nous empêcher d'accomplir notre devoir, bafouilla l'homme habillé de cramoisi. Tu es belle. Comment se fait-il que tu veuilles épouser cet homme ? Son jour est venu, il doit mourir. C'est lui qui meurt, où bien c'est toi.

Ils me menacèrent, sans que je ne sache quoi dire. Nous suivîmes Alain dans les jardins où il faisait paître son troupeau. Ils le battirent, il tomba dans l'abreuvoir, me regarda et dit :

- Tu es toute belle, Pamela, et il n'y à point de défaut en toi. Regardes du sommet de la montagne, du sommet des collines et des arbres. Des tanières de lions, des montagnes de léopards. Tu me ravis le cœur, le charme dans ton amour vaut mieux que le vin, et combien tes parfums sont plus suaves que tous les aromates ! Tes lèvres goûtent le miel et le lait. Ton cœur est sans répugnance, sans répulsion, dégoût ou haine. Mais l'odeur de ton vêtement est comme l'odeur de la gloire dans le royaume du diable ou personne n'a confiance en l'autre. Dis-moi, oh, toi que mon cœur aime, Pamela, où fais-tu paître tes brebis, où les fais-tu reposer à midi ? Pourquoi suis-je comme un égaré, près des troupeaux de tes compagnons ? Si tu ne le sais pas, Pamela, tu es la plus belle des femmes. Quittes les traces des brebis, et fais paître tes chevreaux près des demeures des ces gens à tes côtés. Je t'en conjure, Pamela, par les gazelles et les biches des champs, pourquoi as-tu réveillé l'amour en moi avant qu'il ne le veuille en toi ?

Quand il se tu, l'homme vêtu de cramoisi, donna l'ordre de le tuer. On le déchira avec les mains, le déchiqueta avec les dents, on l'égratigna avec de longs ongles, l'écorcha avec des machettes. On le mit en pièce de viandes.[19] J'essayai de les en empêcher, mais ce fut trop tard...

Je me réveillai en sursaut et j'hurlai jusqu'à en alerter toute la famille. Je baignais dans la sueur quand mon père ouvrit la porte de ma chambre, suivit de toute la maisonnée.

- Pamela, qu'est-ce qu'il y a ? Est-ce que ça va ? demanda mon père, visiblement anxieux.
- Oui, je crois, euh ! Rien de bien méchant, vraiment. Je crois avoir fait un cauchemar.
- OK, reposes-toi, prends un peu d'eau et rendors-toi, dit-il.
- Maman, veux-tu rester avec moi pour quelques minutes, s'il te plaît ? murmurai-je.
- Je suis là, ma chérie, me dit-elle en s'assaillant au bord de mon lit. Mais d'abord explique-moi ce cauchemar.

En quelques lignes, je fis mon récit, mais je tremblai rien que de penser de ce qu'Alain allait mourir.

- Ma' j'ai tué Alain de complicité avec ces gens.
- Ce n'est qu'un rêve, Mwad, me rassura ma mère. Essaies de dormir maintenant.
- Non, maman ce n'est pas seulement un simple songe ; il doit y avoir une raison pour que je fasse un tel cauchemar. Et une autre chose : Alain ne cesse de me dire qu'il ne faut pas réveiller

---

[19] En collaboration avec Le roi Salomon

l'amour, avant qu'il ne le veuille ! Ma', dis-moi si tu comprends quelque chose à cela. Ça m'effraie un peu. Je sais qu'Alain m'aime. Il me veut tellement, qu'il me témoigne son amour ouvertement. Mais il me dit que si je trouve que je n'irai nulle part avec lui il vaut mieux que j'abandonne l'idée de l'épouser. Parce que, dit-il, il vaut mieux prévenir que guérir... Que dois-je faire à ton avis, Ma' ?

- Ecoutes, ma fille, je te dis et je te le répète toujours ; tu es la seule personne à pouvoir mettre ta vie en valeur. Un homme, ou aucune personne d'autre ne peut entraver ta liberté, tu es maîtresse de ton destin. Si c'est non, tu dis non, si c'est oui, tu dis oui, sans ajouter autres choses. Bon..., maintenant je dois aller dormir.
- Non, Ma' ! Ne me laisses pas seule. Dors avec moi, ici, s'il te plaît ? J'ai trop peur. Et en plus, je crois que papa ne l'aime plus. C'est comme s'il n'avait pas la même confiance en lui qu'il avait avant. Pour moi, c'est comme si j'étais en train de vivre un autre cauchemar.
- Dors maintenant. On verra ce qu'on pourra faire demain, me dit ma mère en s'allongeant à côté de moi.

Ma mère accepta de dormir avec moi cette nuit là. Je me blottis dans ses bras comme une petite fille, toute la nuit.

Le lendemain nous parlâmes encore de beaucoup de choses concernant Alain et je racontai tout ce qui s'était passé à la maison durant son absence. Mais je ne parlai pas d'Hortense – que les parents résolvent eux-mêmes leurs différents. « Oui je la vois souvent, mais je ne sais pas ce qui se passe entre eux », lui dis-je lorsque ma mère me posa une question à son propos. Mais en ce qui concernait le fait qu'ils sortaient ensemble, là je m'abstins.

- Ma', parles-moi un peu de papa. Pourquoi ne lui reproches-tu pas ce qu'il a fait avec la demoiselle Hortense ? Je suis convaincue que tu sais ce qui se passe entre eux, n'est-ce pas ?

  Ce fut plus fort que moi, je ne pu tenir ma langue.

- Ton père ? me répondit-t-elle en levant les sourcils. Il est comme une futilité – inutile ! Il est comme les nèfles, les clous – bon à rien ! Il est devenu insupportable. je veux seulement rentrer chez ma mère. Je crois que ça sera une bonne solution. Toi et Michel, avez grandi maintenant, vous pouvez vous en sortir sans moi, n'est-ce pas ?
- NON, Ma' ! Il faut que tu restes avec nous. Peut-être un jour ça ira, hein ! Ma', tu restes ? Promets-moi de rester.
- Je ne sais pas, Pamela, peut-être je resterai, mais ton père m'inquiète. Il a quitté le service, il s'est dessaisi. Crois-tu qu'avec mon petit boulot cela suffira pour subvenir à tous nos besoins ? Payer pour le manger, le minerval, les habits, les souliers, et tout ce qui s'en suit, c'est vraiment de trop – on y arrivera pas ! D'autres parts, je ne sais même pas pourquoi il a démissionné. Ce n'est pas clair tout ce qu'il me raconte; il me parle de projets, de voyages, et je ne sais quoi d'autres, mais rien de tangible pour nourrir et vêtir notre famille dans l'immédiat...

  Soudain, nous entendîmes la voix de mon père.

- Attends..., attends-moi ici – j'arrive, je crois que ton père m'appelle.

Je pris mon jus d'orange à mon aise. Après quelques minutes mon père me rejoignit et bredouilla :

- Mwad, je t'aime bien et je t'ai toujours aimé mais cette fois-ci je veux que tu m'écoute ! Je n'ai pas de boulot mais il y a une agence qui veut travailler avec moi, et j'ai introduit ton dossier aussi. Ils ont dit qu'ils t'enverront une bourse pour faire tes études en Afrique du Sud ou en Europe…, on verra. Alors, j'ai pensé qu'il faut que tu mettes de côté ces histoires de mariage. Tu as tout un avenir devant toi, n'est-ce-pas ? Tu pourrais faire le droit ou les sciences politiques administratives, tu auras le choix… Mais pour le moment, je dois aller à Lubumbashi, pour faire mes papiers et les tiens.

- Mais, Papa ! m'écriai-je. Puisque je n'ai pas envie d'aller en Afrique du Sud, même pas en Europe, je veux faire mon avenir avec Alain du moins si… d'ailleurs il m'avait dit que je fasse les sciences économiques pour l'aider dans l'avenir, dans les projets qu'il a de…
- Pamela, arrêtes avec tes balivernes ! Tout ce qu'il te raconte ne sont que des rêves ! Toi là, tu as ton diplôme et lui ? Je suis ton père et tu dois m'écouter, c'est tout.
- Vano, ne tourmentes pas l'enfant, interrompit calmement Maman.
- Susanne, je ne la tourmente pas, coupa mon père. Je ne fais que mon devoir de parent. Je lui montre le chemin à suivre. Et je n'ai pas dit qu'elle renonce à ses engagements… Euh ! Mais cela n'est pas exclu.
- OK ! OK ! Vano, je m'excuse, peut-être j'avais mal compris.

Il agrippa son petit sac, qu'il tenait à la main, appela son chauffeur et ils partirent ensemble sans plus de commentaires.

- Maman, qu'est-ce qui se passe encore ? demandai-je lorsque nous entendîmes la porte se refermer sur eux.
- Je ne sais pas, ma fille, dis-moi du moins que tu aimes Alain ?
- Euh ! Oui, je l'aime bien…
- Alors, je veux qu'on en parle plus. Je te demande de l'aimer totalement comme il t'aime… hum ! Aimes-le tel qu'il est, comme il est, pauvre ou

riche – que ton amour soit parfait envers lui. Je t'ai toujours dit que tout dépendait de toi. Alors, ne me déçois pas, ne sois pas tourmentée, par ces histoires d'Afrique du Sud ou d'Europe ; au contraire, prends les choses au sérieux. Tu as compris ?

- Oui, Ma'. Tu es merveilleuse ! Je me levai de table et je me précipitai dans ses bras. Elle me serra très fort ; elle savait que j'avais besoin de son réconfort. Je t'aime, Ma'.
- Ce jour là je compris que maman commençait à douter de moi, parce que à chaque fois que j'étais devant mon père, j'eus toujours tendance à déguerpir, de fuir Alain.

La Sexualité

- Pamela, je dois aller voir Berthe, elle m'attend chez elle. Tu finis le ménage pour moi, tu veux bien ? me dit ma mère en partant.

Entre temps, Caroline, une sœur de la Jeunesse Pour Christ vint me voir. Nous causâmes de beaucoup de choses concernant la journée de la Jeunesse Pour Christ... et de la sexualité.

- Pamela, maintenant je dois partir, j'ai quelque chose à faire chez nous.
- Je suis vraiment très contente que tu sois venue me voir, tu es très gentille. Mais si ça ne te dérange pas, je te demanderai d'emmener cette note à Alain, veux-tu ? lui demandai-je en lui tendant la note que j'avais écrite le matin même.
- Non, ça ne me dérange pas, Pamela, je passe devant chez lui de toutes manières... Je te trouve aussi gentille.

La note pour Alain disait simplement que je l'attendais à la maison.

Elle prit son taxi et parti.

Lorsque maman arriva chez Maman Berthe, elle fut bien accueillie, comme d'habitude.

- Salut, Susanne, bienvenue !
- Bonjour, Berthe. J'espère que je ne me suis pas fait trop attendre.
- Non... mais, un peu oui... Alors, raconte Susanne... Mais, viens, entrons dans la maison, nous serons plus à notre aise.
- OK. Merci..., je t'en prie.
- Alors, dis-moi comment s'est passé ton voyage ?

- Mon voyage s'est bien passé, mais un peu harassant. Tu sais, je pensais aux enfants... Et puis, mon mari a démissionné de son travail... Donc j'étais un peu pensive de ces derniers temps. Mais je crois tout s'arrangera avec le temps. Et merci pour avoir jeté un coup d'œil sur la maison de temps en temps ; Pamela m'en a tenu informée.
- C'est rien, Susanne. Tu sais c'est à cause de ta famille que la mienne s'est renouée maintenant.
- Dis-moi, comment t'es-tu arrangée pour que ton mari change complètement, et que tu aies un bon résultat en fin de compte.
- Oh, ce n'est pas compliqué, dit Maman Berthe. En sortant de chez toi un jour – je crois même que c'était avant que tu ne partes – j'étais rentrée à la maison, Philip m'avait menacé, voulant même me fracasser la tête. Heureusement, les enfants, qui revenaient juste de l'école, intervinrent et l'interrompirent.
- Alors qu'as-tu fait, rester clouer là, ou quoi ? questionna ma mère.
- En tout cas, je n'ai pas bougé. Je l'observais pour voir ce qu'il allait faire. Il avait agi vraiment méchamment. J'avais honte à sa place devant les enfants, parce qu'il les avait embarrassés aussi. Après les avoir chassés avec des gros mots, Rachel est revenue au salon. Elle lui a dit des choses très touchantes que de ma toute vie, depuis que cette fille est née, je n'avais jamais entendues sortir de sa bouche. Gloire à Dieu ! Philip a compris. Et il nous a imploré de le pardonner et depuis lors, il n'a plus touché à une goutte d'alcool et se conduit vraiment bien.
- Ça vraiment, c'est une grâce divine. Tu es bénie, Berthe, je te le dis franchement. Tu le sais ? Ce n'est pas n'importe qui, qui est bénie comme tu l'as été, ajouta ma mère.

- Tu sais, Susanne, ça fait bien longtemps qu'il ne m'avait embrassé, mais ce soir là il m'a prise dans ses bras et nous avons passé une très bonne nuit. J'avais compris que Rachel avait déjà fait de grands progrès. Elle est même devenue ma confidente, et actuellement, elle ne sort plus n'importe comment. Mais il y a Odile... Avant, elle prenait toujours exemple sur sa sœur mais maintenant elle est devenue excentrique en son genre – un peu comme Rachel était avant qu'elle ne change. Enfin, voilà un peu tout mon rapport.
- Et bien, tout ça sont de bonnes nouvelles... Et pour moi ça va aussi coup-ci coup-ça. Tu sais, je ne voulais pas rentrer. En fait ce sont mes enfants qui m'ont ramenés ici. J'ai pensé que de les laisser seuls ne serait pas une bonne idée.
- Pourquoi ne voulais-tu pas revenir ; quelque chose qui cloche, ou quoi ? demanda Maman Berthe.
- Ne me dis pas qu'il n'y a que toi qui ne sais pas ce qui se passe entre mon mari et Hortense, alors que tout le monde en parle, répliqua ma mère.
- A vrai dire, j'entends les gens en parler et je vois tout le temps Hortense ici, mais en ce qui est qu'elle baise ton mari, je ne le sais pas, répondit Maman Berthe franchement.
- Alors, laisses moi te confirmer qu'elle a baisé mon mari. Lorsque j'ai demandé à Vano ce qui se passait à propos de ce que j'avais entendu les gens dire au sujet d'Hortense et lui, il m'a répondu : « Tout ce que tu as entendu, c'est vrai; mais je l'ai lâchée depuis lors ».
- Je suis désolée, Susanne, je ne n'espérais jamais que quelque chose comme ça t'arrive, mais est-ce que maintenant ça va ? demanda Maman Berthe, visiblement concernée pour sa voisine.
- De quoi est-ce que tu parles, Berthe ? Ce n'est pas ta faute. Il faut en tout cas que je reste positive et

que je prévoie que tout s'arrangera. Mais malgré cela mon petit Michel ne me parle que de sa liberté à chaque instant. Il est très amusant. Tu sais, il me dit, « Maman, je ferai n'importe quoi pour être comme Papa ». Tu vois un peu, hum ! Mais pas dans le bon sens, compte tenu de tout ce qui se passe. Il n'aime pas l'école. Ces derniers temps, il se fiche de tout parce qu'il est en vacances..., je ne sais pas... je prie Dieu pour qu'il change un jour. Il se croit grandir, et il me répond bêtement. Il croit tout savoir – il n'a pas besoin de conseils. Tout ça, à cause de son père. Mais pour Pamela, ça va. Il y a seulement le problème de son fiancé, mais je crois que tout ira bien avec le temps... A vrai dire, je ne sais pas, c'est un peu compliqué son problème.

- Dis-moi un peu, Susanne, comment tu fais pour mieux éduqué tes enfants ? demanda Maman Berthe tout à coup.
- C'est très simple, Berthe. Premièrement, les parents doivent être disciplinés dans leur façon de vivre. Deuxièmement, nous devons dire la vérité à nos enfants en tout ; faire d'eux nos amis et nos alliés. Troisièmement, nous devons leurs apprendre à connaître, à vivre l'éducation sexuelle, et à savoir comment exercer cette fameuse liberté dans cette vie. Ensuite, il faut pousser les enfants à étudier, car c'est important ; je dirai même très important.
- Susanne, je ne veux pas t'embêter, mais parles-moi d'abord de cette éducation sexuelle, est-ce la même chose que l'éducation familiale ? Dis-moi tout. Je veux aussi apprendre. Tu sais, moi je n'ai pas fait beaucoup d'études pour que j'aie la compétence...
- Non, Berthe, ce n'est pas une question d'avoir fait beaucoup d'études ou de compétence, c'est simplement que chez nous, nous considérons le

sexe comme un sujet tabou. Et au contraire..., si chaque parent, euh... Je veux dire qu'on doit prendre le temps d'enseigner aux enfants la sexualité convenablement. Et si on leurs disait les choses telles qu'elles sont, dans l'avenir nous aurions moins de problèmes dans nos foyers.

Ma mère, à ce moment là, se rendit compte que Maman Berthe voulait *vraiment* en savoir plus – elle continua.

- En fait, l'éducation familiale fait partie de l'éducation sexuelle, c'en est une branche. L'initiation au sensuel a pour but d'informer les enfants sur les réalités corporelles, sexuelles et leurs importances, pour aider les jeunes à orienter une partie de leur énergie psychique – ce qui est propre à l'âme – sur une voie admissible par la société dans laquelle ils vivent.
- Attends, Susanne..., je crois avoir compris, répondit Berthe un peu submergée. Tu sais, il y a un adage qui dit : « Si vous ne savez pas où vous aller, vous arriverez probablement ailleurs ». C'est un peu comme ça avec les enfants, d'après ce que tu me dis...
- Oui, oui c'est ça. La sexualité n'est pas géniale, tu sais. Mais elle est plus vaste et concerne l'ensemble physique et psychique de chaque personne, non pas seulement le fonctionnement des organes génitaux, mais elle règle directement la vie et la procréation de l'humanité. Ce n'est pas difficile de dire ou d'imaginer que l'éducation sexuelle doit comporter plus qu'une simple liste d'informations sur la reproduction et ses mécanismes. Il s'agit au contraire d'une véritable *éducation,* c'est-à-dire d'un processus d'aide *de conduite* qui permet aux jeunes de s'intégrer le plus possible dans la société et d'y trouver un équilibre personnel et social satisfaisant. Mais il faut se rendre compte que l'objectif de l'éducation

sexuelle est une chose nouvelle. Cet objectif est difficile à atteindre parce qu'il n'y a pas, actuellement, de modèle cohérent qui soit proposé aux jeunes. La puberté physique et sociale les éloignent de la décence parce qu'elle leur est totalement inconnue – ils ne comprennent pas les changements physiques et psychologiques qui se produisent pendant leur jeunesse et ils se perdent en répondant à leur impulses naturelles. Le plus dangereux pour la jeunesse de nos jours, c'est peut-être le fait que les jeunes ne peuvent pas se réfréner – ils sont en âge de faire l'amour et ils vont le faire sans penser aux conséquences. Le jeune homme deviendra un coureur de jupes (ou pire) et la jeune fille tombera enceinte.

- Alors que propose-t-on si celui-ci éprouve des désirs sexuels ? demanda Maman Berthe.
- Il faut attendre, c'est tout.
- Attendre quoi ? s'exclama Maman Berthe, haussant une voix d'incompréhension. Tu veux dire qu'il faut attendre que ma fille tombe enceinte ou que mon fils se dévergonde ?
- Non, pas du tout. Je ne veux pas dire ça. Au contraire, il faut les enseigner en très bas âge mais il faut attendre qu'ils prennent conscience de leur changements sexuels et qu'ils viennent d'eux-mêmes à toi pour que tu les aides à se réfréner sans pour autant tomber dans l'impudicité, parce que là tu pèches (Apocalypse 21:8). Tous les impudiques sont voués à la perdition dans l'étang ardent de feu. A mon avis, le problème le plus difficile n'est donc pas tellement la mise au point de schémas ou de programmes adaptés d'éducation sexuelle, mais de trouver des éducateurs adéquats.
- Hum ! Tu es vraiment intelligente, tu sais, Susanne. Dis-moi un peu, connaissant l'objectif final et les difficultés auxquelles nous pourrions

faire face, que peut-on proposer actuellement aux enfants, aux jeunes, quoi ?

- Laisses la logique et la raison te guider, Berthe. Bon, je n'ai pas tout en tête, je verrai dans mes notes ce que je pourrais te passer comme information. Mais la connaissance des grandes lignes du développement psychologique de l'enfant et de l'adolescent est importante pour l'éducation sexuelle. Cette compréhension nous montre qu'elle doit commencer très tôt. En fait l'éducation sexuelle devrait commencer à l'âge de la parole, comme je te l'ai dit, et devrait se poursuivre jusqu'à la fin de l'adolescence, soit dix-huit ans environ. Pendant la période de la croissance, il faut comprendre chaque moment de l'évolution psychologique, afin de trouver l'attitude personnelle à adopter la plus appropriée. Comme tu disais si bien, « si vous ne savez pas où vous aller, vous surgirez éventuellement autre part ». Te rappelles-tu Berthe ?
- Oui, oui, bien sûr.
- Bien, poursuivit ma mère, tu sais, il en devient de plus en plus nécessaire d'avoir une éducation sexuelle dans toutes les familles – et de l'admettre comme une chose normale, une partie intégrale de l'éducation de nos enfants. Parce que nos enfants sont de plus en plus précoces ; ils voient la société évoluer à une vitesse fulgurante pendant qu'eux restent isolés dans notre milieu retardé et archaïque. La prochaine fois que nous aurons le temps de discuter de tout ça, je te parlerai du développement psycho-sexuel de l'enfant au sein de la famille....
- Susanne, je ne veux pas te retenir mais parles-moi encore des différents stades de l'évolution de l'enfant. Est-ce que tu connais cela ? Parce que je veux être sûr de ce que je pourrais dire un jour à mes enfants

- Oui, bien sûr, mais il faudrait que j'aie mes notes avec moi pour que je t'explique ça plus en détails. Mais, je vais essayer de t'expliquer à ma façon. Nous avons le stade auto-érotique de zéro à quatre ans. Nous avons le stade hétéro érotique de quatre à six ans. Nous avons le stade que nous appelons de latence de sept à douze ans. Pour terminer, c'est le stade de la puberté de onze-douze à dix-sept ou dix-huit ans. Les transformations du corps escortent un réveil de « pulsions » ou « d'instincts sexuels ». A chaque étape, l'enfant ressent des besoins et des désirs très forts. Entre temps, il a encore sa personnalité définitive à construire sur les bases jetées durant son enfance. Le passage de l'enfance à l'âge adulte se fait durant la période de puberté. A un âge variant entre dix et seize ans pour les filles et onze à dix-sept ans pour les garçons, les glandes de sécrétion interne de l'enfant commencent à envoyer leurs hormones dans tout l'organisme. Bref, après seize ans, cette même attitude, favorisant les contacts fréquents sous forme de discussions de groupes, permettra de poursuivre l'éducation. Par exemple, le problème des naissances désirables et des avortements provoqués, le problème des maladies vénériennes, la prévention des troubles sexuels et psychologiques (masturbation, impuissance, frigidité, prostitution, homosexualité...). Cette formation sexuelle pourra donc guider nos enfants dans les domaines tels que l'expérience sexuelle et enfin la préparation à la vie sexuelle adulte (fiançailles, premiers rapports, début de la vie commune, amélioration et variation des techniques sexuelles, grossesses, accouchement, stérilité, adoption, première enfance, éducation sexuelle des enfants, protection de la famille dans la société... etc.) Voilà presque tout ce que je peux te dire sur ce point, mais c'est très vaste, je verrai mes cours, et je t'enverrai ça.[20]

- J'ai encore une question, si cela ne te dérange pas. Quelle est la clé du bonheur ?

Mais mère ouvrit la bouche et la referma – c'était une de ces questions auquel nul ne peut répondre sans vivre la vie de celui qui la pose.

- ...et comment peut-on atteindre ce bonheur, cette joie, cette paix ? Je ne sais pas si je suis claire avec mes questions.
- C'est difficile de te dire comment être heureuse, Berthe, mais je pense que la clé pour être joyeuse et heureuse est de s'accepter soi-même. Il faut que je consente à être ce que je suis. A accepter mes qualités et à accepter mes limites dans la mesure où cette acceptation est nette et sans restreinte. Elle fournit les bases de toute existence. Alors, la question qu'on doit se poser est : Me suis-je accepté, avec mes dons, avec mes limites, avec mes risques ? Ai-je accepté mon sort ? Mon état de santé ? Mon aspect physique ? Est-ce que je consens vraiment à mon mariage ? A mes enfants ? Où à mon célibat ? Et surtout est-ce j'accepte d'être une femme ou un homme ? Car cette acceptation n'est pas innée. Nous devons nous accepter les uns les autres comme nous sommes.[21] Je ne sais pas si tu comprends ce que je te dis là.
- Parfaitement, je vois très bien ou tu veux en venir. Tu peux continuer.
- Tu sais que beaucoup des gens ne s'acceptent pas eux-mêmes ou bien n'accepte pas leur corps. Parce que l'acceptation de son corps est très importante. L'acceptation de soi demande un

---

[20] Toutes ces informations sont prévues dans le cours général de l'éducation sexuelle. Aussi: Trobisch, Ingrid. *La Joie d'être Femme et le Rôle de l'Homme.* Et *Amour et Famille*

[21] Romains 15:7

effort. Mais cet effort est difficile pour la femme. Premièrement, la situation inférieure dans notre société (conscient ou non). Deuxièmement, la femme est, plus que l'homme, liée à son corps.

- C'est superbe, je ne savais pas ça. Souvent je ne sais même pas si je m'aime moi-même ou bien si j'aime mon corps.
- Oui, tu sais que plus notre foi est sincère, plus nous sommes capables de vivre en paix avec notre corps. Mieux j'ai réussi à m'accepter dans ma condition corporelle, mieux j'ai pu vivre en harmonie et en paix avec moi-même. Si je vis en conflit avec mon corps, je vis aussi en conflit avec celui qui m'a créée. Crois-tu en cela ?
- Bien sûr ! Parce que comme c'est Dieu qui nous a créées, il va sans dire qu'il faut que nous acceptions ce qu'il a fait de nous.
- Exactement !
- Mais il y a une autre chose qui me gène..., je ne sais pas si c'est appropriée que je te le dise.
- Vas-y Berthe, ça ne me dérange pas...
- Je ne suis jamais satisfaite sexuellement. Je ne suis pas joyeuse quand je fais l'amour à mon mari. Que crois-tu que je devrais faire dans ce cas ?
- Berthe, te dire la vérité, le sexe n'est pas pour l'homme seulement. C'est pout tous les deux. L'homme doit apprendre à être patient, à conduire la femme à son orgasme, et vice-versa pour que les deux jouissent ensembles de leurs rapports sexuels. En plus, la joie des sens est un don de Dieu aux deux époux. Donc, la clé c'est la patiente que l'on démontre l'un envers l'autre.
- Susanne, tu es géniale ! Merci, merci pour tout. Mon Dieu, maintenant je saurais comment traiter Philip... « Patience et longueur de temps valent mieux que force et violence, » n'est-ce-pas ?

- Effectivement ! Mais je te remercie aussi, Berthe, pour ta confiance et l'attention que tu m'as octroyée. Je dois partir maintenant. On se reverra bientôt..., ou bien demain.
- Je verrai... Si je dispose d'un moment, je t'appellerai pour qu'on en parle sérieusement, parce qu'on ne doit pas avoir honte. Ma mère disait toujours, « si tu ne connais pas demande qu'on t'explique ». Et comme tu disais, il n'y a rien de tabou, n'est-ce pas ?

Quand ma mère franchit la porte, elle semblait fatiguée.

- Pamela, donnes-moi un peu d'eau s'il-te-plait – très fraîche. Est-ce qu'il y a quelqu'un dans la maison ?
- Oui, je crois que Michel est là...
- OK, suis-moi ! Tu as déjà fait à manger ?
- C'est presque cuit. Collette, se charge du reste.
- Mais, Pamela, il ne faut pas trop laisser la cuisine à la bonne dame. Il faut que tu y passes le plus de temps possible pour que tu n'aies pas des difficultés quand tu seras chez toi. Et puis, je ne veux pas que Collette fasse la cuisine ; elle est ici pour torchonner, balayer, faire la lessive, des fois la vaisselle... pas préparer, tu as compris ?
- Oui, Maman. Mais je préférerais que ce soit toi qui lui dises, car quand tu n'étais pas là, elle m'a vraiment bien aidé. C'est une femme propre et à louer.
- Je sais qu'elle l'est. Bien, je lui dirai moi-même. Est-ce qu'il y a quelqu'un d'autre dans la maison ? Tu disais que Michel est là?
- Oui, je crois, il était ici en train de regarder la télé, il y a quelques minutes. Michel es-tu là ? Criai-je pour qu'il m'entende.
- Pourquoi dois-tu crier de la sorte ? répondit Michel en descendant de sa chambre. Je ne suis

pas un chien, quand même. Michel, sois gentil, le savoir-vivre exige le respect envers ta famille, et surtout que c'est Maman qui t'a appelée – ce n'est pas comme cela qu'on répond.

- Tu la fermes, Pamela, ce n'est pas à toi que je m'adressais.
- Qui es-tu, Michel ? Tu es devenu vraiment impoli à ce que je vois ! répliqua Maman. Voyons..., même si tu t'adressais à Pamela, c'est à elle que tu dois répondre de la sorte ?
- Non, mère..., c'est à dire que je ne veux pas qu'on me contrôle. Je ne veux que personne ne soit au-dessus de moi, vous comprenez ? Je veux ma liberté dans la totalité, vous saisissez ? J'en ai marre de tout ; des études, des gens qui me donne des ordres à tous bouts de champs, « oh ! Fais ça, fais ça ». Je préfère aller dans les mines de malachites que d'aller à l'école. Je veux gagner de l'argent. Je veux vivre, quoi. Et toi, Pamela, ajouta-t-il en me pointant du doigt, n'exagères pas, ne te mêles pas de mes affaires – je t'avise, ne t'intéresse pas à tout ce que je fais, t'as compris ?
- Mais Michel... voulais-je ajouter quand maman me coupa court.
- Pamela, tais-toi ! Ne dis rien ! me dit-elle avec sévérité.
- Est-ce que vous comprenez ce que papa a fait? continua Michel. Toi, Pamela tu ne sais même pas tenir tête à papa à propos de ton fiancé. T'es une drôle de fille... Vraiment j'ai jamais vu ça !
- Ta gueule, Michel ! Mais maman fais quelque chose quand-même ! Pourquoi le laisses-tu me parler de la sorte ?
- Je t'ai dit de te taire, Pamela ! C'est tout.
- Mais, Maman, comment puis-je me taire devant cette ignoble créature ? T'es impoli Michel, malotru !
- Fermes-la, Pamela, comme Maman te l'a dit.

- Michel, c'est assez... intervint ma mère.

Mais Michel poursuivit de plus belle...

- D'ailleurs sachez que j'aime Odile, nous avons des plans pour nous marier. Je l'épouserai que vous le vouliez ou pas. Je serai mineur de malachites ou bien j'irai dans les mines d'or, et j'aurai beaucoup d'argent comme les autres jeunes du quartier.

Lorsqu'il était sur le point d'achever sa phrase, mon père entra au salon.

- Qu'est-ce qui se passe ici ? Qu'est-ce que vous avez à crier comme ça ? Vous deux, c'est quoi ? Vous avez un problème ? demanda-t-il.
- Rien de plus qu'un accrochage signé Momat, répondit Maman en secouant la tête.
- Quoi ? Encore ! Michel, qu'est-ce qu'il y a cette fois ici ?
- Rien, Père, juste une équivoque...
- Il ment, intervins-je. Il disait qu'il en avait marre des études et qu'il voulait aller aux mines malachites et aux mines d'or parce qu'il veut se faire de l'argent. En plus il veut se marier et...
- Tais-toi, je t'en prie, Pamela.

Encore une fois ma mère me fit taire. Il était évident qu'elle ne voulait pas que mon père soit mis au courant des intentions de mon frère – elle le protégeait.

- Oui, tu la fermes, Pamela. Tu parles trop. Et qui t'a téléphoné d'abord ? demanda Michel avec l'arrogance d'un petit morpion désagréable.
- Ce n'est pas de moi qu'on parle, Michel...
- Arrêtez maintenant vous deux ! Mon père nous interrompit de justesse – avant que je n'attrape mon frère par le collet – je voulais lui flanquer une bonne raclée.
- C'est quoi ton problème ? Tu n'as que seize ans, Momat. Tu as tout ce qu'il te faut ici. Nous te demandons seulement d'étudier pour préparer ton avenir, seulement... Mais, tu as le choix.... J'ai tout bâti pour toi, j'ai tout acheté pour toi. Oui, ça

va, je sais que tu es libre de faire ce que tu veux. Tu es libre d'accomplir ce que tu ambitionnes, mais peut-être un jour tu comprendras les conséquences de tes actions.

Sans ajouter un mot, il nous quitta secouant sa tête. Ce jour là, mon père n'avait même pas mangé. Il était allé dormir tôt.

Ma mère fixa Michel, désabusée.

- Je ne sais plus quoi te dire, Michel. Je suis désolée. Et se tournant vers moi, elle me demanda ; pas toi Pamela ?
- Si, Ma'. Et je crois papa l'est aussi...
- Oui, ton père est très déçu, Michel. En fait, est-ce qu'on ne t'a pas dit que tu regretteras tes mauvaises actions un jour ? On te l'a dit si pas une fois mais cent fois. Tu dois apprendre à vivre, Momat ! Néanmoins, saches que nous sommes toujours tes parents. Même si ton père a commis quelques erreurs ça et là, ce n'est pas une raison pour toi de prendre cela comme ton tremplin. Allons, tires-toi de là. Vas dans ta chambre ; vas-t-en avec ta méchanceté – je ne veux pas te voir !

Malgré tout ce qui c'était passé, la nuit se passa dans le calme.

Le lendemain vers quinze heures Alain vint me voir. N'expectant pas ma mère à la maison, il fut vraiment surpris ; il vint me trouver dans la cuisine.

- Heu ! Pamela, pourquoi ne m'avais-tu pas dit que ta mère était rentrée ?
- Bien...! C'est-à-dire que... la joie, quoi ! Mais ce n'est pas de ma faute. Lorsque nous étions avec toi hier, tu es parti avant que Rachel m'annonce la nouvelle. Est-ce qu'on peut parler d'autres choses maintenant ?
- Drôle de fille ! chuchota-t-il avec un petit sourire sournois.

A vrai dire il faut que je vous avoue qu'en fait j'ai passé cinq ans avec Alain avant que ce fusse la rupture totale entre nous. Je regrette de ne pas l'avoir mentionné jusqu'ici – mais je ne voulais pas que vous connaissiez la fin de mon histoire avant que vous ne sachiez les raisons qui nous ont menées à cette rupture.

Mais ce fut très dur pour moi. Je l'aime encore... ! Bien ce n'est pas grave. Seulement, je conseille les jeunes gens, et surtout les jeunes filles en âge ou même celle qui ont dépassé le stade de la puberté, de faire très attention de ne pas tomber dans les pièges de la tentation. Faire un choix ce n'est pas l'affaire de quiconque, c'est votre affaire. Vous devez agir selon votre cœur. N'ajoutez pas foi à esprit. Il ne faut jamais abandonner son premier amour, quand bien même vos parents vous imposent d'en penser ou d'en faire autrement. Oui, c'est bien vrai que le premier amour a ses anomalies comme aussi il a ses succès suivant le cœur et suivant la foi de l'amoureux. Vous êtes libre de choisir ce qui est bon ou mauvais, la vie ou la mort, mais pensez aux conséquences de votre choix. D'autres parts, il faut aussi que les parents aident leurs filles à faire un choix selon leurs cœurs ; les soutenant, les encourageant et les orientant dans une bonne direction dans leurs vies. Il y a toujours des répercutions sérieuses dont on ne se rend compte que plus tard, lorsqu'on ne fait pas un bon choix ou quand on suit des instincts néfastes. Si votre fiancé ou votre prétendant n'a rien à vous offrir que son cœur et son amour, acceptez-le tel que. Et s'il n'a pas le physique d'athlète ne le rejetez pas à cause de cela, parce que vous ne savez pas ce que l'avenir vous réserve. Aujourd'hui nous n'avons rien, demain nous avons quelque chose. La vie est comme le temps ; il fait chaud, il fait froid, il pleut ici, et il neige là-bas. La vie est comme une sensation ; aujourd'hui vous êtes en pleine forme, demain vous tombez malade, tantôt vous êtes fort ou faible... etc.

Une phrase qu'Alain ne cessa de me dire lorsque j'avais des reproches à lui faire ; il me disait, « Pamela, tu peux me quitter aujourd'hui mais saches que l'avenir me donnera raison, et Dieu restera le seul juge entre nous ».

Un jour Alain et moi étions dans ma chambre. Il avait l'habitude de venir dans ma chambre quand il venait me rendre visite ; une chose que je ne vous recommande pas de faire. Nous devons tenir les tentations entre les sexes aussi loin que possible de nous. Dans mon pays, il y a un dicton que dit, « ne laissez pas votre chèvre garder votre champ de manioc, car un jour vous en retrouverai seulement les racines ».

Alain était un homme qui craignait le Dieu Eternel. Il s'abstenait de tout et il me considérait même comme un garçon. Il me protégea autant que possible du 'démon', et il m'éduqua – m'enseigna aisément. En bref, il était amoureux de moi. Parce que l'amour ne fait rien de mal, l'amour ne détruit pas ; votre liberté n'étouffera pas l'amour ; l'amour reste et demeure.

Vous pouvez également mieux vous maîtriser avec Jésus-Christ comme il est dit dans la Bible, dans Galates 5:22 à propos des fruits du Saint-Esprit. Alain a contribué à presque tout dans ma vie. J'étais une donzelle, et il a fait de moi une femme respectable, responsable. Il avait dit qu'il voulait écrire sa vie, malheureusement tous ses essais furent piteux, navrant et pénible. Apparemment, il ne veut plus écrire maintenant – question d'éviter une crise cardiaque... ?

Enfin..., comme je le disais, ce jour là nous étions dans ma chambre, nous parlions de toutes sortes de choses – quelques unes étranges, d'autres pas aussi étranges.

Nous avions parlé des femmes et de leurs particularités sexuelles quand une question me vint aux lèvres.

- ...A propos de déviations sexuelles ; est-ce que tu me parler un peu de ça ?
- Bien sûr. Mais je pense que pour mieux décrire ce sujet, nous devrions nous référer à la Bible – Romains, Chapitre 1, verset 18 à 32. Du dix-huitième verset au vingt-cinquième, Paul parles de l'impiété comme une religion païenne. Du vingt-sixième au trente-deuxième il parle de la méchanceté comme une morale païenne. Le monde païen au temps de Paul adorait des idoles modelées à la ressemblance des hommes à Athènes et à la ressemblance des animaux en Egypte. Ce polythéisme était l'aboutissement religieux du rationalisme, c'est-à-dire de la confiance de l'homme en sa propre capacité de connaître Dieu indépendamment de toute révélation divine. Dès lors, la religion impure ne peut avoir pour fruit qu'une vie impure. Cette terrible image du paganisme est confirmée par les auteurs contemporains de l'apôtre. Ce fut un temps de vices impudents et de péchés antisociaux ; une indescriptible période de décadence morale. Le jugement inévitable de Dieu tomba sur ceux qui avaient préféré la raison humaine à la révélation divine. Trois fois l'apôtre atteste de l'abandon divin (V. 24, 26, 28). On a fait observer que cet abandon, très effectivement punitif, est plus qu'une simple permission par laquelle Dieu laisserait les païens idolâtres se détourner de lui. Il est également plus qu'une action privative, qui leur retirerait tranquillement sa grâce. C'est en fait un châtiment positif d'une ignorance coupable et d'un péché volontaire.[22] Les hommes et les femmes sont coupables, parce que les gens se forgent des déviations sexuelles en aimant sexuellement. Nous ne sommes pas

[22] Hébreux 10:26, Osée 4:6

coupables d'aimer mais d'aimer le sexe. Dieu a toujours condamné cet amour abusif du sexe. En fait c'est la raison pour laquelle je t'apprends à aimer sans contrainte sexuelle, pour que tu puisses jouir de l'acte sexuel un jour avec amour, comme il se doit, et que Dieu te bénisse dans ton amour.

Après une pause momentanée, il reprit :

- Et bien, ma chérie, Mwad...
- Ne m'appelles pas Mwad, Alain, s'il te plait !
- Pourquoi pas ?
- Simplement parce que je te l'ai dit ; je préfère que tu m'appelles Pamela.
- D'accord, oublions ça, me répondit-il en haussant les épaules. Ecoutes moi maintenant car je vais te citer des versets de la Bible. La Bible parle extensivement de l'amour et de cette liberté dont nous sommes dignes. La connaissance nous abstient du pire. La prescience nous rend fort et stable. Nous savons que l'*impudicité* est un acte ou une parole impudique, qui blesse la pudeur, donc un acte sexuel avant le mariage.[23] L'*inceste* est une relation sexuelle en famille.[24] La *bestialité* est un acte sexuel avec les bêtes.[25] L'*homosexualité* est l'acte sexuel entre homme et homme, femme entre femme.[26] Nous avons encore une autre déviation sexuelle qui est souvent utilisée par les jeunes de notre époque, c'est la masturbation. C'est un désir sexuel de soi-même. C'est-à-dire l'homme frotte ses parties génitales pour se satisfaire. Et la femme se caresse, jusqu'à ce qu'elle atteigne la jouissance sexuelle désirée. Le *fétichisme* se démontre par une obsession des parties sensuelles du sexe opposé – les seins, les

---

[23] Apocalypse 21: 8, 1Corinthiens 6:18

[24] Lévitique 18: 6-18

[25] Lévitique 18: 23

[26] Lévitique 18: 22

cuisses, etc. – toutes parties du corps humain qui pourraient convier le fétichiste à l'acte sexuel soit imaginaire ou actuel. Le *voyeurisme* est une satisfaction qu'en tire une fille ou un garçon de voir les sous-vêtements de son partenaire (slip, soutien gorge...). Le *sadomasochisme* – en un mot. Parlons d'abord du sado – un sadique. Au lieu de pratiquer des relations sexuelles normales, celui-ci inflige des douleurs à son partenaire. Le masochiste, d'autre part, décrit la personne qui joui des souffrances sexuelles (ou autres) qui lui sont infligées. Le *transsexualisme* est le refus progressif du sexe qui nous a été octroyé à la conception et le désir de devenir l'inverse de ce que Dieu nous a fait. Le *travestisme* est un carnaval. La personne qu'on appelle travesti, voulant satisfaire ses désirs sexuels, porte des habits de femme, ou bien, le contraire. Mais cela arrive surtout aux hommes. En bref, Pamela, dans Lévitique 18: 4-5 et 26-30 il est dit que nous devons accomplir fidèlement ce que Dieu nous ordonne, et de ne pas suivre les pratiques abominables. Tu sais, le mystère de la femme est très compliqué. Telle que tu es là, tu peux me témoigner aujourd'hui de ton amour, mais demain tu pourrais me dire le contraire. Comprends-tu tout cela ?

- Oui, Alain, je te comprends parfaitement. Euh..., Alain...
- Oui, chérie, je t'écoute qu'est-ce qu'il y a ? Dis-moi ce qui te trouble.
- Mon père a démissionné de son travail. Je ne sais pas si je te l'ai déjà dit, et nous sommes dans le besoin. Ils ne veulent pas me le dire franchement, mais nous sommes vraiment en difficulté.

Une, deux larmes coulèrent de mes yeux.

- Ne pleure pas, Pamela..., ne pleure pas... On verra ça. Viens dans mes bras !

Il me caressa tendrement et je me tus. Il poursuivit.

- Tu sais, je suis en train de faire un petit travail, je pourrais vous venir en aide en attendant que votre père se trouve quelque chose d'autre à faire et...
- Non, Alain ! Merci beaucoup, mais je n'ai rien demandé, s'il te plaît ! Je voulais seulement que tu saches ce qui se passe chez moi.
- Pamela, je voulais seulement...
- Je t'en prie, n'insiste pas, Alain. Je sais que tu as l'intention de m'aider..., mais..., je crois que tu as compris...
- Euh, oui, je comprends, Pamela, mais mon souci était d'appliquer ce que la Bible dit dans 1 Pierre 4:8 à propos de l'amour, un amour ardent.
- Alain, je t'en prie...
- Ce verset nous dit de ne pas nous contenter seulement d'aimer Jésus, mais d'aimer aussi ardemment nos frères et sœurs. Les images employées dans la Bible ne nous orientent jamais vers un faux mysticisme dans notre relation avec Dieu. Elles nous montrent que chacun de nous est un élément d'un ensemble harmonieux dans la maison de Dieu, la famille de Dieu, le corps du Christ. Les différents éléments ne sont pas interchangeables, chacun a son individualité et sa fonction, mais nous n'existons que par les autres et pour les autres. Dans le livre des *Actes des apôtres* 4:32-37, nous voyons que les premiers chrétiens continuaient à monter au temple pour prier avec leurs frères juifs. Ils se réunissaient aussi dans les maisons pour l'enseignement des apôtres, la communion fraternelle, la brisée du pain et les prières. La multitude de ceux qui avaient cru n'étaient qu'un cœur et qu'une âme. Tu me suis ?
- Alain...

- Pamela..., n'avons-nous pas là des indications bien précises en ce qui concerne nos relations avec nos frères et sœurs ? Ta famille ne sera-t-elle pas bientôt ma belle-famille ?
- Oui, oui, d'accord, tu as gagné. Je sais que tu es généreux, tu veux m'aider mais comprends-moi. Je crois d'ailleurs que ma mère doit bientôt commencer un petit boulot. Je te remercie vraiment pour tout, que Dieu te bénisse.

Il se tut un moment et puis me dit :

- Bien, ce n'est pas grave. D'ailleurs c'est une occasion pour que nous parlions encore de notre avenir en ce qui concerne nos enfants et autres choses.
- Oui, Alain, j'y pensais aussi.... A propos de tes projets ; où en es-tu ?
- Nulle part. Mais je tiens toujours à construire de grands bâtiments, de grands hôpitaux parmi ceux qui existent déjà dans le monde. Mon souci est seulement d'aider les nécessiteux, spirituellement et physiquement selon la volonté de Dieu. Au fait, Pamela, parles-moi des enfants, combien en veux-tu ?
- J'en veux trois – deux garçons et une fille...
- Bien, moi j'en veux deux ; une fille et un garçon...

En fin de compte il me convaincu ; nous optâmes pour deux enfants de sexe différents.

Nous parlâmes encore de plusieurs choses qui nous concernaient pour que l'avenir ne nous surprenne pas. Je sentis en moi que j'aimais vraiment Alain mais que je ne savais comment le lui dire.

Ce qu'il me dit à propos de la communion fraternelle, l'importance de l'amour ardent pour le prochain ; tout, en fait, me toucha profondément. Il faut aimer tout le monde sans distinction de tribus, de races ni même de coutumes – aimer sans frontière, sans intérêt parce que nous sommes tous des créatures de Dieu créées à son image.

Ce jour là, Alain passa beaucoup de temps chez nous et comme il pleuvait, nous écoutâmes de la musique, nous dansâmes, nous nous embrassâmes tellement que je me sentis enveloppée par son amour..., et surtout que je ne doutais pas de lui en ce temps là. J'étais toujours à mon aise, parce qu'il me disait toujours, « Je suis patient, attendant le moment opportun, le moment où nous serons unis pour le meilleur et pour le pire ». En fait, ce sont ces mots qui me donnèrent plus de fiabilité et m'apportèrent le réconfort dont j'avais besoin.

Je me souviens du jour où je pris ces excitants sexuels pour le séduire, et il fit ce qui est pratiquement impossible pour la majorité des hommes ; il me repoussa. C'est pour cela que je demande aux jeunes gens et même aux hommes plus âgés de se maîtriser comme notre Seigneur l'a ordonné. Parce que Dieu dit que, celui qui a mes commandements et qui les gardes, c'est celui qui m'aime et celui qui m'aime, sera aimer de mon père, je l'aimerai et je me ferai connaître à lui. En plus, nous devons demeurer dans le Seigneur Jésus-Christ...[27]

Il était déjà dix-neuf heures lorsque quelqu'un frappa à la porte et nous réveilla. N'aurait-ce pas été pour ma mère qui vint interrompre notre sommeil, nous aurions dormi jusqu'au lendemain.

- Oui, entrez ! grommelai-je en me levant du lit.
- Je m'excuse, Mwad, il y a quelqu'un qui cherche Alain d'urgence.
- Ma', il dort !
- Ce n'est pas grave, tu n'as qu'à le réveiller doucement.
- Bien. S'il te plaît, Ma', fais attendre cette personne; il sera là dans quelques minutes.

Maman sortit, que j'essayai de réveiller Alain.

---

[27] Galates 5:22, Jean 14:21 et Jean 15:7

- Alain ! Alain !
- Hum ! Oui, qu'est-ce qui se passe ?
- Il y a quelqu'un pour toi, en bas. Il y a urgence, il paraît...
- Il y a urgence, tu dis ? Où est-il ?
- Je crois qu'il est dehors ou au salon.

Sans dire plus, il se leva, il se rafraichi et dévala les escaliers quatre à quatre. Je le suivis. Il trouva l'homme sur le bas de la porte – il l'attendait impatiemment. Ils parlèrent pendant quelques minutes et puis Alain se tourna vers moi et me dit :

- Pamela, c'est ma mère... elle a besoin de moi. Mon père est revenu de voyage, et il paraît qu'il y a un autre voyage qui se prépare. Je vais rentrer chez moi, donc, pour voir ce qui se passe. Je viens te prendre demain soir pour qu'on aille diner ensemble, veux-tu ?
- Avec plaisir ! Je t'attendrai.

Sur ce, Il sauta dans le véhicule et partit.

- Qu'est ce que c'était ? me demanda ma mère lorsque je la rejoignis dans la cuisine.
- Son père est revenu de voyage, et sa mère l'a appelé pour une préparation de je ne sais quoi. Mais il me donnera toutes les précisions demain. Il m'a demandé d'aller dîner avec lui demain soir.
- C'est très bien ça, Pamela. Prends courage et sois sage, marmonna ma mère. Vas maintenant dans ma chambre ton père veut te parler.
- Pa', tu voulais me voir ? dis-je.
- Oui, ma fille, quel est ton programme pour demain ?
- Je suis là dans la matinée sauf que le soir, je dois sortir avec Alain.
- Bien, le matin tu me suivras en ville pour qu'on fasse quelques achats.
- Ok ! Mais, Pa', où est-ce que je te rencontre ?
- Chez Hortense – tu sais où elle habite ?
- Chez Hortense ? Mais Pa'... M'étonnai-je.

- Pamela, tu me trouves là-bas, un point c'est tout !

Chez Hortense ! Me répétai-je en sortant de la chambre. *Cette femme ne vient plus à la maison depuis que maman est revenue, mais mon père la fréquente toujours ? Ma pauvre mère !*

Mais je ne pouvais rien faire. Comme Rachel me l'avait dit un jour, « ce ne sont pas tes affaires, Pamela. Laisses tes parents régler ça eux-mêmes ».

Michel

Ce soir là se passa calmement. Nous dînâmes comme d'habitude et j'allai me coucher très heureuse d'avoir passé toute la journée avec Alain. Avant de m'endormir je pensai au lendemain – nous allions aller diner au restaurant...

Néanmoins, le lendemain ne manqua pas de surprendre toute la famille. Michel, qui nous avait cassé les oreilles depuis longtemps avec sa « liberté », avait décidé de la prendre, et de s'en aller sans que personne ne s'en doute – au petit matin – laissant seulement une note pour ma mère sur la table de la cuisine.

Maman,

Je m'excuse du fait que je ne t'ai pas signalé mon départ.

Je veux vivre seul sous ma propre direction dans cette vie.

J'en ai marre des ordres. Je pars. Je ne sais où mais je pars quand même.

Peut-être si c'est possible ça sera fait avec Odile. Avec elle, ça va. Salue tout le monde de ma part.

Michel.

Après avoir lu la note, toute ébahie, je l'apportai à ma mère.

Elle sauta hors du lit et mit une main à sa bouche pour s'empêcher de crier et d'exprimer son effroi.

Mon père prit la note la lut.

- Susanne, que veux-tu que je fasse ? Hier, ce gamin m'a demandé 100 franc, il m'a dit que c'était pour s'acheter des souliers. Il m'a eu ce garçon...

- Vano, pourquoi donner à l'enfant une telle somme d'argent pour seulement des chaussures ? Tu devrais te mettre à la page, quand-même ! Tu devrais savoir ce qu'ils font et ce qu'ils sont. Après tout, ce sont *tes enfants !*
- Hey ! Écoutes, ma chère, ce n'est pas le moment de nous tirer les oreilles. L'enfant est parti, mais je crois qu'il va revenir...
- Tu crois qu'il va revenir ? Il est parti avec la fille d'autrui, ne l'oublie pas, lui dit ma mère encore troublée par le choc du départ soudain de mon frère.
- Ne t'en fait pas pour ça. Il faut simplement dire la vérité à Berthe. C'est ton amie, non ? Et en ce qui nous concerne, on continue notre routine, sans se faire trop de mouron à leurs propos – ce que ces enfants cherchent, ils le trouveront.

Sur ce, mon père alla prendre sa douche et nous entendîmes quelqu'un frapper à la porte d'entrée. Je dévalai les escaliers et ouvris la porte à Maman Berthe – elle était dans tous ses états !

- Pamela, où est ta mère ? As-tu vu Odile ? N'est-elle pas passée ici ? demanda-t-elle.
- Non, Maman Berthe, je ne l'ai pas vue.
- C'est drôle tout ça... J'essayais de la conseiller et de lui faire prendre conscience des risques qu'elle pourrait courir si elle avait des relations trop précoces..., tu sais..., mais voilà elle m'a dit des bêtises hier soir. Et ce matin je ne l'ai pas trouvée au lit et sa valise est partie... Quelle affaire alors... !
- Entrez donc, Maman Berthe !

Elle entra, pleurnichant un peu. Maman la rejoignit au salon en s'écriant :

- Mais Berthe, tu pleures ? Pamela, apportes un verre d'eau à Maman Berthe, veux-tu ? Mais dépêches toi. Pourquoi es-tu dans cet état ? Qu'est-ce qui se passe, Berthe ?

Je vins avec un verre d'eau, que je lui tendis. Celle-ci en but deux, trois gorgées.

- Susanne, c'est terrible ; Odile est partie, je ne sais où. Elle m'a fait une note me disant « au revoir », mais Rachel me dit ce matin, que c'est un coup monté. Est-ce que Michel est Là ?
- Berthe, je suis vraiment navrée. Je voulais envoyer Pamela avant que tu n'arrives pour t'expliquer... Te tenir au courant de tout ce qui se passe. Michel est aussi parti. Et il m'a aussi laissé une note avant de partir. Tiens, regardes.

Ma mère lui tendit la note que Maman Berthe prit, et lut.

« Peut-être si cela est possible ça sera fait avec Odile... »

- Tu sais, Berthe, je ne savais pas que mon fils était sérieux à propos d'Odile. Je suis vraiment consternée. Je ne sais quoi te dire.
- Mais qu'est-ce qu'on doit faire alors ? Est-ce que tu crois que...
- Pour le moment on ne va rien faire, sinon attendre qu'ils nous contactent et nous fassent savoir où ils sont. Ils sont partis sur un coup-de-tête et je crois que quand ils se rendront compte de ce qu'ils ont fait, ils rebrousseront chemin. J'ai foi qu'ils reviendront. Entre temps il faut que nous gardions le calme. J'en parlerai à mon mari ce soir, et nous essayerons de faire de notre mieux pour les retrouver.
- Enfin... on verra... mais saches que j'ai toute confiance en ton jugement, Susanne, murmura Maman Berthe. En fait, au fond de moi-même je sais que tout s'arrangera, mais ça m'inquiète quand-même.

- Bien..., et merci encore pour ta compréhension. Nous en reparlerons ce soir après que j'en aurai parlé à Vano.
- D'accord. Mais maintenant il faut que je rentre chez moi – je dois finir ce que je faisais.
- Je te raccompagne ? demanda ma mère.
- Oui, si ça ne te dérange pas...

Elles partirent et quelques secondes plus tard, j'entendis le téléphone sonner.

- Allô ! Allô ! Pamela à l'appareil à qui ai-je l'honneur s'il vous plaît ?
- C'est Jojo. Tu te rappelles de moi ? Alors, comment vont les vacances ?
- Mais bien-sûr, Jojo, pourquoi tu dois me téléphoner chez moi? Et encore comment as-tu eu mon numéro de téléphone ?
- Pamela, toi, tu ne changeras jamais ! Tu ne changeras jamais, je te dis. Est-ce que je t'ai touchée ? Et j'ai rencontré Mamie. Tu as fait d'elle une très bonne fille. Elle m'a présenté son fiancé, elle n'était pas brutale comme elle l'était avant. Elle est devenue tellement calme. Tu as fait un bon travail, félicitations!
- Ce n'est rien, Jojo, le plaisir est pour moi, merci, répondis-je un peu flattée. Mais dis donc pourquoi as-tu appelé ?
- La publication des résultats a déjà commencé sais-tu cela ?
- Oui, bien sûr – ça fait un bon bout de temps ! En tous les cas, merci d'avoir appelé, mais je dois raccrocher...
- Attends, Pamela, je voulais te demander de sortir avec moi ce soir pour que tu me changes aussi...
- Non, Jojo arrêtons à présent et ne me téléphone plus – si tu ne veux pas avoir de problèmes...
- Pamela, écoutes... Là, je raccrochai.

Il a quand-même un culot monstre ce Jojo là, me dis-je.

Je ne voulais pas aller seule rencontrer Papa chez la demoiselle Hortense. J'avais demandé à Rachel de m'accompagner mais elle n'était pas chez elle. Alors je fus obligée d'aller voir mon père, moi seule, chez cette femme de... Je préfère ne pas dire ce que j'ai sur le cœur à son égard. En fait, je me suis rendue là-bas et mon père m'attendait. Nous sommes allés faire des achats comme prévu et je n'ai même pas vu le bout du nez de la donzelle !

Le dîner

Quand j'entendis frapper à la porte d'entrée, je me précipitai pour l'ouvrir ; je savais que c'était Alain. Il était toujours à l'heure. Mon Dieu qu'il était beau ! Il était bien habillé en veste bleue, chemise blanche, bien serrée – j'en étais épatée. Je lui demandai d'entrer, ce qu'il fit en souriant. Il vint dans ma chambre comme d'habitude, et m'aida à mettre la robe qu'il m'avait offerte lors pour mon anniversaire ; une très belle robe de fêtes. Je me fis toute belle – pour lui, mon fiancé adoré ! Nous sortîmes et nous fûmes l'envie de tous ceux qui nous croisaient. Nous rayonnâmes d'un amour serein, heureux, candide et immaculé.

- Alain, à qui est cette bagnole ?

  C'était une Land-cruiser brune toute neuve.
- Elle est magnifique, tu ne trouves pas ? ajoutai-je.
- Oui, c'est à mon père. C'est d'ailleurs pour cela qu'on m'a appelé d'urgence hier. Hum ! En fait il faut que je te dise que je pars lundi après les manifestations des jeunes...
- Et c'est pour combien de temps ton voyage?
- Je ne sais pas encore. Je ne sais pas parce que c'est pour une mutation de mon père. Il doit maintenant aller travailler à Lubumbashi. Mais laisses-moi t'expliquer ça en détails au restaurant.

Le petit restaurant, « *Au bon coin* », est logé dans un quartier un peu retiré, fréquenté par les blancs – il n'y avait que deux ou trois couples noirs dans tout le restaurant.

- Alain, pourquoi as-tu choisi ce restaurant ?
- Pourquoi ? Ça ne t'arrange pas qu'on soit venu ici pour dîner ?

- Euh ! Si, bien sûr, c'est très bien. N'en parlons plus.

Le serveur vint à notre table.

- Que désirez-vous, Monsieur, Madame ?
- Un instant, s'il vous plait, juste le temps de lire le menu, je vous prie !

Alain était à l'aise – ce n'était pas la première fois qu'il allait au restaurant – évidemment !

- Vous me donnez un poulet cuit, les salades mélangées aux tomates, un peu du riz, les oeufs...

Alain demanda plusieurs choses, qu'il mangea avec bon appétit.

- Et pour vous, Madame ? me demanda le serveur avec politesse. Je ne su quoi commander.
- Un petit steak grillé, les légumes du jour et du pain à l'ail, et un jus d'orange.

Ce fut pour moi une soirée merveilleuse.

On avait dégusté un repas délicieux, dansé, causé et chaque fois que je tournais la tête pour jeter un sourire par ci, par la, Alain me regardait. Finalement, il me dit :

- Pamela, ma chérie, ne donnes pas envie aux hommes méchants, et ne désire pas être comme eux ou avec eux...
- Mais Alain...!
- S'il te plaît, Pamela, je te vois beaucoup regarder ce luxe et ces gens ici ; c'est pour cela que je te dis cela. Ici, il y a toutes sortes d'hommes. Il y a des morts, des magiciens, des roses-christians... etc. Toute catégorie de gens, il faut faire très attention car leurs cœurs méditent la ruine, et leurs lèvres parlent d'iniquité. Alors sache que c'est par la sagesse que la maison s'élève, et par l'intelligence qu'elle s'affermit. C'est par les sciences que les chambres se remplissent de tous les biens précieux et agréables, parce qu'un homme sage est plein de sagesse, celui qui a de la science affermit sa vigueur. Sois prudente pour faire la

guerre, écoute attentivement parce que le salut de l'homme est dans beaucoup de conseillers. Celui qui médite le mal ou qui médite de faire le mal s'appelle un homme plein de malice. Il y a un proverbe qui dit que « Mon fils mange du miel, car il est bon. Un rayon de miel sera doux à ton palais ». De même, toi, cherches la sagesse de ton âme. Si tu la trouves, tu auras un avenir bénit, et ton espérance ne sera pas anéantie. La lampe des méchants s'éteindra, car il n'y a point d'avenir pour celui qui fait le mal.[28]

Il était presque vingt-deux heures lorsque nous quittâmes le restaurant. J'étais tellement fatiguée qu'Alain me remmena directement à la maison. Le garde de nuit m'ouvrit la barrière et Alain partit.

[28] Selon la sagesse du roi Salomon

La surprise

Ma mère n'était pas encore au lit, elle était en train de coudre à la machine.

- Ah, te voilà ! Il me semble que tu as eu une bonne soirée, me dit-elle en voyant mon sourire.
- Oui, merci, Ma'. Est-ce que papa dort déjà ?
- Non, il est encore debout dans la chambre en train de lire. Dis-moi, comment était le dîner.
- C'était merveilleux, magnifique, c'est une des meilleures soirées que je n'aie jamais passées.
- Vous vous êtes bien amusés, j'ai l'impression...
- Oh ! Oui... mais quelle a été la réaction de papa à propos de ma sortie ?
- Ton père n'a pas beaucoup aimé ça. Après tout, vous avez pris votre temps et il s'inquiétait parce qu'il se fait tard. Tu vois...
- Papa, lui aussi, je l'interrompis, que craint-il ? Moi je connais bien Alain et...
- Tu te tais maintenant ! Même si tu aimes Alain ou tu le connais bien, nous, tes parents n'avons nous pas le droit de nous inquiéter pour toi ?
- Ma', je n'ai pas dit ça pour que tu te fâches, s'il te plaît pardonnes-moi. Je veux d'ailleurs aller voir papa pour m'excuser.
- Il vient d'aller dormir..., je crois...
- *Alors il n'est plus en train de lire... ?* Je me dis en moi-même.
- ...parce qu'il doit partir très tôt demain matin pour Lubumbashi. Il rentrera dans deux semaines, puis il repartira encore pour Nairobi. Enfin, c'est son programme. Mais ne t'en fais pas,

ce n'est rien, oublies cette histoire. Je ne veux pas gâcher ta soirée.

- Merci, Ma', mais je suis désolée pour mes réponses.
- Pamela, je t'ai dit que ce n'était rien. Parlons d'autres choses tu veux ? Comment va Alain ?
- Alain aussi doit partir ce lundi pour Lubumbashi, parce que son père est muté là-bas. Il a dit qu'il finira toutes les modalités conjugales, à son retour.

Après avoir embrassé ma mère, j'allai au lit et je dormis profondément. Mon père quitta ce matin là très tôt.

Le samedi, je suis allée chercher Rachel chez elle pour aller chez Mamie comme convenu. Ce fut presque une petite réception. Mamie me présenta à son père. Celui-ci fut à son tour très content de me connaître et il me remercia pour la contribution que j'eus donnée à la 'révolution' que j'avais créée dans son foyer. Ce fut aussi pour moi une bonne journée. Après quelques mots d'au-revoir, je les quittai.

Le lendemain je suis allée voir Alain. Il me promit de se garder, de ne pas me décevoir, d'être fidèle et sérieux.

- Alain tu pars et peut-être j'entendrai que tu t'es trouvé une autre fiancée. Vraiment, je serais désolée d'entendre cela. Sois sage en toi-même, comme tu m'as toujours dit et gardes-toi, s'il te plaît. Moi je t'aime beaucoup et j'ai confiance en toi.
- Pamela, nous avons eu jusque là cinq ans de fiançailles, et tu as raison de me donner des tels conseils, vraiment j'en prends note – promis, juré. Mais tu dois savoir aussi que mon cœur t'aime. Je te veux. Je veux que tu sois la mère des mes enfants. Parce qu'en ce que je sache, tu as milles

chances de me mettre à la porte en écoutant ce que ton père te dit. Et comme je te l'ai toujours dit, d'ailleurs, ce n'est pas lui qui te prendra en mariage, mais moi, et je me garderai pour toi.

- Alain, je t'attendrai aussi mais ne me déçois pas.

Nous passâmes la journée ensemble, et très tôt le matin, Alain partit pour Lubumbashi.

J'avais mal de le voir partir.

Après le retour de mon père, un soir j'étais avec lui au salon, en train de suivre un téléfilm *« Chasse à l'homme de Jean Claude Vandam »*. Mon père, lui, lisait le journal.

Nous entendîmes frapper à la porte. J'allai voir... C'était Michel ! J'étais tellement contente de le voir que je me suis mise à crier.

- AAAHHH!!!

Mon père bondit de son fauteuil.

- Pamela, qu'est-ce qu'il y a ? Pourquoi dois-tu crier de la sorte?
- Pa', ce n'est pas vrai ! Michel est revenu...
- Qui ? Michel ? Quelle bonne surprise ! Viens dans mes bras, mon fils, tu es toujours mon fils, tu sais, et je t'aime, dit Papa.

Je courus vite appeler Maman. Elle m'avait entendue crier et elle arriva à la course pour embrasser son fils. Elle le prit dans ses bras et le serra à lui faire perdre le souffle. Michel, lui, ne put s'empêcher de pleurer.

- Momat, mon fils, comme tu nous as manqué... Mais pourquoi pleures-tu ? Tu es chez toi, dans ta maison...
- Dis-moi un peu, où étais-tu passé tout ce temps, presqu'un mois, lui demandai-je calmement.
- Père, mère et toi, Pamela, dit-il, je vous demande un grand pardon. Je sais que j'ai été très irresponsable envers vous, en désobéissant et surtout en emmenant avec moi la fille d'autrui...

c'est-à-dire que... Euh ! J'ai été maladroit en ne faisant pas ce que vous vouliez que je fasse. Je voulais être libre, faire ce que je voulais mais ensuite, je me suis déçu moi-même. Je me suis dit que dépendre des parents est une bonne chose après tout. A vrai dire, nous étions chez les grands-parents à Likasi. Ils nous ont donnés plein de conseils qui étaient tous similaires aux vôtres. Alors nous nous sommes décidés de revenir. Dépendre des parents jusqu'à ce qu'on soit majeur est une bonne chose. Je vous promets que j'irai à l'école – je ne lâcherai plus. Je resterai obéissant et respectueux – responsable, quoi !

- Mais Michel, tu ne nous pas encore parlé d'Odile, où est-elle et comment va-t-elle ?
- Elle est chez elle, elle va très bien. Ses parents m'ont bien accueilli comme ici, bien sûr. J'ai tout expliqué, ils nous ont pardonné. Et ce qui est bien dans tout ça, c'est que nous ne nous sommes pas touchés l'un l'autre... C'est presque tout.
- Oui, je crois... répondit ma mère avec un petit sourire complice. Ton grand père nous avait appelés et il nous avait signalés que vous étiez chez eux. Seulement, nous voulions que cela reste un secret entre nous, parents.
- Quoi ! sursautai-je. Vous saviez où il était ?
- Oui, et les parents d'Odile savaient aussi, c'est pour cela que tout était calme. Mais après tout, c'est mieux qu'ils soient revenus.
- Eh bien ! Mais, je n'ai pas de problème avec ça...

Après un bon dîner et une longue conversation en famille – finalement – nous sommes tous aller dormir, le cœur un peu plus aisé.

Mon père partit pour Nairobi et fit un aller et retour, mais si souvent que ça en devint une habitude. Finalement, il se trouva un boulot à la S.N.M.C.O. (La

Société Nationale des Minerais à Ciel Ouvert) où il est maintenant président directeur général.

Alain et moi, nous nous écrivîmes beaucoup, beaucoup de lettres. Mais entre temps, les gens vinrent me raconter des choses incompréhensibles. J'en parlai à mon père, bien sûr, et celui-ci devint de plus en plus déçu – et furieux ! Il ne voulu même plus en entendre parler. On me raconta qu'Alain s'était trouvé plusieurs concubines à Lubumbashi. Il était devenu très impudique, il couchait soi-disant avec des filles de toutes sortes, et il ne priait plus. Il y avait une fille que je connaissais bien, et qui, un jour vint me voir à la maison.

- Bonjour, Pamela ! Ça fait bien longtemps qu'on ne s'est pas vues.
- Salut, Marthe ! Oui, il y a longtemps, c'est vrai. Comment vas-tu ?
- Je vais très bien, sauf que je suis fatiguée du voyage.
- Comment ? Tu viens d'arriver aujourd'hui ?
- Non, je suis arrivée il y a deux jours – avant hier. Mais comme il y a plusieurs barrières de Lubumbashi jusqu'ici, c'est trop fatigant.
- Marthe, dis-moi un peu, toi qui viens de Lubumbashi, on me raconte ici qu'Alain a beaucoup changé. Parait-il qu'il est devenu impudique et qu'il ne prie même plus comme avant. Ne me caches rien, s'il te plaît, racontes-moi, je t'en prie, si tu sais quelque chose.
- Pamela, tu es mon amie et je ne peux pas te cacher quoi que ce soit. C'est bien vrai tout ce que le monde raconte, parce que nous ne pouvons pas tous mentir, n'est-ce pas ? Ton Alain ne prie plus, il est toujours derrière les filles, il t'a oubliée, crois-moi, parce que moi qui te parle ici, j'ai couché avec lui, presque tous les jours !
- Quoi !!! Tu as couché avec Alain ?

- Puisque je te le dis...
- Marthe, ce n'est pas gentil de ta part, tu couches avec mon fiancé, et tu as l'audace et même le courage de venir me dire ça ?
- Mais, Pamela, c'est toi qui m'as posé la question...
- Tu aurais du te taire – même si c'est moi qui t'ai posé la question. En plus, pourquoi n'avais-tu pas dit 'non', parce que tu savais qu'on était fiancé ?
- Pamela..., arêtes ! Elle se mit à rire. Ce n'est pas vrai, je t'ai menti pour voir ta réaction.
- Quoi ? Marthe, comment peux-tu me faire ça ? Tu viens avec des histoires que tu racontes sérieusement, et après tu veux te démentir ! Tu n'es vraiment pas gentille. Personnellement, je te dis que je doute de tout ce que les gens racontent, parce que j'ai vécu avec Alain, j'ai passé avec lui des moments intimes, pendant cinq ans. Saches encore que je l'ai séduit – sans qu'il ne me touche. Et puis toi, tu viens me raconter que tu couches avec lui ? Je ne te comprends pas...
- Pamela, excuses-moi...
- Qui s'excuse s'accuse, Marthe. Tu n'es pas sérieuse.
- Ok, Pamela, je dois partir maintenant, n'en parlons plus.

Marthe partit, sans même que je ne la raccompagne.

J'ai tout raconté à mes parents. Mon père s'emporta encore une fois et me demanda même de ne plus répondre aux lettres d'Alain. Je me suis décidée à lui écrire une lettre – la dernière.

Alain,

Merci pour tout ce que tu as fait pour moi, je suis vraiment désolée de t'écrire cette lettre... tu m'as déçu... Je ne croyais pas que tu allais me tromper... Voilà, à partir d'aujourd'hui, tu

n'es plus mon fiancé, je ne serai plus jamais ta femme,... c'est mieux que tu ailles te chercher une autre femme...
Adieu,
Pamela

Alain fut fou furieux, il téléphona à maintes reprises sans que je ne réponde. Il laissa de nombreux messages sur le répondeur – mais je ne retournai jamais ces appels. Je pris toujours la même décision.

DRINNNGGG!!! DRINNNGGG!!!

- Allô ! A qui ai-je l'honneur ?
- Pamela, c'est moi, Alain...
- Que veux-tu, Alain ?
- Pamela, qu'est-ce qui se passe ? Pourquoi dois-tu m'écrire de la sorte ? Pourquoi as-tu changé ? Qu'est-ce qu'il y a ?
- Alain, je n'ai rien à te dire. Adieu !

Je raccrochai le téléphone malgré moi, j'avais trop mal...

Il a même l'audace de me sonner ?

En vérité j'aimais toujours Alain et je croyais de moins en moins à ce que le monde racontait. Mon père ne voulut plus qu'on en parle, mais je souffrais au plus profond de moi-même.

Un jour j'entendis Maman m'appeler – après le coup de téléphone d'Alain.

- Pamela ! Pamela ! Elle vint me trouver dans ma chambre.
- Pamela, je t'appelle et tu restes enfermée ici ?
- Maman, j'ai entendu et j'ai vu qui c'est. Qu'est-ce qu'il vient faire ici ?
- Pamela, Alain n'est pas venu pour moi, mais pour toi. Viens, il t'attend.

Ma mère, me quitta que je m'allongeai sur mon lit pour quelques minutes.

Qu'est ce qu'il me veut ? Qu'est-ce que je lui dirai ?

Ils étaient avec maman au salon. Ma mère lui posa quelques questions – les mêmes que je lui aurais posées.

- Alain, mon fils, qu'est-ce que j'entends les gens dire sur toi ?
- Maman Susanne, c'est d'ici qu'est venue cette lettre. Moi, personnellement, je ne sais rien de tout ce qu'on raconte. J'ai fait ce long voyage pour obtenir des explications. Maman Susanne, j'aime Pamela, c'est elle que je veux. Où est-elle ? Je veux la voir.
- A vrai dire, Alain, tu m'as personnellement déçue, je ne croyais jamais avoir de telles nouvelles à ton propos, je suis vraiment désolée...

Mais de quoi est-ce qu'on m'accuse ? Je sais que Papa Vano est derrière tout ça.

Attends, Alain, Pamela viendra te raconter tout à sa façon, mais en ce qui concerne son père, il faut que tu saches la vérité. Il y a des moments où il... euh ! Disons qu'il prend beaucoup de temps à résoudre seul les problèmes de sa fille, mais je le conseille toujours de laisser cette affaire entre toi et à Pamela...

Avant que ma mère n'achève sa phrase, j'apparus avec un sourire plein de haine. Alain semblait gêné de me voir, surtout que mon accueil ne fut pas des plus chaleureux. Après lui avoir balancé un petit bisou de Judas, Maman nous laissa et sortit ; elle devait aller en ville.

Il ne dit rien. Il me regarda avec pitié et peur. Je le laissai encore seul au salon, pendant quelques minutes. Quand je revins, je l'invitai à me suivre dehors.

- Pamela, dis-moi si ma présence te gêne, que je disparaisse seulement. J'arrive d'un si long voyage pour te voir, mais ton accueil...! Ton attitude envers moi est vraiment pitoyable... Dis-moi qu'est-ce qui se passe ?
- Alain, tu sais déjà ce que tu as fait ! Moi je suis ici, à Kolwezi, je ne suis pas à Lubumbashi... On

me raconte des histoires sur toi, mais je ne comprends pas...

Il me fixa et me dit sérieusement qu'il ne savait rien de ce qu'on avait contre lui.

- C'est un coup monté, vous ne m'aimiez pas. Tu ne m'aimais pas, sinon pourquoi des décisions dures comme ça ? Sans preuve du tout, des fausses histoires qu'on vous narre, des fausses accusations et vous prenez tout cela à cœur. Toi, Pamela, le temps qu'on a passé ensemble, as-tu déjà oublié tout ça ? Pourquoi es-tu devenue ingrate ? Te rappelles-tu de tout ce que je te disais ? « Ne réveille pas l'amour avant qu'il ne le veuille ». Je t'avais donné mon amour à cent pour cent, et c'est toi maintenant qui le rejette ? Ou bien c'est parce que j'ai échoué mes examens que tu me rejettes ? Je t'ai récité des poèmes, des chansons, je t'ai témoigné de mon amour profond... C'est comme cela que tu me remercies ?

Il me rappela tant choses, que je ne pu m'empêcher de pleurer en écoutant ce qu'il disait.

- Alain pardonnes-moi, je t'en prie, je ne sais pas ce qui m'a prit.
- Pamela, si j'étais ce que les gens racontent, viendrais-je te voir ? Je t'avais dit que tu serais toujours indécise à mon propos tant que tu ne prendrais pas de décision sans que ton père n'intervienne. Peut-être pouvons nous nous réconcilier – aujourd'hui, tout de suite – mais demain que ce passera-t-il ? Tu redeviendras la même qu'aujourd'hui. Maintenant je te connais assez bien.
- Je te crois Alain, mais il faut être sérieux, Marthe est venue me voir, il y'a quelques jours, et elle m'a dit que tu sortais avec elle, que tu as couché avec elle à chaque fois que tu en avais envie.
- Pamela, cette fille est une sorcière, elle est venue simplement pour prendre ta place. J'admets qu'un

jour elle est venue me voir. La veille je lui avais mal répondu et je voulais mettre ce malentendu au clair. Je l'avais serrée dans mes bras, pour quelques secondes. Et maintenant, elle en profite pour te raconter des mensonges... Le malheur c'est que toi tu la crue. D'ailleurs je t'avais écris pour t'en tenir informée.

- Alain, j'ai cru, oui, mais à moitié. En plus je ne reçois plus tes lettres maintenant.
- Bon, c'est rien, oublions cette histoire.
- Viens, serres moi dans tes bras et embrasses-moi, dis-je.

Cette nuit là nous nous sommes endormi dans les bras l'un de l'autre, parce qu'Alain dormit chez nous. Mais avant d'aller dormir, mon père nous croisa dans le couloir. Alain le salua, mais lui, il alla s'enfermer dans la chambre, sans lui dire un mot.

Très tôt, le lendemain, Alain repartit pour Lubumbashi.

Mais lorsque je vus mon père, tout en moi changea !

- Pamela, qu'est-ce qu'Alain est venu faire ici ? Je t'ai dit que cette histoire est finie, je ne veux plus en entendre parler.
- Mais, Papa, puisque nous nous sommes réconciliés...
- Depuis le début, je t'ai toujours dit qu'il était un embrouiller. Tu ne voulais pas m'écouter, maintenant il est temps que je fasse ce que je veux pour toi et que tu m'écoutes.
- Vano, crois-tu que c'est la meilleure solution ? Maman intervint subitement. Elle doit se choisir l'homme qu'elle veut, malgré les petits problèmes, et petites imperfections.
- Susanne, toi je ne veux pas que tu interviennes dans cette affaire. Ne sais-tu pas que c'est à cause de toi, de tes conseils, que Pamela est tombée dans ces pièges ?

- Non, Vano ! Quels pièges ? Il n'y a jamais eu des pièges, toi tu as oublié tes fautes ! Même si Alain fait des bêtises, la volonté seulement qu'il a eu de faire ce long voyage pour venir voir Pamela, est un bon signe, tu ne trouves pas ? Pamela, toi, tu es insensée, ne pourras-tu donc jamais prendre une seule décision ? Je me demande si vraiment tu n'as jamais aimé Alain ! Vous me faites mal...

Sans rien ajouter d'autre, ma mère sortit du bureau de mon père. Elle était visiblement très soucieuse et inquiète. Je ne savais pas quoi dire – mon père ne voulait pas d'Alain.

Une semaine plus tard, je me reposais, lorsque Michel vint frapper à la porte de ma chambre.

- Pamela, Alain est là, il parait qu'il était venu hier. Il veut te voir.
- Dis-lui que je dors. Je ne me sens pas bien.
- T'es vraiment drôle, tu sais. Même si tu ne veux pas le voir, même si tu le hais ; il vient de faire un si long voyage pour toi, et tu ne veux même pas le saluer ? Ce n'est pas gentil de ta part.

Je ne savais quoi dire, j'avais honte de moi, des reproches de Michel. Un homme que j'avais pourtant tant aimé ! Lui faire des choses pareilles ? Ce n'est pas sérieux, me dis-je.

- Michel, s'il te plaît, fais-le monter dans ma chambre.

Quelques instants plus tard, Alain frappa à la porte.

- Salut Pamela !
- Bonjour Alain !
- Je suis arrivé il y a dix minutes. Pourquoi ne voulais-tu pas venir me dire bonjour ?
- Je ne me sens pas du tout bien, je suis malade.
- Pamela, pourquoi me fais-tu souffrir comme cela ? Avant que nous ayons des problèmes, même si tu étais malade, tu t'efforçais à te ressaisir. Mais

aujourd'hui..., dis-moi seulement que tu ne veux pas de moi et je partirai.

- Alain, qu'est-ce que tu veux que je te dise ? Moi je ne me sens pas bien. Tu veux que je fasse un miracle ?
- Bien, c'est rien, je t'aime toujours, Pamela, si tu ne m'aimes pas, dis le moi – c'est tout. Je t'ai apporté quelques photos, et un petit cadeau.
- Alain, pourquoi me fais-tu toujours des cadeaux ? Ouvres ça, je veux voir.
- Il ouvrit le paquet, c'était un beau chapeau. Il me montra ses nouvelles photos.... Il me regarda, il secoua sa tête.
- Pamela, pardonnes-moi de mon dérangement, je suis vraiment désolé. Je suis ici pour une semaine, je ne passerai te voir seulement si tu m'appelles. Au revoir !

Il partit, sans que je ne l'accompagne. Je l'aimais, j'avais peur de le lui dire, parce que je craignais d'aller me jeter dans ses bras, et surtout que les conseils de mon père étaient maintenant ancrés en moi. Chaque fois je mentais – en donnant à Alain des espoirs fantômes.

Durant les semaines qui suivirent, il vint encore me voir, mais ce fut ma mère qui l'accueillit et lui dit toute la vérité.

- Alain, comme je t'avais dit l'autre fois, ce fut une mascarade. Et si tu fais des bêtises il vaudrait mieux cesser. Pamela ne sait pas se décider seule. Je sais qu'elle t'aime bien mais son père est à la base de tous vos problèmes, et même Pamela, elle-même est à la base de cette déchéance. Parce que tout dépend d'elle, c'est elle la seule personne concernée.
- Merci, Maman Susanne, puis-je lui parler ?
- Ok, mais avant cela, je te demande d'être patient, attends-la, s'il te plaît. Ne sois pas pressé pour te

fiancer encore. Bon, je ne t'oblige pas..., c'est juste un petit conseil...

- Oui, Maman Susanne, vous avez raison, je vous promets que je l'attendrai. Ne craignez rien.
- Pamela, Alain veut te parler.
- Oui, Maman, j'arrive...
- Quelques minutes plus tard, j'étais au salon.
- Salut, Alain. Bien, je t'écoute.
- Pamela, merci beaucoup d'avoir accepter de me voir. Ce n'est pas pour te raconter des histoires mais pour te dire au revoir, que je suis venu aujourd'hui. Je ne viendrai plus te déranger. J'avais, j'ai et j'aurai toujours mal quand je penserai à toi. Où as-tu trouvé le courage de me dire que j'aille me chercher une autre femme, parce que toi tu ne m'appartenais plus ? Moi je t'aime et je t'ai toujours aimée, je me suis gardé pour toi et je le ferai toujours. Je veux patienter, je veux t'attendre, mais je te bénis ; que tu gardes tout ce que je t'ai donné. Sois une femme modèle, que ton mari te loue en tout.
- Alain ne me maudit pas, s'il te plaît.
- Je ne te maudis pas, au contraire ce que je pourrais te dire est que mon nom, tu ne l'oublieras jamais, JAMAIS ! Je suis prêt à te recevoir, mais fais attention que ce ne soit pas trop tard. Voilà, accompagnes-moi, je dois maintenant partir et rentrer à Lubumbashi – du moins si tu veux m'accompagner.
- Naturellement, je veux bien t'accompagner le temps de mettre mon pull-over...
- Pamela...
- Hum !
- Pourquoi m'as-tu foulé aux pieds, pourquoi m'as-tu humilié de la sorte ?
- Alain, je t'en prie n'en parlons plus et surtout pas maintenant. D'ailleurs, je dois rentrer, bonne chance Alain...

Il partit inquiet.

Alain souffrit beaucoup de cette rupture. Pour ma part, je l'aimais et j'avais besoin de lui. Il me fit une cassette de quatre-vingt-dix minutes où il me parla de ce qu'il ressentait...

Je ne sais pas ce qu'il est devenu actuellement. Il m'avait donné tout son amour, en retour, je ne lui ai donné que de la peine et du mépris, des mensonges et jamais la vérité. Je sais qu'un jour il me reviendra, si c'est là la volonté de Dieu. Oui, j'y crois.

Vous qui me lisez, soyez prudent, faites votre choix dans toute votre liberté, aimez tel que vous le consentez dans votre cœur. L'amour est très fort ; ce n'est pas le jeu des gosses. Il est plus fort que la mort. Ne le réveillez pas avant qu'il ne le veuille. Aimer pour vous-même, s'il vous plaît. Si vous aimez, vous éduquerez, vous aiderez toute une nation. Il ne faut jamais abandonner son premier amour. Vous êtes libre, oui, mais votre liberté ne doit pas devenir un libertinage...

Henri Zombil

www.ingramcontent.com/pod-product-compliance
Lightning Source LLC
Chambersburg PA
CBHW051437250726
48655CB00001B/108

* 9 7 8 1 7 9 5 1 4 7 1 1 8 *